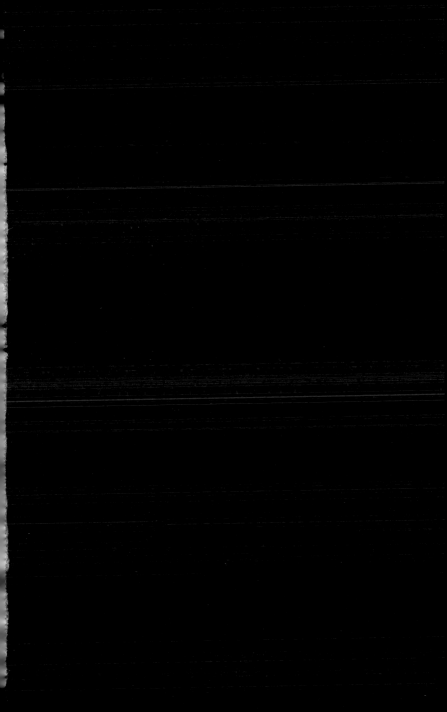

MODERN MAN: THE LIFE OF LE CORBUSIER, ARCHITECT OF TOMORROW

ル・コルビュジエ
モダンを背負った男

アンソニー・フリント｜著
渡邉泰彦｜訳

鹿島出版会

ル・コルビュジエ　モダンを背負った男　目次

序章

栄達への道

時間を忘れて、彼は彼女のふくよかな胸が、大西洋を渡る巨大な船の揺れに伴って上下するのを見つめていた。

ふたりはリオデジャネイロを発って、フランスへの長い帰途の途中だった。客船ルテシア号の一等船室で、おろしたての純白のシーツにくるまって、寄り添う。船窓から見えるのは黒い大海原だけ。船は赤道をめざして進み、時間は気にならなかった。

時は、一九二九年。「狂乱の二〇年代」は、株式大暴落で幕を閉じようとしていたが、外界の厳しい現実は、船室のなかまで押し入ってこなかった。片肘をついて横たわり、なんと幸運に恵まれたことか、彼は信じられない思いでいっぱいだった。ほんの数日前、ジョセフィン・ベーカーにブエノスアイレスで出会うとは。

リオの街なかで、カイピリーニャをすすり、イパネマの浜をぶらつく。彼女の愛らしさに負けて、色鉛筆を走らせ、お手のものの似顔絵を描いた。船上で催された派手な仮装パーティに、彼はインドの兵隊姿に水玉模様のバンダナをつけ、彼女は、中国人形の姿で登場した。

「ル・コルビュジエさん、あなた、建築家だなんてもったいないことよ！」と彼女は叫ぶ。「とびっきりのパートナーですわ！」[1]

彼は苦笑した。ふたりは決して不相応ではないとわかっているからだ。この特別船室の連れの女性も知ってのとおり、彼だって一介の建築家どころではなかった。

彼は、南米でセレブとして彼女に勝るとも劣らない大歓迎を受けた。ポケットチーフに蝶ネクタイ、仕立てのいいスーツ姿で颯爽と風を切る、パリからやってきた男。彼の革新的な建築、都市計画に関する高説を聞き逃すまいと、南米諸国の聴衆が各地で講堂を埋め尽くした。

ピカソが絵の世界で、そしてヘミングウェイが小説の世界でやってのけたように、彼は住宅や、都市計画の分野で旧来の型を破ってみせた。木材、レンガ、石の代わりにコンクリートを使い、階段の代わりに螺旋とスロープを採り入れ、黒枠の横長窓のリボンで外壁を包み、屋上に庭園を設けるなど、それまでなかった滑らかで白い流線形の建物をつくったのだ。

彼の建築はあらゆる面において異色だ。建物本体をピロティと呼ぶ、堅固で

1929年、南米への旅で出会ったジョセフィン・ベーカーと共に

はあるものの、エレガントなコンクリートの脚柱の上に据え、地面を車のためのスペースや空間として解放することで、中空に浮いているように見せた。そのうえ、効率的な住居を低コストで施工する彼の方式は反復可能だった。それが、三階建てのタウンハウスであろうと、あるいは空港へもつながる高速道路網で結ばれた広い公園スペースにそびえるタワーであったとしても、同じ方式を繰り返して用いることが可能だ。二〇世紀に入り、機械文明の時代が到来し、車、機関車、飛行機、そして大量生産方式の工場が出現した。近代化は、人間の暮らしに欠かせない住宅や都市にも、当然、求められた。リーゼントに丸い黒縁眼鏡をかけた粋な男は、生活居住の新しい方策を伝授するためにはるばる南米までやってきたのだ。

並々ならぬ強い影響力を持つ人物、「ル・コルビュジエ」になりきるまでの道のりには、計り知れない売り込み努力が必要だった。一九二〇年に、彼は本名のシャルル＝エドゥアール・ジャンヌレ＝グリを捨て、ペンネームに変えた。当時パリに住む自由奔放なボヘミアンや芸術家たちの間で、一語のペンネームへの改名が流行っていたが、これには、彼なりのいくつかの思いが込められていた。曽祖父が、ブリュッセル在の「ムッシュ・ルコベジール」だったことや、パリで一時期暮らしたタウンハウスに、一八世紀のフランスの女優、アドリアーナ・ルクヴルールがかつて住んでいたことにヒントを得たのも事実だったが、それ以上に改名は過去との決別、ヴィクトリアン様式やブルジョア的な流儀との決別、そしてモダンスタイルへの信奉を意味していた。

さらにペンネームは、その名を世に広めるブランディング手法でもあった。独創的な花形建築家の「元祖」として地位を固めるためには、アメリカの好敵手、フランク・ロイド・ライトも含め、一切の革新的デザイナーたちから、完全に抜きんでた存在でなければならなかった。このペンネームはケルトの伝承で語り継がれた神秘の鳥、高度の知能を備えた捕食鳥、腐肉あさりの大鴉《ガラス》「ル・コルボ」を彷彿とさせた。彼は自身を、優雅に洗練された黒鳥に見立てた素描をよく描いた。しっかりと掴んだ枝から、眼下の状況をくまなく探査し、曲芸的な追撃飛翔への構えをとる黒鳥だ。

裕福な顧客であれ、ボヘミアンであれ、パリの住人なら誰でも、当時の最先端デザインが、どこで生まれるのか知っていた。セーヴル通り三五番地。ここは、ボン・マルシェ百貨店と隣り合わせにあって、騒がしく忙しいアトリエだった。ガレージの中でスタートアップビジネスが始まるように、ここも六区の人目につきにくいビルの最上階にあった。長廊下より多少マシなスペースに、製図机と調光ブラックランプがずらり並べられ、製図やデザイン画が壁に吊るされ、あるいは巻かれた束になって、床から奇妙な灌木が生え出ているように見えた。弟子たちは、毎朝まじめに出勤し、洞察力にあふれた師匠に献身的に仕えた。ル・コルビュジエのいとこで、チームのパートナーとして改革者の志を同じくするピエール・ジャンヌレや、家具デザイナーのシャルロット・ペリアンの姿もあった。ここから毎月のように、新しい建物のデザイン、新しい暮らしのスタイルが生まれ、生活、ビジネス、行政、娯楽、文化などの場が提起された。

アトリエは、さまざまな改革の源であった。例えば、「フォルクスワーゲン・ビートル」の前身である小型自動車。アルミチューブ、黒い皮革、斑点のある馬の毛皮などを使った家具。さらには、アメリカで最初に世に出された女性向けのファッション誌、『ハーパーズ バザー』にお披露目した婦人服シリーズ、Vネックのブラウス、プリーツスカートやどんな場面でも履けるサンダルなどもあった。

夜になると、チームはラテン・クォーター（カルチエ・ラタン）のレストランで、ワインとシャンパンを抜いて大騒ぎした。そして朝になれば、彼らの師匠は柔軟体操か、バスケットボールに興じたのち、生涯手放すことのなかった絵筆を握る。それが済んだら、再び皆で集まって青焼きを囲み、いつもどおりの仕事に取りかかった。

はるかかなた、南半球に住むラテンアメリカの人々が、彼の刺激的な話を熱心に聴いてくれるのは何よりで、まさに思惑どおりだった。この旅は、彼が『新秩序の伝道大使』として行脚するさまざまな国際活動の一環として企てられた。急速に成長するアルゼンチンやブラジルの大都市は、よりよく整理され、より清潔で、秩序正しい都市環境を創造するために、彼の助けを必要としていた。そして、そのための腹案をル・コルビュジエは持っていた。

立錐の余地もない超満員の講堂で、彼は古くなって変色した新聞紙に、次世代の都市像を木炭を使って描き出した。用意された原稿には目をくれず、即興の連続スケッチ画を描き起こす。彼は、周囲を道路網に囲まれて、存分な太陽光と新鮮な空気に満ちたオープンスペースの中に、レクリエーションエリアのある集合住宅が並んだ絵を描き、これこそがもっとも自然に進化した都市形態だと提唱した。「時間を止めて都市を凍結させてはならない」。それを強調するためにノートルダム大聖堂と、エッフェル塔を描き、その横に彼の提案する「公園の中のタワー」を描き込んだ。進歩のためには、過去に敬意を払うのは当然としても、とらわれてはならない、何にもまして未来の大都市は増え続ける人口に対処しなければならないからだ。しかし、評論家や学会の大立者たちは、強い拒絶反応を示した。「とんでもないことだ。伝統に背き、新しい様式を企てるとは」。

だが、これが火に油をそそぐ結果となり、ル・コルビュジエの反逆者魂はさらに燃え盛った。そして、これに強い共感を覚えたのがアルゼンチンやブラジルの一般市民たちで、彼らは未来への鍵を手にした気分になった。パリやニューヨークの街さえも飛び越えて、彼らもまた、モダニズムを奉じることが可能になるのだと。

海から陸地を眺めた一枚の絵コンテで、彼はリオの街に三棟の高層住宅を描き出した。それは紫がかった靄《もや》の中に柔らかな黄色が重ねられ、未来への期待に光り輝いているかのようだった。感動的な未来を展望するもので、ル・コルビュジエは自分が救世主の役割を演じる喜びを満喫していた。彼がヨーロッパで数年前に刊行した『建築をめざして』のスペイン語版の宣伝文の派手な見出しには「新しい建築の預言者」とあり、「完全無欠の住まいのバイブル」と謳ってあった。[2]

ブエノスアイレスの威風堂々たるジョッキー・クラブでは、パリから来た高名な建築家の話題が、食事を楽しむ会員の間でヒソヒソと交わされた。街を歩けば、サインをねだられた。ある晩など、バーでグループ客から数えられないほどのビールをおごられた。彼らは、口々に褒めそやし、杯を捧げ、遅くまで解放してくれなかった。日中は、大学に出向いて講演、政府の役人と面談、あるいはビクトリア・オカンポ（ホルヘ・ルイス・ボルヘスなどの有力な作家を特集する文芸誌『スール』の編集人）をはじめ、裕福なエリートたちと昼食を共にした。ル・コルビュジエは、オカンポを卓越した趣味と不屈の精神の持ち主だと褒め上げ、気をよくした彼女は、彼の講演会の手はずを手伝ってくれた。[3]

彼の都市計画案はこうして広くアピールされ、富裕層や権力者たちの中には、彼らの別荘や邸宅として、モダニズム建築の傑作を建ててほしいと願う者さえいた。出会って間もないジョセフィン・ベーカーも、そのひとりだった。ブエノスアイレスでの舞台終了後に、ル・コルビュジエが楽屋を訪れ名乗り出た時、彼女はすぐにこの男性が並みの「追っかけファン」でないとわかり、魅了され、一目惚れした。そして数日もたたぬうちに、パリ右岸の自宅の設計を依頼した。場所はモンマルトルのあたりで、駆け出し当時のジョセフィンに肩入れしてくれたナイトクラブ「モード・デ・フォレスト」にほど近かった。

彼は彼女を才能あるアーティスト、それも自分と同じように世界中を駆け巡り、興奮の嵐を巻き起こすアーティストとして高く評価した。一九二九年、当時二三歳だった彼女は歌手、あるいはダンサーというより、「稀有の人」として名を売った。「ファム・ソバージュ（野性の女）」、黒いビーナス」。彼女は、ピンクフラミンゴの羽根飾りをつけてテアトロ・シャンゼリゼの舞台を、シミーダンスで所狭しと踊りまくる。そしてカジノ・デ・パリでは、反ったバナナを腰に巻いただけの姿で登場した。[4]

ヒスパニックとアフリカンアメリカンとして、セントルイスに生まれた彼女は、この世のものと思えぬほどエキゾチックな存在だった。ヘビを首から垂らして舞台で歌っている時も、チキータという名のお気に入りの仔豹を連れてシャンゼリゼを散策している時も。撫でつけたカールが額にかかる髪型も、金色に塗られたネイルも、デザイナー仕立てのガウンも、コートダジュールあたりの日焼け愛好家を喜ばせる褐色肌も、そしてアメリカ訛りさえも、何もかもがフランス中を、いや世界中を熱狂の渦に巻き込んだ。初めて目にする魔性の女性に観衆は総立ちとなり、陶酔して時空を分かち合った。

幸運なことに、ふたりはブエノスアイレスからサンパウロまでジューリオ・チェザーレ号に乗り合わせた。彼は、白のスラックスと靴、スーツのジャケットに蝶ネクタイ姿。彼女は白のスカートと上着、そしてピルボックス型の婦人帽に飾り花を挿していた。親しくなったふたりは、終始一緒に過ごした。「捧げられるのは愛だけ」と、彼女は、当時のブラジル第二の大都市で歌い上げた。彼の目に映る彼女は、その名声にもかかわらず、振る舞いが自然で、ひけらかすというところのない謙虚な女性だった。一方、彼女は彼をたまらなく魅力的で、愉快な人だと思った。その後、ふたりはリオで再会し、絆は固いものとなった。

というわけで、彼は彼女の絵を描いた。心地よい毛布にくるまれ、まるで子供のように眠る姿。

リオのシュガーローフマウンテンの前で膝丈のスカートをまとい、その横に中折れ帽にパイプをくゆらす男をはべらす姿（まぎれもなく、ル・コルビュジエその人だ）。ふたりとも顔を上げ、希望に満ちたまなざしを、水平線のはるか彼方に投げかけていた。

これは彼が興味を抱いた対象にいつもすることだった。考えが頭に浮かぶや、すぐさまペンか、絵筆を手にして紙に描きおとす。現代人がカメラやスマホを駆使するように、彼は昔ながらの素描にめっぽう強かった。即座に完璧な輪郭線を描き、三次元の対象物を囲い込み、それに陰影をつけ、それから遠近、均整、縮尺を考慮して描き進める。

確かな腕前は、スイス北西部のフランス語圏に位置するラ・ショー・ド・フォンで若い頃から注目されていた。美術学校の教師に促され、V字形の広い渓谷や起伏に富んだ丘を背景に、地域特有の形の整ったモミの木を、茶色と緑したたる水彩で描いた。師のシャルル・レプラトニエは、戸外をこよなく愛し、自然の魅力を写実するために学生たちを田園地方によく連れ出した。彼は、アルプスの草原や森が織られたタペストリーのように重なり合うパターンを、ル・コルビュジエがいかに巧みにとらえているかを目の当たりにした。

ル・コルビュジエは美術学校のクラスで、二〇世紀初頭に装飾デザインの主流となったアーツ&クラフツ運動（美術工芸運動）のインテリアや建築装飾を忠実に再現した。大きな体に、黒い瞳、長いあご髭を生やした激しい性格のレプラトニエは、若きル・コルビュジエの才能に舌を巻いた。周りの世界をかくもきちんと捉えられる力をもったこの若者は、天からの授かり物ではなかろうか。「この世で、成しうるもっとも偉大なことは、事物を観て、それを誰にでもわかる容易な方法で伝えることだ」とは、その時代のボザール学派の巨匠ジョン・ラスキンの言葉だ。「考えられる人には数百の人が興味を抱くが、観ることができる人には、数千の人が関心を持つ。事物を明確に観ることは、詩文、予言、宗教などすべてを兼ね合わせているのである[5]」。

刺激的で、魅力いっぱいの教師、レプラトニエの下で積んだ修練は、彼のかけがいのない財産となり、生涯その恩を忘れはしなかったし、また若く才能あるクラスメートにも恵まれた。しかし、彼の故郷は、複雑な思い出と受け入れがたい影響を彼に与えた。スイス特有の緻密さ、秩序、そしてカルヴァン派の規律に溢れるラ・ショー・ド・フォンは、まぎれもなく彼の生地、そして初めて本格的な建築に携わった場所ではあったものの、その一方で、なんとしても逃げ出したいと思い続けていた故郷でもあった。

三万五〇〇〇人強の人口を持つこの街は、州の都ヌーシャテルから北へ移動した中世の開拓者たちの入植地だった。彼らは宗教的迫害から逃れ、自立を決意してジュラ山系を切り拓いた。だが、伐採した木材でつくられたこの街は、一七九四年に大火に遭い全焼してしまう。街の再建にあたった指導者たちは、極めて厳密な街づくりの計画を打ち立てた。東西に長くまっすぐ延びる目抜き大通りを中心にした碁盤の目のグリッド、並行に走るアベニューとそれに直角交差するストリート。そしてそれに沿って建ち並ぶ建物は、規模も高さも色彩も統一された。

この街は、見渡すかぎり規律だらけだった。すべての建物の屋上には、冬の大量の雪落としと排水のための施設があり、戸口には馬具の鐙《あぶみ》がねが逆さまに置かれて、ブーツの靴底の泥落としに使われていた。また、天蓋窓が屋上に設けられ、差し込む光が最上階のアトリエを照らし、地域経済の大黒柱である時計づくりを支えていた。初期の入植者たちが、旅人の時計を修理したことをきっかけに、ラ・ショー・ド・フォンは国の一大産業となる時計製造に重要な役目を果たすこととなる。

いっときは、世界中で使用される時計の半数以上がこの地で生産された。タグ・ホイヤー、オメガ、モバード、カルティエ、ジラール・ペルゴなど、頑丈で魅惑的なブランドが多かった。街を焼き尽くした大火からの再建で目指されたのは、時計産業に適した街づくりであった。職人は最上階のアトリエのベンチに腰を下ろして作業し、多くはその建物内に住んでいた。中世から伝わるゴタゴタした雑物が焼失した結果、仕事場には十分な光が差し込んだ。そして、拡張された道路は難儀な除雪作業を容易にし、ビルからビルへの時計部品の運搬は大幅に効率化された。物流と産業構造とがうまくマッチした好事例だった。

ここでは、エタブリサージュシステムと呼ばれる時計製造方式を採用していて、部品製造とそのアセンブリーは、別々の場所で行われていた。原材料業者、秒針製造職人、さらには懐中時計用のケース彫金職人まで、みんながそれぞれの役目を果たす分業の仕組みだ。職人はそれぞれ専門分野で訓練を受け、空きを待って仕事に就いた。カール・マルクスは、目を丸くして、これぞ「全員参加、異種混合型製造方式の完璧な事例」と称賛した。街が丸ごと一つの工場となっていたのだ。ジャン＝ジャック・ルソー、あるいはウラジーミル・レーニンも、ここを訪れている。

実に、これは誇るべき壮大な機械装置であり、ル・コルビュジエも、歯車の一員になるはずであった。時計彫金師の父親は、息子がこの職を継ぐのを当然だと思っていた。

父親、ゲオルグ＝エドゥアール・ジャンヌレ＝グリは厳格かつ温厚、几帳面な実務家で、まさしく生粋のスイス人だった。彼の日記には毎日の暮らしぶりが書かれてあるだけでなく、家計の状態が食品の価格推移に至るまで、きちんと図表化されていた。[6] 一八八三年、彼は近くの職人の娘、マリー・シャルロット＝アメリエ・ペレを娶《めと》り、長男のアルベールをその三年後に授かった。二〇か月ほどして、セール通り三八番地の自宅で第二子が誕生した。一八八七年一〇月六日のことだ。洗礼名はシャルル＝エドゥアール・ジャンヌレ＝グリとされたが、三三年後に、彼はこの名前を捨てることとなる。とはいえ、その後も家族に宛てた書簡にはエドゥアール、もしくはもっと短くエドと署名している。気が向けば、かわいらしい呼び名「ドードー」と署名する時もあった。

住まいは、街の中心部の揃いの外観のアパートの二階にあった。六歳の時には、レオポルドロベール大通りにある、変わり映えのしない、くすんだタウンハウスの五階に移った。富裕層の間には家の外観を派手に飾らない暗黙のならわしがあったから、ジャンヌレ家の外見も地味だった。しかし、内部は温かく豊かに飾られていた。ヴィクトリアン様式の家具や、家族に伝わる思い出の品々、そして貴重なお宝は、マリーが見事な腕前で弾いたピアノであった。音楽は、自制や節度を重んじる一家のルールからの、しばしのそして唯一の息抜きで、毎日の生活は、面白くもおかしくもなく過ぎていった。

家族は四人。両親、ふたりの息子、それに一時期だが、ポリーヌ叔母さんが一緒だった。母親は彼の人生における一番大切な女性で、終生その思いは変わらず、仕事でどんなに遠く離れていようとも、手書きの手紙を送り続けた。だが、両親はどちらかといえば兄のアルベールびいきだった。地元の山岳クラブで長年活躍した父親のゲオルグが、ふたりの息子を長距離ハイキングに連れ出した結果、たくましい兄に比べ、弟のエドゥアールはひ弱だと気づいたからだ。アルベールは吃音がわずかにあったものの志望は音楽だった。[7] 学校でのエドゥアールは、勉学に格別熱心というタイプではなかったが、両親は彼が積み木遊びに夢中なのに気づいていた。

家から徒歩圏にある美術学校で、彼はデザインと彫金、そして装飾品の制作の訓練を受け、父親にならってロンジンなど主要なメーカーの精巧に装飾された時計ケースを制作して人生を送るはずであった。きちょうめんな若者は、履修科目を着実にこなしていった。置き時計、宝石箱、ペンダント、父親のためにつくったワシと犬のハイブリッドの像が彫り込まれた銀杖の握りなど。忠実な手さばきで、タガネと鑿《のみ》を使って彫られた銀製の時計ケースには、鉄と銅の象眼が施され、複雑な幾何学模様と自然の光景が描かれていた。すべてのケースは手のひらサイズだった。高い評価を受けた彼のデザインは、当時広まりつつあったアール・ヌーヴォー運動に即したものだったが、彼にとってはどれもこれも学校で習った装飾パターンをひたすらコピーする退屈な作業に思われた。そればかりか、次第に目を痛めてしまった。プロの彫金師にならずに済んだのは、この視力の問題のおかげだ。網膜剝離で分厚いレンズを使用していたが、やがて片目の視力は失われた。不自由な目で、髪の毛のように細い線を時計ケースにエッチングするのは、到底、無理だった。

さいわいにも、レプラトニエは辛抱強く見守ってくれ、いっそ他の職業を考えてみてはと勧めてくれた。素晴らしい絵を描き、空間と形態の把握において驚くべき才能を持っているのだから、目指すべきは建築家だろうと。

「時計づくりの誇りと緻密さ、灰塵から立ち上がった街」、ラ・ショー・ド・フォンの厳しい規律は、彼の体に染みついていた。だが、故郷の街は、終生踏みとどまるほど魅力的ではなかった。アメリカで大人気の車を製造したルイ＝ジョセフ・シボレーも、この街出身の有名人だったが、ル・コルビュジエにとっても、成功への唯一のチャンスは、この街を捨てることだった。

「もしも建築家を志望するのなら」とレプラトニエは助言した。「まずきれいさっぱり街を出る必要がある。そのうえで、ふたつのことに取りかからなければならない。ひとつ、当代を代表する建築家に弟子入りすること、ふたつ、広い世界を見て回ることだ」。

ルテシア号に乗船した頃の彼は、自信に満ちあふれ、旅慣れてもいた。乗り物は、時を経るにつれ豪華で魅力的になり、彼はそれを最大限、満喫した。豪華客船をはじめ、一九三六年にブラジルへの旅で使った水素ガスの飛行船、グラーフ・ツェッペリン号、さらにはお目見えしたばかりの旅客ジェット機への初搭乗まで。この時は、数十人もの報道陣が、眩しく輝き、怪しくカーブする銀色の機体を背景に、シワひとつないバリバリのスーツに身を包み颯爽とタラップを下りる彼を撮影した。常に国家元首並みのＶＩＰ扱い、乗り物は厳にファーストクラス、宿泊は最上級ホテルに限ると招致国政府や施主に彼は要求した。

しかし、それはずっと後のことで、一九歳でラ・ショー・ド・フォンの街を離れた一九〇七年当時は、バックパックを背に、ホステルに寝泊まりし、汽車では窓の隙間から入り込む蒸気機関車の黒煙を払うのに相容に断らなければならなかった。消化不良に悩まされ、家に手紙を書いて新品の衣服をねだり、あまりの侘しさに家族全員の写真を枕元の飾り棚に並べた。だが、この四年に及ぶヨーロッパ放浪が、素晴らしい発見の旅となったことを思えば、道中の苦しさなど、ものの数ではなかった。

最初の目的地はイタリア。ルガーノからフィレンツェに入り、さらにミラノ、ジェノヴァ、そしてピサへ。ジョン・ラスキン著の『フィレンツェの朝』がガイドブック代わりだ。そこで、彼は美術学校の同級生だった友人のレオン・ペリンと出会った。若いふたりはルネサンス文化の薫る街で、美術館、大聖堂など、数多くの偉大な建造物を訪れた。人間の魂が生み出した素晴らしい荘厳美に圧倒され、手にしたスケッチブックを、百科事典並みの精密なディテールで埋め尽くし、ビザンチン様式の威風堂々とした建築を、ペン、鉛筆、そして水彩ブラシを使って美しく描き出した。渦巻き状の曲線と謎の獣によって飾られた列柱、柱頭、ヴォールト天井、墓、教会堂。壁龕に据えられた彫像のあまりの完璧なプロポーションは、彼の度肝を抜いた。今にも象眼細工の大理石から脱け出してきそうな姿ではないか。幻惑され、目を見張り、食事の時間も忘れて立ち尽くし、呆然自失に陥った彼はスリの格好の標的で、財布はあっという間に盗み取られた。

ミケランジェロ、ルーベンス、ティツィアーノ、ボッティチェリ、すべてが美に対する彼の渇望を癒してくれた。広場に佇んだ彼は、猫に昼飯を分け与え、美しい女性たちが通り過ぎるのを見守った。ヴァルデマのカルトゥジオ修道院に足を延ばした時は、もはや恍惚状態にあった。丘陵の麓にたたずむ施設のこぢんまりした部屋は、天井が高く、ひっそりとした中庭がついていて、トスカーナ地方の田園が一望できた。独居房はプライバシーが尊重された空間で、祈禱や晩餐などのための共有空間に近接して並置されていた。これぞ、一五世紀に建てられたモダンな小都市ではなかろうか。「素晴らしい風景を背に、このうえなく高貴なシルエット……住居を考えるにあたって、これほどまで巧みな解釈に、今まで出会ったことがない」と彼はのちに回顧している。[8] この修道院とその「輝く光景」は、生涯にわたり彼の住宅設計へ大きな影響を与えることになった。

旅はヴェネツィアからウィーンへ。そこで彼はフェルトの帽子を新調し、履きくたびれた靴を買い換えた。そして街の高名な建築設計事務所で徒弟の職にありつこうと訪問を重ねたが、無駄足に終わった。オーストリアの首都では、コネなしに雇ってくれる人を「探し当てることは不可能」で、時間の無駄と悟った。

ひまつぶしに音楽に浸った。オペラハウスの立ち見席で五時間続けてグスタフ・マーラー指揮、ワーグナーの『ジークフリード牧歌』に聴き入り、夜も更ければステファンスプラッツで娼婦を拾った。結局、ウィーンでは仕事にありつけなかった。だが、パリに行けば可能性は無限だ。それに、パリにはコンクリートがあった。

世紀の終わりにかけて発明されたばかりのコンクリートを、彼は生涯かけて自在に使いこなすことになる。当時、パリではふたりの兄弟が店を開いて、コンクリート建築の実験的試みに没頭していた。ベルギー移民で、建築、アートの前衛派、オーギュストとギュスターヴ・ペレの兄弟が、新しい建築工法と建築資材を駆使して、今までとは全く違うたぐいの建物を建てていた。外観も、そして機能も旧来のものと異なっていた。

ペレ兄弟は、建設会社と設計事務所の両方に勤めた経験を生かして、鋼鉄とセメントを使用した鉄筋コンクリート「ベトンアルメ」を使い、高層、幅広の建物をつくり、梁と継ぎ手の数を減らして、広い内部空間を確保することに成功した。資材のもつとてつもない強度は、内壁の数を減らすことも可能にした。しかも、この資材は装飾を施すことも、彫ることも、まるで木質のように見せることも可能だった。兄弟は、セーヌ川を挟んでエッフェル塔の対岸でトロカデロ広場に隣接する場所に本社を建てたが、その明快な論理とオープンプランは際立っていた。ウィーンからやってきた「おのぼりさん」は、ぶっつけ本番でギュスターヴ・ペレに絵を見せ、その場でパートタイムの見習いに雇われた。

両親はパリには行くなと、彼に警告していた。レプラトニエもほぼおなじ理由で反対だった。

彼らは、パリは堕落した街、いわば「バビロン」で、失意の末に狂気に襲われるだろうと恐れたのである。街にたどり着いた時、篠突く雨で視界が奪われ、歴史的な建造物は見えなかったし、宿の部屋はあばら家同然だったから、自分は道を間違えたかもしれないと心細かった。だが、のちになって、彼は一四か月間のパリ滞在が自分を行くべき道に導いてくれたと、限りなく好意的に振り返っている。朝には、ペレ兄弟の事務所で、集合住宅や狩猟小屋の設計図に取り組み、コンクリートならではの建築空間に関わる数学、幾何学に没頭した。そして午後には、街を探索した。ノートルダム大聖堂を眼下にするカルチエ・ラタンのアパート最上階に住んだ彼は、繰り返し大聖堂を訪れ、内部をくまなく歩き回った。部屋の窓から眼下に広がるマンサード屋根のかなたに、シテ島のゴシックの塔を望む光景を水彩で描き、バルコニーで学生帽を頭に、ケープを身につけた自分の写真を撮った。

1909年ごろ、ペレ兄弟の事務所で修行中の若きジャンヌレ

そんな毎日を、彼はほとんどひ

とりで過ごした。そして、そばには必ずと言っていいほど愛読書があった。ミゲル・デ・セルバンテスの『ドン・キホーテ』（苦悩に満ちた主人公ラ・マンチャの男に、彼は自身の人生を重ね合わせた）や、エルネスト・ルナンの『イエス伝』をはじめ、大学のコアカリキュラムにも匹敵する古典文学、ホメーロスやニーチェ、ルソー、フローベール、ボードレールに没頭するなど、彼の独学プログラムは多岐にわたった。[10]両親が兄のアルベールと一緒にここを訪ねた折、部屋の様子を見て彼らは感動した。その頃アルベールは次第に人生の目的を見失いつつあったが、久しぶりの再会を喜び、兄弟ふたりは夜の更けるのも忘れ、おびただしい量のワインを空にした。

ル・コルビュジエがパリにやってきたのは「体験するため」だったから、さらに旅に出てもっとほかを見て回りたい気持ちが強まった。ペレ兄弟のところでの徒弟期間が明け、ラ・ショーン・ド・フォンに一時帰郷した彼は、ドイツに足を向けた。ありがたいことに、故郷の美術学校がドイツ建築の革新事情について、調査を命じてくれたのだ。[11]フランクフルト、ドレスデン、ハンブルクを経て、ミュンヘンで彼はウィリアム・リッターに出会う。リッターはジャーナリスト、画家、音楽評論家であり、時代に迎合しない見識の持ち主で、いたく感銘を受けたル・コルビュジエはその後何年にもわたって打ち解けた手紙をやりとりした。

ベルリンでは、ペーター・ベーレンスに弟子入りを果たした。ベーレンスはモダニズム運動のパイオニアで、もっとも世に知られた作品はＡＥＧタービン工場だ。それは堂々として人目を引きながらも、コンクリートとガラスを使った優雅な建築であった。弟子仲間にはルートヴィヒ・

ミース・ファン・デル・ローエや、絶大な影響力を持つバウハウスのモダンデザイン・スクールで、のちに理事を務めたヴァルター・グロピウスもいた。だが、ル・コルビュジエはベーレンスを、目下の者には目もくれない徹底した独裁者だと見限って、製図台で下働き仕事に精を出した。部屋代を工面するにはこうするほかなかったからで、大家の婦人が調理してくれる一マルクの夕食で飢えをしのぐ毎日だった。

彼は、チャイコフスキーのコンサートに心を動かされ、慰めをまたもや音楽に求めた。とはいえ、本当の安らぎはデッサンや絵を描くことにあった。愛用したグラフ用紙の手帳は、革表紙がボロボロになり、キャッチャーミットのようだった。建物、街角、公園、そして大聖堂。ページをめくっては次のページへ。建物正面、裏側を、褐色と暗紫色で塗りつくし、余白を走り書きのメモで埋めた。都市の人々がどのように機能するのかについての彼の分析は、都市計画とデザインの理論を確立したカミロ・ジッテの深い思考を基礎に、さらに進化していった。都市は、「あたかも生きている有機体のようだ」と彼は考えを巡らす。そして、住民が活力と幸せを持ち続けられるために、きちんと機能する規律秩序と喜びあふれる新鮮な驚きを、もたらすものでなければならない。新しい秩序のおぼろげなかたちが頭に浮かんできた。塀に囲まれた中世の迷路をよりよいものにする方法が。

パリでの徒弟生活でも感じたように、ドイツでももはやこれ以上学ぶことはないと考えた彼は、旅の最後の仕上げに取りかかった。トルコとギリシャを経由して東方へ至る旅への出立だ。汽車でウィーンへいったん戻り、船でドナウ川を下ってベルグラードに着き、さらにイスタンブールへと足を運んだ。五か月にわたるこの旅をベーレンスの仕事場で味わったつらい毎日へのご褒美だととらえていた。この時、見聞したことがその後の人生を通じて何十年にもわたって、自分自身に、そして自分の建築へ深く影響を与えることになるとは、その時はまだ知る由もなかった。

旅の連れは、ドイツで知り合いになったオーギュスト・クリプシュタインで、彼もまた、人生の愉しさを追求するタイプだった。イスタンブールから、ラバに乗って遠く離れたアトス山にある女人禁制の修道院まで辿り着き、タコを肴にレッツィーワインを飲み、バザールを冷やかし、エーゲ海では真っ裸で泳いだ。[12] だが、アテネのアクロポリスで、突如、それまでの快楽ムードは姿を消し、厳粛な態度へと変わった。ル・コルビュジエが初めてこの街を見た

『東方への旅』で描いたアクロポリス神殿(1910〜11年)

のは海からだったが、円柱の台座に据えられた一群の神殿遺跡は、海の紺青に白い石が際立ち、地上に人がつくった建造物の中で、もっとも完璧に配置されていると感じた。

実際に、遺跡へ足を運ぶのは数日後にした。特別なイベントだったからだ。当日、午後いっぱいを使ってカフェでコーヒーをすすり、古代の建物群の中へ入る絶好のタイミングを計って日没まで時間を潰した。その後、二週間近く、彼は毎日パルテノン神殿を見るためにこの地を訪れた。獲物を狙うように周囲を回って、うね模様の列柱が、直立していたり、倒れたままになっているのをスケッチし、神殿の見取り図を作成した。その力強い存在感に驚愕し、心を揺さぶられた。「芸術的思考のエッセンスが、ここには詰まっている[13]」。神秘的な数学的定理が働き、それが偉大な建造物を生み出すのだ。スイスへの帰途、ナポリ、ポンペイ、そしてローマを旅したが、アテネ滞在ほど、強烈に魂を奮い立たせ、自分ができることはなんなのだろうかと深く考えさせられたことはなかった。

「東方への旅」をして、彼の心の奥深くに何か別のものも湧き上がってきた。終身やむことがなかった建築への強いこだわり同様に、女性に対するひたむきな恋慕のこだわりが芽生え始めたのだ。パリでは火遊びし、ウィーンでは唇を交わす仲に発展したこともあった。だが、豊かな胸をもつ成熟した女性への憧れが、旅の空の下で強まった。自身がゲイであると、はばかることなく公表していたリッターに宛てた手紙で、彼は夜のホテルでの抑えようのない生理的欲求について訴えている。だが、強い憧憬があるとはいえ、女性は近寄りがたい存在だった。何を話せばいいのか、皆目わからなかったからだ。それまで、娼婦との交渉しか経験がなく、それさえも三〇歳近くになった一九一七年、パリへ戻った時が初体験だった。異性との付き合いには慣れていなかったが、この時生まれた強いこだわりは、その後も生涯通じて持ち続けた。「女性は、こよなくかわいらしい。きれいに着飾り、いきいきとして快活だ。パリはピンクの女体でできたブーケのようだ。だが私の心は孤独だ。本物の愛などここにはない」と彼はリッターに書き綴る。「ありのままの男性は、自身を克服し、おのれの肉体を鎮める。いわば、堅い直線的平面の直方体だ。私にとって、ありのままの男性とは建築そのものに他ならない。建築に打ち込んでいない時の私はといえば、女性のことしか頭にない[14]」。

　頭を使って思考する、しかも極度に考え詰め、神経をとがらせている毎日に慣れている彼は、セックスの虜になった。仕事仕舞いの一杯のビール、あるいはバスケットボールの試合でわれを忘れるのに似ていた。何でもかんでも絵にしてしまう癖のある彼は、娼婦たちの姿も水彩画にした。横たわる裸の女性たちが、互いに戯れ合い、曲線美をさらし、臀部を上げ、歓びに頭を反らす姿。「私の女どもは、発情期の獣のように淫らで、好色だ」と彼は、自分で発刊している月刊誌に書いた[15]。パリのとある早朝、彼は連れの女性に一枚のそんな水彩画を手渡した。彼女は大笑いして受け取った。

　自堕落な生活は、一九二二年のパリで終わる。その年、生まれて初めて話しかけることができる女性に出会い、以降ふたりの関係は死ぬまで続くことになった。

イヴォンヌ・ガリは、ル・コルビュジエが工芸作品を展示した婦人服店で、店員兼ファッションモデルをしていた。背丈は彼と同じくらい、ふくよかで魅力的だった。濃く塗られた口紅、暗黒色のマスカラ、恵まれた体格をしたモナコ出身のロマだった。会うなり、ふたりは惹かれ合った。とはいえ、彼女は彼の知性にはそぐわず、共通の話題はなかった。結婚後、家庭内や夕食会などで建築を話題に持ち出すのは厳禁だった。デートし始めから、ふたりは盛り上がって、ワインを飲み、よく田園へピクニックに出かけた。彼女は優雅でエキゾチック。体の線が目立つタイトなスカートをはき、つり鐘型の婦人帽に、フープのイヤリングで身を飾り、得意料理の香り高いアリオリをつくった。彼は、彼女の気の利いた冗談が好きだった。ある時などは、教会の聖職者を「ブーブークッション」に座らせたり、夕食会のスープの中に、目には見えない薄いプラスチックのカバーを敷き、客のスプーンが入らないようにしたり、コーヒーに溶けない偽の角砂糖を入れてみたり、マスタードが入ったラミキン皿から小さな男性自身の形状をしたものが顔を覗かせた時もあった。彼女は、いつもお客に向かって（相手が建築家だろうと使い走りだろうと）「あれを見た？」と聞いたものだ。「あれ」とは何か聞かれると、「私のお尻よ」と返した。[16]

野育ちの子供同然で、時に「ガゼルのように活発」な彼女は「互いによくわかり合える仲です」と彼は母親宛てに書いている。[17] パリ郊外のダンピエールアンイヴリーヌで親しい友人に囲まれ簡素な式を挙げたのち、スイスへのハネムーンを計画していたが、イヴォンヌのパスポートが間に合わず、新婚間もない夫婦は初めてのクリスマスを別々に過ごさなければならない羽目になった。もっとも、ふたりはそれ以降もしばしば離れ離れに過ごすことになるのだが。

一緒に過ごす時間と、離れた場所から彼が手紙を書く時間とが、ほぼ同じくらいに感じられたほどだ。彼の手紙には、まるで舌足らずの赤ちゃん言葉に近い愛情のこもった表現で、必ず近いうちに帰ると約束してあった。彼女は彼の「愛しいヴォンヴォン」、そして彼は彼女の「ドードー」だ。彼女は遠方の消印が押された封筒を片づけ、ひまつぶしのように家事にいそしんだ。ベッドカバーを縫い、一緒に出かける時のためにドレスを手縫いする。ガーキンやピクルスを手作りのびん詰めにし、メイクアップと髪型を変えてみる[18]。タバコを吸い、パスティスを飲む。この白濁色の強いアルコールは、甘草の香りが

イヴォンヌとル・ピケの海岸でくつろぐ（1920年代はじめ）

するリカーで、アブサンが禁止されて以来、南仏で好まれたが、この強い酒を寝覚めて間もなくの早朝から、浴びるほど飲んだ。

彼女は彼がルテシア号で帰国するのを待ちわびていた。その時ふたりはまだ結婚していなかったものの、彼のジョセフィン・ベーカーへの耽溺は、結婚後もしょっちゅう起こる女性関係の予兆に過ぎなかった。彼は結婚生活を通し、決して妻に貞節ではなく、瞬間瞬間を生き、物事の相互関係は無視して、区分して考えるタイプの人間だった。

ジャズ歌手のジョセフィンにいたっては、その傾向はもっと強かった。彼女のパートナーであったシチリア島出身の石工職人、ペピト・アヴァティーノは伯爵と身分を偽ったうえ、彼女のマネジャーを務め、同じ船に乗船していて、ル・コルビュジエは彼と面識があった。どうやらふたりは彼女の好きにさせるほかないとわかっていたのだろう。男であろうと、女であろうと、好きな時に好きなように振る舞う彼女。

客船は、波打つ大西洋を進み、乗客たちは、決まった時刻にカクテルを嗜み、糊の利いた純白のテーブルクロスに並べられたブラジル風ビーフステーキに舌鼓を打つ。そしてまた、客室のプライバシーの中に消えていく。「私は小さなクロウタドリ、青い鳥を探しているの」、彼女は、たったひとりの建築家を聴き手に、声を震わせウクレレをつま弾いた。

つかの間は、思うさま楽しむべきだ。なぜなら、それは儚く、すぐに消え去るから。彼は、時の流れの速さを痛いほど感じていた。頭の中で、ラ・ショー・ド・フォンの懐中時計の秒針が大きな音を立てて、時を刻むのを感じていたかのように。やらなければならないことが山ほどあった。注文を受け、新しい図面を引く。人の住まいをよりよくするには何をするべきかという命題が、終始、頭を去ることはなかった。その点、客船の仕様は大いに参考になった。日常品が効率良く整えられ、まるで水上の集合住宅だった。陸の上に客船を建てたら？「陸上の客船」そんな考えが湧き起こった。

彼女の豊かな胸が上下に揺れる。波は高まり、そして消えてゆく。船のプロペラの力強い動きが、彼をフランスへと運ぶ。仕事に戻り、世界を変える。もう何度も感じているあの高揚した気分、自分が一大転機を迎えているという気分に、浸りきった。そう、日付変更線を越えたら、即、行動を起こすのだ。

第1章

「ライフスタイルに革新を!」咆哮するモダニズム

焼きたてのクロワッサンやバゲットが、とっくに店先に並べられた遅めの朝。サンジェルマン・デ・プレの店主たちは、ジャコブ通り二〇番地の玄関口に姿を現す人物が、今日どんな服装をしているか言い当てるゲームに耽っていたかもしれない。三つ揃えはシルクか、はたまたツイード？　濃い色合いの蝶ネクタイ？　それとも横じまの細身のタイ？　山高帽、フェルトの中折れ帽、ポークパイハット、はたまたカンカン帽？　ただ、アイロンの利いたポケットチーフと、ひときわ目をひく、鼻の上に鎮座する太く丸い黒縁眼鏡は、ル・コルビュジエの毎日欠かさずの定番アイテムだったから、言い当てるまでもなかったが……。

シワひとつないパリッとした服装は、ガタピシいう屋根裏の住まいからは想像できなかった。面白いのは、他人のためには純白、シンプル、合理的な邸宅を設計するのに、ジャコブ通り二〇番地の屋根裏ときたら、パリの自由人の雑然とした部屋そのものだった。この建物は、一八世紀のヴォルテールの時代に、ライバルに毒殺された国民的人気女優アドリアーナ・ルクヴルールの住まいだったことでつとに有名だが、ダークウッドの螺旋階段を上って行き着く部屋は、往時、彼女の使用人にあてがわれていた。マンサード屋根の直下、屋根裏のワンベッドルームは、ル・コルビュジエの個人用書斎としても、ディナーパーティーや深夜にタバコやカルバドス、そして赤ワインを嗜む夜更かしの場にも、ぴったりだった。水彩画や素描がここに集められ、彼が創刊した雑誌『レスプリ・ヌーヴォー』も初期の頃、この部屋でつくられた。最初は、ベッドと製図台以外ほぼ何もなく、天井から裸電球がぶら下がっていたが、間もなく手紙や、ハガキ、そして書籍や原稿が山積みとなって、足の踏み場もなくなった。毛の長い灰色の飼い猫が、ブックエンド代わりの骨董の花瓶や彫刻などの間をすり抜けていく。施主に対しては、乱雑な住まいは許容しないと厳しかったものの、自分のためにそれを実践する暇はなかった。

セーヴル通り三五番地のアトリエへは、日課として徒歩で通った。家を出てからセーヌ川左岸の中心地まで、ほぼ半マイルほどの道のりだった。両側に六階建てのアパート群が並ぶジャコブ通りは、幅の狭い小道で建物の一階には店が並び、遅い朝の斜めの光に照らされた建物の影が継ぎはぎ細工のように見えた。近所の住民たちは、忙しく動き回っていた。

隣の家は、ガートルード・スタインとボーイッシュな作家コレットがしばしば顔を出すことで知れ渡っていた。その裏庭では、住人のアメリカ人女性、ナタリー・バーネイが、大胆に衣服を脱ぎ捨てた女性の集会を催し、ル・コルビュジエの目を楽しませてくれた[1]。パブロ・ピカソや、F・スコット・フィッツジェラルドにはカフェ・ド・フロールに行けば出会えたし、ココ・シャネルは、カフェの酒場で彼女がデザインした服を着た女性を眺めていた。ドゥ・マゴで盛り上がる話題はアーネスト・ヘミングウェイが、「何を飲んだ」ではなく、「どれほど、大量に飲んだ」かだった。もっとも、ヘミングウェイは、まじめな話をするならビストロのほうが好みだと言っていたが……[2]。

ル・コルビュジエのひいきの店は、キャンティをグラスで楽しめるカフェ、ル・プチ・サン・ブノアで、アパートから三ブロックほどの近くにあった。ボナパルト通りを下り、玉石敷きの広場を見下ろす荘厳な聖堂を過ぎると、モンマルトルの北側、カフェやブラッスリーが並ぶカルチエ・ラタンで、「ボヘミアンのメッカ」だった。知性と芸術が渦巻くときめきの中心地。ルネサンス時代のフィレンツェ。一九六〇年代のニューヨーク・グリニッジ・ビレッジ。そして二一世紀初めのシリコンバレー。それが彼の家を一歩出たところにあった。

パリにずっと留まることにはなんのためらいもなかった。磁石のように、この街は彼を惹きつけた。以前ペレ兄弟のところに師弟入りし、ノートルダム大聖堂を眺められるアパートを借りて以来、彼はこの街に心を奪われた。「パリは、まるで実験室のようだ。つねに、謎めいた機械装置のからくりを解明する誘惑にかられる」[3]。

ベルリンのペーター・ベーレンスのところで研修を受けるためにパリを離れるにあたり、彼は必ず戻ってくると心に誓った。一九一七年にその時がやってきたが、ドイツ軍の激しい爆撃下、パリで再スタートを切るのは最悪のタイミングで、リスクがあった。いっそ、兵士となって祖国に尽くそうと志願したが、片目がほぼ見えない彼は、スイスの徴兵制度の合格条件を満たしていなかった。やむなく、一民間人として、満杯のスーツケースを抱え、帰省中にラ・ショー・ド・フォンの映画館設計で稼いだ現金をポケットにねじ込み、汽車で故郷に永遠の別れを告げた。一世代が失われつつある厳しいこの時期にパリに戻るには、並々ならぬタフな精神力と決意が必要で、彼は精いっぱいの強がりを演じた。近所の人々が、防空壕に身を縮め、毛布にくるまり、クラッカーをかじる様子を横目に、入隊した友人が戦死した時も、通りの向かいの建物が爆破された時も、ひるむ様子を見せなかった。セーヌ川にかかる橋への砲撃も、戦争の「傍観者」として、燃え盛る破壊のさまを間近に見ていた。[4]

しかし、破壊の後には、再建がある。停戦に伴い、これからは人類がよりよい方向に向かって、技術の進歩を活用し、状況を改善していけるだろうという希望があった。ル・コルビュジエは、この危機を、今が新しいアイデアと再出発の時であり、可能性と約束の時であると前向きに捉えた。

とはいえ、新居に移った頃の収入は、惨めだった。煉瓦製造工場や食肉解体場の設計・管理で糊口をしのぐ毎日で、またもや、殻にこもりひとりわが道を貫いた。本を読み、手紙を書き、娼婦を家に連れ込んで暇を潰す。だが、モダン時代の到来を告げるプロジェクトの遂行には、協力者が必要だった。そこに、登場したのがアメデエ・オザンファンだ。彼は建設会社の継承者で、画家でもあり、また高級婦人服店の支配人も兼ねていた。ふたりを会わせたのはオーギュスト・ペレ。「彼は、変人でね」とペレはオザンファンに説明した。「でも、きっと気にいるよ[5]」。

ふたりは、過去とのきっぱりとした決別について話し合った。オザンファンは、ブルジョワ文化との決別の象徴として、ほとんどすべての財物を捨てると誓った。一方のル・コルビュジエは本名、シャルル＝エドゥアール・ジャンヌレ＝グリを捨てた。ふたりはこれを「ピュリスム＝純粋主義」と名付けた。浄化し、余分なものをそぎ落とす。それが建物の装飾であれ、絵画の華麗な筆遣いであろうともだ。彼らはこの運動について共同宣言を発表し、やや曖昧ながら「キュビスム以降」と命名、「科学と芸術」が手に手を取って前進するという前衛主義の進路を描き示した。新しい雑誌『レスプリ・ヌーヴォー』は、見出しにシンプルで工業デザイン的な書体を使い、モダンへの足取りを記録に残すことを狙って、第一次世界大戦後の産業が発展に向かう時代を受け入れる最善の、そして、もっとも優れた思想を掲載した。「新しい精神が国外に生まれている。事物の明確な認識をもとに導かれた再建と団結の精神である」と、共同編集者のふたりは雑誌の創刊号に書き残した。「偉大で、新たな時代の始まり[6]」、謄写版刷りのチラシで、雑誌の宣伝に走り回り、彼ら自身あるいは同志による書き下ろしのエッセイや、写真、詩文を満載した。

オザンファンは、情熱的な人物だったからふたりの関係は異常な激しさで深まっていった。ロシア生まれの妻と別れた際に、彼が残したのは、自分は「仲間ともっと一緒に過ご

アメデエ・オザンファン（左から二人目）と共に

したい」という言葉だった。ル・コルビュジエもまた、友好関係の維持に細心の注意を払い、この好意に応えた。

故郷のラ・ショー・ド・フォンでは、ジャガイモを茹でたことさえなかったのに、ある晩、彼はオザンファンをパリのアパートに招き、手の込んだ牡蠣の料理とポークチョップに、サンテミリオンワインを添えてもてなした。[7] ローマに一緒に旅行し、熱気球のつりかごに収まるスタジオ写真を撮った。しかし、よくあることだが、ふたりの関係は結局、破綻する。

不穏の最初の兆しは、絵画を巡ってだ。ル・コルビュジエは、パリで生活を始めた頃から、絵を描くことに執念を燃やし、初期の精緻で写実的な水彩画から次第に流行りの抽象画へと移っていった。イーゼルを並べたふたりは、マントルピースの上に置かれた一冊の本、花瓶、ワインカラフェ、あるいはギターなど簡単な対象を描写し、ピュリスムの極みを表現しようとした。だが、作品が並べられると、いずれも凡庸でピカソ、マチス、セザンヌとは比べようもなかった。ふたりはギャラリーに作品をどう飾るかで口論を始め、さらにはピュリスムや、『レスプリ・ヌーヴォー』の創刊はどちらの功績かを巡っても対立した。固い絆は、ほころびた。お互いに大の親友として敬愛し合っていたのに、相手を笑い者にする風刺画を公表するほどになってしまった。

ル・コルビュジエは生涯にわたり絵を描き続け、彼の建築作品を、アート作品や巨大なタペストリー、さらに複雑怪奇な彫刻などで装飾した。だが、オザンファンとの関係破綻は、彼がパリにいる本当の理由を改めて思い起こさせてくれた。それは絵ではなく、建築であり、都市計画だった。師であったシャルル・レプラトニエがいみじくも言ったように、それこそが彼の天職だった。彼は、キャンバスだけは手元に残したが、画材はピカソをはじめ他の画家に譲った。ヘミングウェイ、フィッツジェラルド、スタインベックらは革新的な小説を書くであろうし、T・S・エリオットは斬新な詩を生み出すだろう。そして、激動、混乱、革新のこの時代にあって、ル・コルビュジエのなすべきは、人々の生活様式を変えることにあった。自分が今、暮らしている街を手始めにして。

「住宅は住むための機械である」と彼は主張する。そして彼が建てる邸宅は確かに傑作であった。しかし、彼の夢は個人住宅で終わるのではなく、秩序と効率を最大限に追求した都市を創造し、そこに住む大衆に低廉な住宅を大量に提供することにあった。そして、それにはあらゆる面で革新的発想が不可欠だった。

　第一次世界大戦（一九一四年七月～一九一八年一一月）の灰燼の上に建物を建てるという大仕事を企てるにあたって、彼が考え出した最初の打開策は驚くほどシンプルだった。ホームレスを迅速に収容するために、長方形のコンクリートスラブの周囲に細い柱を立てた三階建ての建物を提案したのだ。このデザインならば、内壁が荷重を支える必要がなくなり、住民は望みどおり自由な内部空間を手に入れられる。これぞ、まさに世界初の自由設計であった。彼は、これを「ドミノシステム（ドムーイノ）」と名づけた。ラテン語のドムス＝「家」の語呂合わせであり、さらにはゲームのコマのもじりでもあった。子供の頃、夢中になった積み木遊びをまたもや始めたのに等しかった。[8]

次に提案した住宅の試作モデルも、やはりシンプルを旨とした。「シトロアン住宅」は、互い違いに配置された三階建ての靴箱型で、白く塗られた鉄筋コンクリート造であった。ル・コルビュジエは、意図的にフランスの人気自動車シトロエンの名前をこの住宅につけ、家族経営のこの会社と共同で都市開発事業を興したいと考えた。ヘンリー・フォードがT型モデルをアッセンブリーラインで製造するように、住宅を量産すれば家のコストを大幅に下げられるはずだ。そうなれば、バレエで、「パ・ド・ドゥ」を踊るように、暮らしの中で家と車が一体となってうまく機能することが可能となるだろう。地上レベルには、これまた世界初お目見えのカーポートが設けられた。住居内部は最大の効率と、機能的動線を目指すが、それでいて広く、ゆったりした趣であった。

このアイデアがひらめいたのは、ランチに行きつけにしていたゴド・ド・モロイ通りのビストロでのことだ。この店は入り口から奥へ深く、細長い造りで、天井が通常の倍ほど高く、広々と感じられた。厨房スペースは店の奥にまとめられ、テーブルを配置する空間が十分に確保されていた。[9] シトロアン住宅もコンパクトだがゆったりとして、つつましいマイホームオーナーたちは、おしゃれなアートギャラリーに匹敵するような室内空間と、広いバルコニーや屋上庭園で自然を享受することができた。室内は、モダンスタイルの家具をまばらに置くのにぴったりで、食器や衣装戸棚そして本棚などは造りつけにされた。[10]

このコンセプトをさらに進化させた集合住宅「イムーブル・ヴィラ計画」では、高効率のシトロアン住宅一二〇戸が、並び積み重ねられた巨大なアパートの建物がスケッチされた。ランチメニューの裏にデザインを走り書きした彼の頭には、イタリア旅行でもっとも印象的だったヴァルデマの光景があった。人は都市の惨状にゾッとしてただ手をこまねるのか、それとも何か行動を起こそうと決意するのか、ふたつにひとつだと彼は語る。モダンな都市であるためにはアパートのあり方を根本的に見直さなければならないと深く信じていたのだ。[11]

　だが、それだけで立ち止まりはしなかった。世界は、住宅を必要としている。それも大量に。彼は実業家アンリ・フリュジェの依頼を受け、社宅用の街区をつくり出した。この実業家は、ボルドー近郊のペサックの街で、角砂糖の製糖業を営んでおり、従業員の社宅を早急に準備したいと考えていた。五一戸の長屋タイプの集合住宅は、低コストのコンクリート工法と統一化された集中冷暖房システムを基本的な枠組みとしながらも、モジュール化されたブロックの組み合わせを変えることで、均一性と多様性を両立させたものだった。住民は開放されたテラスを潰して、そこを部屋にすることもできた。三階建ての住居は緑の街路樹沿いに優雅な佇まいを見せて並んだ。[12]

　住宅難はますます深刻で、より劇的な措置が必要だと彼は感じた。数え切れないほどの人々が毎年フランスの首都に流れ込み、二〇世紀の前半だけで人口は倍増して六〇〇万人に達していた。アーバナイゼーション（都市化）の恐ろしいまでの速さは、都市建設にあたって今までにない全く新しい取り組みが必要であることを示していた。住宅はより大規模で、高層化し、高密度にする必要がある。そして、将来の都市は、公園空地の中にそびえるタワーによって構成されなくてはならない。

一九二二年にパリで開催されたサロン・ドートンヌにおいて、彼のヴィル・コンテンポラリー計画、通称「三〇〇万人の現代都市計画」が披露された。この計画は、広大なオープンスペースに等間隔でタワーが立ち並び、現存するどの道路よりも広くて長い道路が走っている新しいタイプの都市計画であった。「ドミノシステム」から始まり、「イムーブル・ヴィラ」「ペサックの集合住宅」、そしてこの「三〇〇万人の現代都市計画」(コンクリート、鋼鉄、ガラスを使った建物が、天に高く、横に広がり都市景観をつくり上げる)に至るのは、規模の拡大に応じて、極めて自然な流れであった。そして、一度確立されたならば、この都市形態の基本テンプレート(ひな形)は限りなく反復可能となるのである。この構想で、ル・コルビュジエは初めて人間の生活機能を明確にゾーン分けした。オフィス・ビジネスゾーン、小売・商業ゾーン、住居ゾーン、さらには娯楽ゾーンにと。また、自動車と歩行者を分離し、道路と歩道のネットワークを、高架橋やかさ上げされたプラットフォーム、テラスなどを活用し立体交差させた。

混雑する都市は超大型化させる必要がある。同じ目的で、ニューヨークの都市計画家たちはローワー・マンハッタンからハーレムまで、大通りと十字路で構成されるグリッドをつくり上げた。だが、彼は急増する人口に対応するためには、ブロック、道路、公園など、すべての構成要素を、それよりもはるかに大きくしたグリッドが必要だと考えていた。

彼は、きちんと整備された「三〇〇万人の現代都市計画」の姿を、薄いトレーシングペーパーに、インクを使って極細のラインで描き出した。十字型をした集合住宅のタワーが、広大な広場と緑の樹木の中にそびえ立つ姿が描き出され、青空にはひと筋の雲が浮かんでいた。澄んだ水平線を遮るものはなかった。とはいえ、これは彼の構想を描き落としたポンチ絵に過ぎなかったから、サイエンスフィクションだと批判するむきもあった。それから三年して、彼はより具体的な「ヴォワザン計画」を発表した。だが、その提案は、あまりにも容赦ない、非常に冷徹なものであったから、生涯を通じて、彼の代名詞になってしまった。

シトロアン住宅と同様、ヴォワザン計画も、自動車製造業者とのパートナーシップであった。プジョーやミシェランも候補に挙がったが、友人にして後援者、そして『レスプリ・

1924年に、ヴォワザン計画を発表。パリのマレ地区旧市街を一掃して、高層タワー、公園空地、高速道路網を整備する革新的計画

ヌーヴォー』にも随筆を寄稿してくれたガブリエル・ヴォワザンが適任だと考えられた。その頃のヴォワザン自動車は、街一番の人気で新時代の象徴だった。映画スターの、ルドルフ・ヴァレンティノ、モーリス・シュヴァリエ、そしてジョセフィン・ベーカーらも所有していた。ル・コルビュジエも、C7-10ルミノーズを愛用していて、建築現場の前に愛車を止めては写真を撮っていた。車と都市は、互いに手を取り合って共存すべきだ。だが、そのためには自動車による交通輸送に適応すべく、都市を大改変しなくてはならない。ヴォワザン計画では、東西南北を貫く道路と歩行専用のテラスを備えた巨大なオープンパークの矩形グリッドに、ガラスと鉄でできた六〇階建ての十字型オフィスタワーが一八棟、建設される予定だった。隣接する住宅地、官庁街、文化施設エリアでも、街区のそれぞれの台座の上に大きな建物が整然と並べられた。商業と生活の場として、ヴォワザン計画は、現在はもちろん未来の人口にも対応可能とされた。十分なオフィススペースを供給し、一エーカーあたり一二〇〇人の住居を提供するこの計画は、往時のパリのもっとも高密度な地区に比べても三倍の密度があった。この未来都市には、高速道路、鉄道そして地下鉄の路線に加え、空の玄関口となる空港も備えられていた。ル・コルビュジエは彼の考案した計画を以下のような詩趣に富む表現で説明している。

繊細な水平の線は、空高くそびえる巨大なガラスの建物の隙間を横切って伸びる。そしておのおのの建物は細く張られた糸で蜘蛛の巣のように結ばれている。見たまえ、薄れて尽き果てる糸のように水平線のかなたに消えていく素晴らしい回廊は、一方通行の高速道路だ。パリを走り抜ける車が、まるで稲妻のようではないか。二〇キロにも及ぶこの堅固な綾織りの高架道は、細い対の支柱で支えられ空中に浮かぶ。

人はわびしい街路の薄暗いオフィスに閉じこもるのではなく、新しいビジネスセンターで、いっぱいの陽光を浴び、新鮮な空気を満喫しながら働く。

たわ言だと、嘲り笑うのはやめたまえ。そこで働く四〇万人の従業員たちは、ルーアン近郊のセーヌ川沿いにそびえる頂から見下ろすような風景を目にし、麓ではこんもりと茂った木々が風に揺れるさまを眺めることができる。絶対的な静寂があたりを支配する……。

夜ともなれば、高速道路を走行する車は光跡を描き、満天の夏の夜空を、光り輝いてよぎる彗星のようだ。

地上二〇〇メートル上空、オフィスビルの摩天楼の上部には広々とした屋上庭園があり、そこにはスピンドルベリー、ベイスギ、月桂樹、そしてツタが植えられる。花壇にはチューリップやゼラニウムが一面に咲き誇り、ハーブに縁取りされた石敷きの小道に沿って、明るい色合いの花が、このうえない賑わいを見せる。頭上の照明灯の光はやわらかく穏やかだ。夜もふけるにつれ、あたりに漂う静けさは増すばかり。肘掛け椅子があちこちに置かれ、談笑する人々、音楽を奏でるバンド、踊るカップル。見回せば、空中の同じ高さにほかの庭園が、吊り下げられた金色の盤となって浮かび上がる。[13]

曲がりくねった路地や、十字路に店が並びカフェがひしめき合う光景は、もはや許されない。「われわれが慣れ親しんだ道路は、存在しないのだ」と彼は主張した。[14]

こうした近未来ビジョンは決して非現実的な空想ではなかった。新しいパリの街の姿は、今すぐにも必要だった。エッフェル塔や凱旋門など、美しい外見の裏で、一九二〇年代のパリは、急速に膨れ上がり、醜く不衛生で、劣悪な住居や貧民街が至るところで見られていた。首都圏はフル稼動状態。崩壊寸前であった。不気味に頭をもたげる破綻の兆候は、仕事場への道のり、そして街のあらゆるところに見受けられた。圧倒的な数の人びとが、その昔建てられたアパートメントに、重なり合うように住んでいた。道路も人であふれた。乗り合い馬車は、二階建て路面電車や、その頃めっきり増えた自家用車に淘汰されつつあった。実際、毎年八月のバカンスを終えた人々が秋にパリに戻ると、以前に比べ車の数が圧倒的に増えているのが実感できた。シャンゼリゼはヘッドライトの光が溢れんばかり、道路はどこに行っても不協和音だらけ、建物のファサードは広告だらけ。歩道にはゴミが溢れるバケツが散らかるありさまで、あらゆるものがすすと埃にまみれていた。

当時、科学技術の進歩は工場や交通手段、たとえば車、蒸気機関車、船舶などには及んでいたが、人間の日常生活となる暮らしの機能には、届いていなかった。ル・コルビュジエにとって、一九世紀の旧弊から逃れられないこの状態は、人類の尊厳に対する侮辱であり、決して甘受できなかった。都市は、時代にそぐわない、そしてもはや人類にもそぐわない代物に成り下がった。[15] 都市の中心部は、より緻密な計画のもとに、緑の広場を設けて交通を円滑にし、渋滞を緩和すると同時に人口のさらなる密集に対応しなければならない。[16] 大昔の「王族」が決めた建物の高さ制限は、もはや廃止されるべきだと彼は考えた。混み合った都市の街区は全く新しく計画し直さなければならない、旧来のものを撤去し、簡素化し、より強固にすべきだ。歩行者にとって危険な状態にある道路を、このまま放置してはならない。都市の未来は、清潔で、穏やか、強靭で、あふれる太陽の光と新鮮な空気に恵まれたメトロポリスであるべきなのだ。

都市を再構築するためには、古いものを切り捨ててまったく新しいものにつくり変えなければならない。デモンストレーションは、鮮烈極まりないもので、彼がヴォワザン計画の適地として選んだのは、パリの中心街二マイル四方、シテ島のノートルダム大聖堂の北方、セーヌ右岸にある三区、四区であった。その中央部は、マレ地区として知られていた。

継ぎはぎの迷路のようなマレは、文字どおり訳せば「沼地」で、かつて、アンリ四世がゼロから築き上げた牙城であり、「ヴォージュ広場」を中心とする広大な公園であった。その後王朝が、ヴェルサイユに移されると、宮殿、ロテル・パルティキュリエは細切れにされ、労働者のみすぼらしい木賃宿になりさがった。移民がどっと流れ込み、衛生状態は悪化、過密化したこの地区に疫病が起こった。手に負えない結核の流行で、行政区内のすべての住宅は残らず居住不適と宣告された。[17]

地区内の主だった教会や、名所などは保全されると彼は確約した。その中にはもちろんヴォージュ広場も含まれていたが、その他はすべて撤去される計画であった。「ばかげた、チマチマした改修を続けることで、今まで、人々は自分自身を欺いてきた[18]」、それを払拭するために必要な包括的対応策を講じなければならない。「都市は、崩壊をたどっている」と彼は強調した。「もはや、長くは持ちこたえられまい。そこにあるのは過去の姿だ。あまりにも古すぎ……日に日に安定が失われている」と続けた。「この街には外科手術が施されるべきだ……メスの出番だ[19]」。

これ以上明快な言葉はなかった。パリの救済のためには、まずパリを破壊しなければならない。

この構想は、必ずしも常軌を逸してはいなかった。彼のアトリエへの近道、レンヌ通りは少し前にパリの街に施された大手術によって生まれた大通りだった。ジョルジュ゠ウジェーヌ・オスマンが中世からの古い街並みを撤去し、新たに敷設した二〇数本の大通りの一つなのだ。

一九世紀の半ばだったから、その頃の街の状況はル・コルビュジエの時代より、さらにひどかった。街は汚物と混沌の迷路で、多くの人々は劣悪な住居環境で暮らすことを余儀なくされた。というのも、すみかを求める人があまりにも多く、大家は修繕などには目もくれなかったからだ。狭い小道ではすれ違うことができない馬車が立ち往生し、交通渋滞は商業や生活の基本的な機能を妨げた。長年の住人でさえ、道路があちこちの方向に延び、折れ曲がり、行き止まったりする不規則な迷路の中で、暗い裏道に迷い込むのもめずらしくはなかった。盗賊団が、一般市民を狙って、石油ランプで薄暗く照らされた迷宮に誘い込んで略奪や狼藉を働いた。

上の階から「気をつけな！　水だよ！」と大声がかかると、汚水が街路に放り出される合図だった。汚水は道路の中央に掘られた蓋なしの溝を伝って糞尿のため池に流れ込み、作業員がそれをシャベルですくって街の境界の外にある森に運んだ。[20] 飲み水は、セーヌ川からくみ上げたから不潔極まりなく、少なからぬ数の外国からの来訪者が死亡した。モーツァルトの母親もその一人だ。[21] コレラの発生で数千人が死に至り、疫病は周辺へ瞬く間に拡大した。

オスマンは、一八五三年にルイ＝ナポレオン・ボナパルト（ナポレオン三世）に招聘され、パリの街の大改修作業に着手した。パリ市庁舎を仕事場として、彼は一万四〇〇〇人の労働者を差配した。彼らは、つるはし、左官ごてを使い昼夜を問わず働きつづけ、夜ともなれば、その頃ようやく普及したガス灯で掘削現場を照らしながらの強行軍であった。二二年を超える年月の末、彼は街を一変させた。ノートルダム大聖堂のあるシテ島を始点に、セーヌの両岸に幅の広い直線の大通りを放射状に延ばし、行き止まりに記念碑や公共建造物などを築いた。その結果、平均八〇フィート幅、延長八五マイルの新しい大通り、広い歩道、ロータリー、そして公共広場が造成された。街路灯や街路樹の数は倍増され、セーヌ川の古い橋は架け直され、上水、下水道のシステムを世界に先駆け導入して、市の中心地に豊かな緑の景観を持つ公園をつくった。それが、ヴァンセンヌの森であり、ブローニュの森であった。新しい住宅は均一なデザインの七階建てで、街区いっぱいに建てられた。一〇万戸の住居が、同一の外観、エントランス、軒、鉄製バルコニーを備えていた。ノートルダム大聖堂は改修工事が施され、ルーヴル美術館は拡張され、壮大な公共建築も数々新築された。中でも圧巻はオペラ座だ。これを手掛けた建築家、シャルル・ガルニエの自我は、この大仕事にふさわしく尊大きわまりなかった。「創造主でなければ……建築家だ」。

ペレール家が所有するプライベートバンクの資金提供を受けて遂行されたオスマンの「偉大な事業」は、並外れた創造、都市再開発事業のはしりとして世界中から賞賛された。[22] カミーユ・ピサロが、新しくなった街の光景を絵にし、パリの象徴として長く伝えられることとなった。マーク・トウェインは、パリは「従順になった」と表現した。オスマンの再開発によって、当時、定期的に反乱を繰り返していた暴徒が逃げ込む裏路地が撤去されてしまい、長い直線の大通りで彼らは銃火を浴び、騒乱は鎮圧された。こうして、再開発は政権維持に寄与し、一般市民に多大な恩恵をもたらしたと高く評価されたのだ。しかし、オスマンの開発はとてつもない破壊行為を伴った。二万七〇〇〇の既存建物が撤去され、三五万人もの住民が立ち退きにあった。これはパリの全人口の二割に相当し、反発は避けられなかった。古い街並みが一掃されるのを嘆き悲しむヴィクトル・ユーゴーや、シャルル・ボードレール、あるいはリュクサンブール庭園の周辺住人たちが先導して、再開発計画へ反対運動が起こった。気鋭のジャーナリストが、事業の財政問題を暴いた。実際のコストは当初発表された予算の一五倍にも達していた。ペレール兄弟の銀行、クレディ・モビリエは倒産し、オスマンは街から追放され、間もなくしてナポレオン三世もまた、亡命を余儀なくされた。

ル・コルビュジエは、この教訓を無駄にしなかった。パリの近代化をさらに進めるには、今までとは次元の違う「強力な説得力を持たなければならない」。

重要なのは、このような大規模都市再開発が、財政的にも経済的にも大きなリターンをもたらすことを、市に納得させることであった。このために、彼は一九世紀の米国の政経学者、ヘンリー・ジョージの教義に目を向けた（ニューヨークの市長選に立候補した人物で、彼の考えがヒントとなってボードゲームの「モノポリー」ができた）。ジョージは、「行政府が総合的な都市計画とインフラ投資によって民間の不動産開発を促せば、土地や資産の価値が大幅増加し、課税収入もまた増加する」、いわば双方ウィンウィンで莫大な富の創出が期待できると主張したのである。ル・コルビュジエは、不動産開発業者、自動車メーカー、あるいは経済界のリーダーたちに働きかけ、その主張が正しいことを立証しようとした。そのためには、モダニズムを取り入れるための彼のアイデアをパッケージ化したプランを公表することができる大きなイベントが必要であった。幸運にも、まさにぴったりの行事が目の前にあった。それが、一九二五年のパリ現代産業装飾芸術国際博覧会である。

この大規模イベントは、未来への宣誓で、そのスローガンは「モダンであるべし、それを広く知らしめよ」だった。そしてこの博覧会の目的は、エッフェル塔の放物線状アーチやパリ地下鉄のヘッドハウスに代表される工業的な装飾美の「アール・ヌーヴォー」様式に決別し、より洗練された、高級セダンやクライスラー・ビル（一九三〇）のデザインに見られる機械時代の新しいスタイル、「アール・デコ」様式への移行を表明することにあった。

だが、ル・コルビュジエは、アール・ヌーヴォーもアール・デコも表層的で、かつ商業主義に侵されていると感じていて、どちらも好まなかった。彼の考える「モダン」は、こんなものではなかった。逆に主催者側は、ル・コルビュジエなど歯牙にもかけず、彼に用地の端で中央に一本の木が生えている辺鄙な区画をあてがった。そんなことでくじけない彼は、その木が天井にあけた真円を貫き立つように自分のパビリオンを建て、レスプリ・ヌーヴォー館と名づけた。博覧会の職員たちは、この展示館の周囲を塀で囲うように命じたが、これがまた彼に新たな攻撃材料を与えることになってしまった。「何を隠そうとしているのか？」と不思議に思った来場者が周りに群がり、一体全体なんの騒ぎだと興味津々となった。赫赫《かっかく》たる勝利を手にしたのは他ならぬ彼だった。

他のパビリオンが気取って、飾りつけ過多だったのに、レスプリ・ヌーヴォー館は正面に市松模様の巨大な黒枠の窓がある「白い箱」で、必要最小限のミニマム仕様であった。工業材料を使用すれば、住宅の建設がいかに合理化され、標準化されうるかを示すモデルハウスで、内も外も、余分なものがそぎ落とされ、簡素化が図られていた。リビング空間は吹き抜け天井で、寝室となっているロフトから見下ろすことができた。そこには簡素な木製の椅子や革張りのソファがまばらに置かれ、遠洋航路の大型客船を思い起こさせる優雅な造りつけの戸棚や金属製の階段が設けられていた。あらゆるところにインダストリアルスタイル（それから数十年ののちに、イケアやクレイト&バレルによってよみがえった様式）が施され、ガラス製のコーヒーポットさえも、化学者が使うフラスコを模したデザインだった。壁には、ル・コルビュジエの親しい友人、フェルナン・レジェの絵の隣に、ヴォワザン計画の絵コンテが描かれていて、新しい生活スタイルが何倍にも膨らんでいく様子が描かれていた。

大がかりな宣伝活動の締めくくりに、彼はプレスリリースを二回にわたって発表した。だが、新しい発想が満ちあふれていたこの街においてさえ、彼のアイデアはあまりにも衝撃的だった。道路を潰し、パリの心臓部を撤去するとは、大胆不敵という表現では生ぬるかった。ル・コルビュジエは攻撃され、反逆者として身にふりかかる職業上のリスクを覚悟しなければならなかった。理解を得るには時間が必要だろう。だが、大切なのはその間にも人の口の端に上り、話題になることだ。時に、これが意味するものの大きさを理解しているのは彼ひとりではないかとさえ思われた。彼が目指すのは、人類の生活がこれ以上悪化する前に、状況の大幅改善を図ることにある。「建築こそが、これを救える。さもなくば革命だ」と、彼は書いている。

仕事場までの道のりは、バビロン通り、ラスパイユ通り、セーヴル通りの交差点にある立派な公園と地下鉄の駅で終わる。左手には、「サンジェルマン・デ・プレの貴婦人」と呼ばれるホテル・ルテシアがあり、カフェの席が歩道にせり出し、昼夜を問わずにぎわっていた。目の前の公園の向こうには、パリ最古の百貨店ボン・マルシェがあった。芝地の南のセーヴル通り三五番地にはイエズス会の建物があり、ル・コルビュジエはそこを賃借して、急成長する建築設計業に励んでいた。リヴォリ通りとチュイルリー公園の北方に位置していたアストール通り二九番地の以前のスタジオに比べれば、格段に上等だった。とはいえ、実際のところ、そのスペースは修道士たちが使わなくなった廊下で、長さは四〇ヤードあったが、幅はたった五ヤードしかなかった。中庭を見下ろす二階にあって、白一色に塗られ、しかも横並びの窓があったから豊かな光に恵まれていた。奥の壁には製図台が一台ずつ並べられ、それぞれの上に備えつけてあるバネ仕掛けの可動式の黒いライトからも明かりが降り注がれていた。設計図は、ありとあらゆる場所に置かれていた。斜めになった製図台上に、あるいは巻かれて棚の上に、そして床の上に置かれた容器から芽生えた若木のようにも。聖イグナチオ聖堂に隣接する、この地味なネオ・ルネサンス風の建物の奥深い場所で、二〇世紀のモダン建築が生み出されていた。時には製図台で仕事に励む所員の耳に、グレゴリオ聖歌が届いた。[23]

みんなより遅れてル・コルビュジエが姿を見せると、製図工たちは一斉に顔を上げて、ボスのその日の機嫌を窺った。彼は、自分専用の小さな窓なしのオフィスで過ごすことはほとんどなく、プロジェクトの進捗状況を確認するために、あちこちを歩き回っていた。これぞ彼の会社であり、彼の軍団なのであった。三世代も年の離れた建築家たちが一堂に会し、ここで訓練を受けていたが、中でもチームに欠かせないメンバーがふたりいた。

スイスの登山家にも似つかわしい引き締まったハンサムな面持ちをした彼のいとこ、ピエール・ジャンヌレは、濃いブロンドの髪を常にきっちりと分けて広い額に整えていた。ル・コルビュジエよりも九歳年下で、背は数インチ低くがっちりした体格をしていた。生まれ故郷のジュネーヴで美術学校に通い、絵画と素描が得意だった。ル・コルビュジエは、一九二〇年にパリに建築を学びにやって

ボン・マルシェ百貨店と隣り合わせだったセーヴル通り35番地のスタジオ風景

きて彼に会い、思慮深いが世俗には疎いいとこの大いなる可能性に気づいた。彼は、ピエールにペレ兄弟のところで自分と同じように、研修するよう勧めた。こうして、ふたりは生涯続くパートナーシップのスタートを切った。パリでの会社の名称は当初、「ジャンヌレ建築事務所」で、互いをよく引き立て合っていた。ピエールは、受注を狙って見取り図を描き、いとこの独創的な志向を理解しつつ、敷地、材質、建築技術、あるいは建設細目のあらゆる面から生ずる現実的な制約を考慮に入れていた。事実上、オフィスマネジャーの役目も務め、会計に目を光らせ、ル・コルビュジエとチームのメンバーとの緩衝役にもなったし、施主がイラつくようなら、関係の修復にも注力した。事務所設立の初期の頃、ふたりとも午前一時、あるいはもっと遅くまで居残っていたが、ピエールは決して弱音を吐かなかった。もし、ル・コルビュジエが自分をドン・キホーテにたとえるなら、ピエールは間違いなくサンチョ・パンサだ。より社交的なピエールは「いつも、正しく」そして、ビジネスに欠かせない人物だった。[24] ふたりのコンビが順調に運び、毎日がうまく回る状態になってから数年して、アトリエにもうひとり、貴重な人材が加わった。

シャルロット・ペリアンが、ドアを開けて入ってきたその日のことを、ル・コルビュジエは、よく覚えていた。二四歳で、学校を出たばかりの彼女は愛らしい顔立ちで、黒髪をボーイッシュに短く切り、胸元にはキラキラ光るボールベアリングをつけていた。彼女は、ル・コルビュジエの著作『建築をめざして』の建築に関する記述、「光の中に集められたボリュームの見事で、正確な、そして壮大な戯れ」のくだりに深い感銘を覚え、レスプリ・ヌーヴォー館を見学した。そして、自分の写真スタジオがあるサンシュルピスからセーヴル通り三五番地を訪れたのだった。ル・コルビュジエの頭に、その時、男性がしばしば抱く妄想（女性に会うや、ベッドを共にするチャンスを胸算用する）がよぎったとしても、表情からは読み取れなかった。

「何をお望みかな？」と彼は尋ねた、眼鏡越しに。「ご一緒に仕事をしたいのです」と彼女。

彼は、彼女が持ち込んだ素描に目をやった。「あいにくここには、クッションに刺繍するような仕事はないのでね」と鼻であしらい、出口を指さした。彼女は名刺と、ちょうど街で開催されている展覧会の自分の内装デザインブースへの招待状を差し出した。だが、彼と再会することは決してあるまいと考え、内心ほっとした。というのも、彼の対応があまりに冷たかったからだ。[25]

しかし、その翌日、ピエールとル・コルビュジエは、サロン・ドートンヌの会場の彼女のブースに直行する。この毎年恒例の絵画や彫刻、装飾美術の展覧会は、ロダン、セザンヌ、マチスをはじめ多くの芸術家が活動する大舞台で、もちろんル・コルビュジエも、「三〇〇万人の現代都市計画」を、ここで初公開していた。ペリアンのブースは、しゃれたラウンジを呼び物にしていて、そこには、ニッケル・メッキのコーニスで覆われたバーと、四本のアルミチューブでできたスツールが配されていた。スツールは、まるで漫画でよく見る無線電波のように、三本の金属製の輪で支えられていた。天板にガラス板を使用したコーヒーテーブルは（この組み合わせは当時としては極めて珍しかった）、断面が十字形をした台で支えられていた。彼女が「屋根裏のバー」と命名した、スペースエイジとジャズエイジが融合したようなブースは、展覧会の目玉となり、その場でマティーニをシェイクしようと、人だかりができた。いとこ同士のふたりは互いに見つめ合い、うなずき合った。そう、かくして彼女は入所を許されたのだ。

ペリアンは、アトリエにひらめきと、「人生の歓び」をもたらした。何にもまして、家具デザインにきらめく才知の持ち主で、やがて間もなく、世界中でその名を知られ、郊外の牧場主の家でも、歯医者の待合室でも、同じようなデザインの家具が見られるようになった。爾来、洗練されたテーブルや椅子は、ミニマムなインテリアと一体となって、ビジネスの重要な鍵となった。家具は、ともすれば単なる付属品と見られがちであったが、ル・コルビュジエは家具を「過去の特権（エジプトやギリシャ、ローマなどから伝承された高価なソファや、塗りドレッサーなど）から脱却し、機能本位への回帰」を唱える力強いステートメントに利用できると考えた。神殿、城、ヴィクトリアン朝の居間などに置かれた立派な家具は、富と権力の

1928年、家具デザインで名を馳せたシャルロット・ペリアンと共に

象徴、優美な財産として珍重されてきたが、本を収納したり、食事をしたり、座ってくつろいだりする実用性に乏しかった。この意味合いで、ル・コルビュジエは、「椅子は建築物だが、ソファはブルジョア的だ」と述べたと伝えられている。この言葉をきっかけに、その後に続くモダニストたちによって、例えばチャールズとレイ・イームズ、マルセル・ブロイヤー、中でもルートヴィヒ・ミース・ファン・デル・ローエなどによって、より快適、実用的、そして魅力的な外観のモダン様式家具のデザインが追求されていった。

家具製作のために、ペリアンは金物店で買い物をし、自転車用の鉄パイプをひと抱えも集め、また、友人の店で高級な英国製皮革を手に入れた。結果は上々だった。箱型のアームチェアは、詰め物で膨らんだ革張りのクッションが、直角に配された銀色のパイプにセットされ、ディナーパーティで会話する人々の背筋を正してくれた。「LC4シェーズロング」は、ブラックラッカーのベースにクロームの三日月がセットされ、リクライニングした人間の体を包み込んだ。ペリアンは自ら、この「くつろぎの装置」の撮影モデルを買ってでた。ハイヒールを履いた脚を上げ、ピンと張られたポニーの毛皮敷きとなめし革の枕で、くつろぐカットだ。ル・コルビュジエは、工業用素材を使うことで、大量生産が可能になり、同じように大量生産されるモダン住宅に低廉な価格で家具をそろえることができると期待していた。

ル・コルビュジエのこの期待、すなわち「効率」「価格」「快適性」「機能性」は、アトリエに新たなビジネスをもたらすきっかけにもなった。それが、コンパクトカーの開発だ。家具に限らず、自動車もまた、新しい生活スタイルを実現するための重要な要素であり、住宅や集合住宅と一体化すべきだと彼は考えた。一九二〇年代、ヨーロッパで急成長した自動車ビジネスの中心は、空力と出力そして高速を追求したポルシェやブガッティの高級セダンやレーシングカーだった。ル・コルビュジエも、高速のヴォワザンの車が好きで、フィアット工場の屋上にある楕円形の走路を、熱くなって走らせていた。だが、人の自由なモビリティを実現するためには、車はより小型で、かつ、安価でなければならなかった。この動きの先頭を走っていたのが、T型フォードをつくったヘンリー・フォードで、シトロエンとルノー、そしてプジョーが後を追っていた。ル・コルビュジエが参入して、彼の住宅にふさわしい車を製造する余地があるのは明らかだった。製品ラインを開拓し増やすことで、モダンな生活様式に必要なあらゆる要素の提供を可能にするのだ。

彼とピエールは、半月形の四輪車を「ミニマム車」と名づけた。四角いフロントガラスは、ほとんど垂直に取りつけられ、その下にヘッドライトがついていた。後部は緩いカーブを描きエンジンは後方に置かれた。二枚の薄いドアは、前方に向けて開き、運転手と乗客が乗りやすくしつらえられていた。インテリアは、アトリエが生み出す家具と同様、質実剛健で、膨らみのあるフェンダーも装飾されたグリルもなかった。[26] 輸送のための手段、それ以下でも以上でもなかった。

何年か、ル・コルビュジエとピエール・ジャンヌレはプロトタイプのデザインを改善し、ついに製造を待つだけになった。だが、製造工場との契約締結には至らず、結果としてコンパクトカーの運命は、他の人に委ねられた。それが、フェルディナント・ポルシェの手によるフォルクスワーゲンのザ・ビートル、大衆のための車だった。だが、ル・コルビュジエには、最初に思いついたのは自分だと主張するに足る十分な根拠があったことも事実だ。

住宅、都市計画案、自動車、家具、そして、短期間ではあったが女性の服飾デザインへの進出も試みられた。セーヴル通り三五番地で推し進められていた革新の動きは、若いデザイナーたちを刺激し、彼らはチームに参加しようと、世界中からやってきた。ジョルジュ・キャンディリスがギリシャから、ナディル・アフォンソはポルトガルから、坂倉準三が日本から、そしてのちにハーバードデザイン大学院の学長となるホセ・ルイ・セルトがスペインからやってきた。アトリエで仕事に励む時間は、互いに自分のスタイルを披露し合って、極めて刺激的だった。金のために、そこにいるのではなかった。事実、給料の支払いは定期的ではなかったし、人使いも荒かった。

手厳しい上司の役柄は、ベルリンで独裁的なペーター・ベーレンスに仕えた折に経験していた。そして今や、彼がそれを演じる番だった。師匠よりもずっと早く出勤した製図工たちは、前の晩遅くまで苦労して作図した設計図を、昼近くになって、こき下ろされるのを耐えなくてはならなかった。お褒めに預かるのは極めてまれで、まるで整理整頓がおろそかな子供のように叱責された。爆発すれば、その場で即刻クビにされかねなかった。たいていは、ピエールがとりなして、懲罰を受けた者を復職させたが、ル・コルビュジエはドアの錠前を換えて、若い建築家の職場復帰を拒否したこともあった。イヴォンヌの都合で、師匠が午後五時半以前に事務所を後にする日には、チームは大挙してホテル・ルテシアで傷をかばい合った。[27]

だが、それでもここで働き続けたいと思わせる感動の瞬間があった。例えば、邸宅内装図に仕上げのひと筆を加えようと考えを練っている時に、ル・コルビュジエがレコードプレイヤーにバッハの『カンタータ』をかけてくれた時がそれだった。みんな、自分が何か壮大なものに携わっているのだと感じた。アトリエで仕事をするのは、毎日、大きな特典を得ているようだった。

とはいえ、緊張感は消えることがなかった。目前に、勝利が見えていたにせよ。

第2章

サヴォワ邸、そして天才だけが生み出せる邸宅の数々

インターナショナルスタイルを象徴する代表的な建築「サヴォワ邸」は、ゴルフ好きの保険業者、ピエール・サヴォワが不承不承に発注したことから、この世にもたらされた。勤勉な事業家の彼は、世紀末に織り物、炭鉱、化学会社などへの保険提供で大きな富を築いた。ギュスターヴ・グラと共同で創業した保険会社グラ・サヴォワは、英国のロイズ・オブ・ロンドンとライバル関係にあった。彼の特技は、財産の価値や災害損失の確率を計算する「リスク」判断にあった。もしも、第一次世界大戦以上の大規模な武力衝突が起こるとすれば（もちろん、それは必ず起こると彼は確信していたが）、あらゆる個人と組織が保険の保障を求めるであろう。彼は、資産、土地、建物や企業を所有することに伴う負の面を、冷静に根気よく説明し、顧客の信頼を築き上げた。巧みな方法で、さまざまな保険商品を説明する彼のやり方は、のちの世代の保険代理業者のお手本になった。一九二九年のウォール街の大暴落が差し迫っていたとはいえ、その頃までには、斯界の頂点に君臨して、ルーヴル美術展の作品や、かの『モナ・リザ』さえも保険でカバーし、懐はすこぶる豊かだった。

これほどの地位にあった人物だから、セカンドハウスとしての別荘を考えるのはごく自然の成り行きだったが、ピエール・サヴォワは、富裕層へ保険提供はするものの、自分自身が資産を所有することに尻込みした。いわば職業病で、とりわけ土地や建物を敬遠した。第一次世界大戦の大規模破壊のリスクを知れば知るほど、そういった投資は悲惨な目に遭うと考えた彼は、親族が所有していたパリ一七区にある建物の中のアパートを借りて、満足していた。だが、結婚相手はそんなためらいはみじんも持っていなかった。

夫人のユージェニー・サヴォワは、リール県の貴族の一門に生まれ、枢機卿の姪にあたった。リール県は、夫ピエールが保険業を始めた土地でもあった。彼女の肌は滑らかだったが、いかめしい顔つきで、唇は薄く、相手の両頬に挨拶のキスをすると鼻がぶつかった。ユージェニーは、ふたりの社交生活を熱心に差配し、客を晩餐会に招き、招かれ、交流を広め、(ふたりの結婚式の介添人はシャルル・ド・ゴールが務めた)貴族の淑女として、また成功したビジネスマンのワイフとして人生を謳歌していた。彼女は週末の別荘を望んでいたが、その頃の流行りとは全く違うタイプの別荘を考えていた。田舎の広大な屋敷は必要なかったし、ピエールの姉が当時、パリ周辺部に建築中だった城館のような大邸宅や荘園別荘は、はなから頭になかった。彼女が思い抱いていたのは、街に近い、簡素なたたずまいのセカンドハウス。くつろぎと、もてなしの家であった。[1]

この望みには、ピユールが抗えない点が一つあった。それは、当時、まだ一般に普及していなかったゴルフを楽しむための、カントリークラブが近くにある点だ。ゴルフは、冷静さと正確さが要求される厄介なゲームだが、道具の進歩で親しみやすくなっていた。プリンス・オブ・ウェールズがセント・アンドリュースで、木製ではなく、流行り始めのスチールシャフトのゴルフクラブを使ってラウンドしたのもこの頃だ。ピエール・サヴォワは、完成したばかりのサンジェルマン・ゴルフコースやヴェルサイユのラ・ブーリー・ゴルフの緑豊かなフェアウェイで白球を打ち、絨毯のようなグリーンへチップ・ショットする感触が好きだった。パリの中心部から半時間ほどのドライブでセカンドハウスに行き、堅苦しいダークスーツを脱ぎ捨て、快適なウエアでラウンドし、カクテルを友人と飲み交わして一日を終える。なんとも魅力的な光景ではなかろうか。そのような日常は、時代を隔てて、コネチカット州のフェアフィールド郡などでもよく見られるようになったが、その当時は、新富裕層のこんなライフスタイルは、まだ始まったばかり。サヴォワ家は、レジャーの最前衛にいた。パリ西部の郊外、ヴェルサイユから少し北に行ったところにある小さな町が、その夢の舞台となった。ポワシーはレトワールから、西にわずか一五マイル、セーヌ川の曲がりくねった道沿いにあるイヴリーヌ県に位置し、アンズの実のリキュールが特産の、牧歌的なコミューンで、ベンジャミン・フランクリンが外交使節としてフランス滞在中、好んで住まっていたという逸話もあった。ゆったりした丘陵地が多く、都会の喧騒から解放され、しかも車で簡単に行けるこの土地は、まもなく開発が進められて高級住宅が建ち並ぶ予定だった。近くには、コルセットから女性を解放した服飾デザイナー、ポール・ポワレの住居が建築家ロベール・マレ＝ステヴァンスによって建てられたばかりで、明らかに、ここパリの西の郊外はファッショナブルな地域になっていた。そんな中、友人の鉱山会社社長がポワシーにある一二八エーカーのシャトー・ド・ヴィリエの領地を購入し、森と果樹園に囲まれた丘の上の草地を含む一七エーカーを分譲に出したことで、ピエール・サヴォワのかたくなな心はついに折れた。

土地が手に入ってからは、夫人が主導権を握り、肝心の建築家選びに取り組んだ。彼女の欲しいものはたくさんあったが、最優先は、憧れのモダンキッチンであった。ちょうどその頃、ル・

コルビュジエはヴェルサイユに隣接したヴィルダヴレーで小規模な建築に取り組んでいた。施主はアメリカの作家夫婦、ヘンリーとバーバラ・チャーチで、室内にはシェーズロングやイージーチェアがタイルの床にさりげなく配され、シンプルな大型のはめ殺し窓が備えられていた。造りつけの三段式本棚の光沢のある可動アルミ板に光が当たってキラキラ輝いていた。[2] これを見たユージェニーは、ついに、このデザインを施した人物、ル・コルビュジエに白羽の矢をあてた。[3]

依頼状が一九二八年の秋に、セーヴル通り三五番地に届き、それに続いてきちんと整理された注文の細目が送られてきた。広いパントリー、洗濯機など当時の最先端の家電用のコンセント、大きな暖炉が設けられた客のもてなしも可能な居間空間、ゆったりとした主寝室、息子ロジャーの部屋、来客用の寝室、それに使用人区画、管理人小屋、運転手用の居室、旅行用トランクや道具類の収納室、ワインセラー、車三台分のガレージ。彼らもまた、ヴォワザン車を所有していた。彼女は、この計画遂行にあたっては予算厳守だと強調し、場合によっては道路の先の家屋とつなげるかもしれないと思案している様子が書状からうかがえた。[4]

アトリエでピエール・ジャンヌレと、この書簡を精査したル・コルビュジエは、「週末の家の全体的な形は、建築家に一任する」という言葉に惹かれて、契約を即決した。夫婦は彼に白紙委任状を出したのだ。彼とピエールは、うなずきの目線を交わした。ふたりの間で、言葉は必要なかった。依頼内容はファイルに加えられ、レンダリングの下隅に大文字で「サヴォワ夫人＝MME SAVOYE」として登録され、やがて現場の下見が手配された。サヴォワ夫妻は、「ゴルフクラブ近くにふさわしい家」をと望んでいた。かくして、ル・コルビュジエは、芸術作品創造に取りかかった。

家具や都市計画、住宅やマンションなど、最終的に「未完成」となってしまうものも含めて、アトリエの仕事は多岐にわたるが、その中でも稼ぎ頭は住宅であった。一九二〇年代の末までに、ル・コルビュジエは一五軒の邸宅を手がけてきた。滑らかなコンクリートと直角の白い構造体は、細い金属製の黒いサッシの窓が魅力的で、簡素、そして瀟洒《しょうしゃ》だった。彼は同業者たちから羨望の的となるまで上り詰め、大人気を博した。彼の天与の才は、住人に喜んでもらえて、かつ革新的デザインの住まいを提供する能力で、それぞれの作品は伝統的な構成から始まり、少しずつ趣向を凝らしながら、着実に進化を遂げていた。

彼は一七歳の時に、一九〇五年から一九〇七年にかけて自分の生まれた街で最初の住宅を建築した。サヴォワ邸を目の前にして、ラ・ショー・ド・フォンでの日々は遠い昔のことのようにも思えた。しかし、彼はその地で初めて建築の世界に足を踏み入れ、次第に新しい建築デザインを試みたのである。時計業界の顧客がますます裕福になり、いくつかの邸宅を依頼されたことが彼の道を開くきっかけとなった。

それを手助けしてくれたのも、地元の美術学校の恩師、シャルル・レプラトニエだった。彼は、建築家、レネ・シャパラに声をかけ、高名な宝石商で時計のエナメル細工師でもあったルイス・ファレの邸宅建築を、クラス最優秀生徒とのタッグで、請け負ってはどうかと依頼してくれた。ル・コルビュジエはファレ邸の仕事に熱心に取り組み、その後も、街の北西部の斜面にあるこの新興地域で、いくつかの住宅設計に携わった。

ファレ邸は、基壇がジュラストーンで積まれ、屋根が三角のアーチ型をした典型的なシャレー建築であった。特徴的なのは外観で、正面には二つのバルコニーがあり、そのうちの一つは家の横幅を完全にカバーし、上階のもう一つはその半分ほどの長さだった。外板には多数の小さな円錐形をした幾何学化したモミの木のデザインが全面に彫りつけられ、屋根の腕木が見えていた。

スイス北西部の自然環境に調和して、「幾何学的」な趣、そして「自然」を絶妙に演出したこの家は、他の追随を許さなかった。その時、まだ建築家見習い中であったル・コルビュジエは、現場の写真撮影にあたり、新雪の白い斑点がこの家を美しく飾る光景を強調するようにと指示を与え、のちの活発な広報活動を彷彿とさせる差配ぶりを見せた[5]。

この最初の創作に、彼は細心の注意を払い、細かいところまで目配りしたが、慣例にとらわれず、挑戦することに大きな喜びを感じた。ファレ邸について、彼はこう記述している。「ありふれた型通りのものなど、ひとつもない。気づいたのだが、確かに家は資材を使って職人がつくる、しかし成功作になるのか、失敗作になるのかは、平面図と断面図次第なのだ。公式の授業、決まり切ったしきたりや、神のお告げかとも思われる先入観にはゾッとするばかりだ。私は今や、頼るべきは自分自身の判断力だと……強く信じている」[6]。

丘の上に建つ素敵な家があると、ファレ氏の遠縁の親類から噂が広まった。ラ・ショー・ド・フォンの時計製造学校の技術教授、アルベール・シュトッツァーや、磨き職人、ユリシーズ＝ジュールズ・ジャクメが、すぐさま彼らの自邸として同様な建物を発注してきた。完成したどちらの建物も、この地方独特の勾配屋根だったが、側壁の装飾は削ぎ落とされていた。[7]

建築請負からの収入は、彼のキャリアを支える礎となり、ヨーロッパ旅行の費用はこれで賄われた。スケッチブックを余さず使い切り、斬新な思考を身につけて帰ってきた旅だ。次に、彼は自分の両親のために（割引設計料で）、ファレ邸、シュトッツァー邸、ジャクメ邸と同じ地域に豪華な邸宅を建てることにした。場所は、ラ・ショー・ド・フォンのもっとも外れで、敷地のすぐ裏先は深い森で、フランスとの国境が迫っていた。マリーとゲオルグ＝エドゥアール・ジャンヌレ＝グリ夫妻は、それまで街の中心にしか住んだことがなかったが、今や、牧歌的な環境の中で、ガーデンテラス付き、はるか南への眺望が開けた住まいに居住することになった。飾り気なしの白壁の家は、「白い家（La Maison Blanche）」と呼ばれ、これをきっかけに若き建築家の建築スタイルは大きく変化を遂げた。この時、彼はまだ二五歳。三角形の傾斜のきつい屋根だけは地元ジュラ地域にみられる特徴を残していたものの、外も内も今までになくきわめてモダンな趣で、居間、キッチン、食堂、書斎、寝室、余分な装飾はすべて削ぎ落とされていた。庭先の東屋は、ポンペイで彼が見たそれに似せてあったが、全体の形状はイスタンブール風とフランク・ロイド・ライト風の理想的な組み合わせだった。[8]「白い家」は、「プロムナード」を歩いて楽しめるように設計され、道路から数段のステップから始まって、室内に入っても、外の世界との関係が常に保たれるように設計されていた。オーダーメイドの執務用デスクが備えられた書斎からは庭園が一望でき、マリーのピアノが置かれる空間は安らぎの場でもあった。ル・コルビュジエは主寝室のベッドを高く上げ、両親が田園の広がる地平を楽しめるように工夫した。玄関ドアのハンドルは、アール・ヌーヴォー調のサンショウウオをかたどったもので、新しい時代の始まりを告げていた。内側には、ゲオルグがカンカン帽やステッキをかけるための留め金があった。

ル・コルビュジエが、初めて単独で設計した「白い家」は、建築期間が六か月と短く、評判は地元はもちろん、そのはるか先にまで広まった。訪ねてくる依頼人は、何百人もの従業員を抱える時計製造会社のオーナーなど、富裕層が多くなってきた。ゼニスのジョルジュ・ファーブル＝ジャコは、姉妹都市のル・ロックルに別荘を依頼してきた。丘の上に立つ大邸宅だ。同様な依頼がシーマ・タバンのオーナー、アナトール・シュオブからもあった。彼が選んだ場所は、ラ・ショー・ド・フォンの街の中心部に所在し、これがル・コルビュジエの街なかでの最初の仕事となった。シュオブ邸の、からし色をしたコンクリート表面は滑らかで、箱型と弓形とが交互に組み合わされ、周囲には長方形や、正方形、楕円形をした窓がまばらにうがたれていた。この家は街なかの邸宅で、「基準線」を多用し、『東方への旅』を表現していた。のちに「ヴィラ・トゥルク（トルコの家）」と呼ばれるようになったのはまさに的を得ていた。[9] 実は、シュオブのちょっとした修正要求をめぐって、彼は施主と初めての大げんかをやらかしたのだが、最終的に完成した建物は、伝統的な

両親のために建築した「白い家」

建築物に囲まれた街角で、ひときわ目立つ存在となった。

その近くで、彼は他の案件も受注した。洒落た映画館（ラ・スカラ座）で、これまた若き建築家の名前を近在に広めることとなった。シャルル＝エドゥアール・ジャンヌレ＝グリ建築事務所は、絶好調だった。彼は、邸宅、カントリーハウス、アパートメントの建設、工業デザイン、改造と修復、店舗、内装デザイン、ランドスケープなどを業務として挙げた。こうして、故郷の街をさらに改変し続けることも可能だった。[10] しかし、パリが彼を手招きしていた。

パリで初めての建築の機会を与えてくれたのは、アメデエ・オザンファンだ。ブルジョワ生活と決別したとはいえ、一族のすべての富に背を向けたわけではなかった彼は、一四区のレイユ通りで大きなモンソー貯水池を見渡す敷地に、住居とアトリエ建築を依頼した。レイユ通りから少し高くなった小道の角で、落ち着きのある伝統的な四階建ての棟割住宅に囲まれた白いタウンハウスは、黒の金属サッシで、カフェと製造工場とが相まったような外観をしていた。地階は、当時はまだ贅沢だった車庫になっていて、管理人用の広い居室空間が用意されていた。ふんだんな光が、外壁のほぼ全面を占める巨大な窓枠から差し込んでいた。建物の隅は、直角にはめられた天井まで届くガラスで囲われていた。住人は、螺旋階段で玄関ホールから上階のメインフロアに上がっていき、さらに上蓋を開けると屋上庭園へ出ることができた。

バーゼルのあか抜けた銀行家、ラウル・アルバート・ラ・ロッシュが、ル・コルビュジエに興味を抱いたことで、さらなる幸運がもたらされた。彼は、ル・コルビュジエにモダンアートの購入を委託し、その結果、首尾よくピカソの作品六点を獲得した（ル・コルビュジエは、抜け目なく自分の絵にそれより高値をつけて収集品に加えた）。その後、ラ・ロッシェのコレクションは、ピカソ、ル・コルビュジエ、オザンファンらの作品に加え、フェルナン・レジェ、ジャック・リプシッツ、ジョルジュ・ブラックと数を増し、収蔵する適当な建物が必要となってきた。彼は、ル・コルビュジエが提唱したスマートなスタイルで、住まいとアートギャラリー併用の建物を、当時まだ、ほんのひなびた小村に過ぎなかった一六区のオートゥイユに建てると決めた。このラ・ロッシュ邸は、今なおル・コルビュジエのもっとも衝撃的な傑作だと考えられている。コンクリート製の脚柱の上に載った白い箱で、内部には作品鑑賞用に初めて彼が考案したスロープが採用された。この形状は、ずっとのちのフランク・ロイド・ライトのグッゲンハイム美術館のそれに先駆けたものであった。

内部は、簡素で無駄なく清純だった。空間を広く取るために、造りつけの本棚、そして収納室が備えられ、それぞれの壁面は別々のパステルカラーの色彩が施され、彼のポリクロミーの初の本格的な適用となった。ロフトスペースは、ライブラリーになっていて、その高い位置からは、居間空間の立体的量感を見て取ることができた。そこには、天井からたっぷり日光が差し込み、パイプ椅子、ふっくら膨らんだ革張りのソファ、金属製のテーブルなど、その頃人気を博してきたル・コルビュジエの家具シリーズがあちこちに点在していた。家の中を移動するのはきわめて魅惑的で、まさに「建築プロムナード」だった。上階の窓からは木々の先端が顔を出すのが見え、あたり全体に静穏な感じを漂わせていた。

邸宅の仕事をパリで立ち上げ、それに弾みをつけているとはいえ、スイスにまったく決別するわけにはいかなかった。彼の建築作品に不満を抱いた施主への対応に追われていたからだ。「白い家」は素晴らしい豪邸ではあったものの、両親の手に負えなくなっていた。巨額の抵当借り入れは、時計彫金職人とパートタイムのピアノ教師にとって、荷が重すぎた。第一次世界大戦が、時計産業を壊滅させ、父親の彫金職からの収入は大幅に減少した。それだけではない。頑健なスイス人でも、引退間近になると、「プロムナード」を歩くのは億劫で、ましてや関節炎を患っていたゲオルグにとって冬場の積雪は耐え難かった。一九一九年までには、ジャンヌレ夫妻はラ・ショー・ド・フォンを諦め、ル・シャーブルの村、そしてさらにはレマン湖のほとり、モントルー近くのコルソーへと移り住んだ。彼らの頑固息子は不動産業者に、売却価格が安すぎると言い募ったものの、結局損を出して処分せざるを得ず、「この街は、虫唾《むしず》が走る」と友人への手紙に記した。新しい所有者は、ル・コルビュジエから一一ページの書簡を受け取った。そこには家具をどうしろ、あるいは建築作品としての「白い家」に敬意を払えだの、もろもろ書き綴ってあった。[11]

罪悪感からか、あるいは面倒見がいいのか、彼は両親が時計製造の街から離れて、引退後の毎日をきちんと過ごせるよう気遣った。間借り暮らしを強いられたふたりのために、彼は一九二三年、ヴヴェイのコルソーにぴったりの土地を探し当てた。その場所は、「スイスのリヴィエラ」とも称される新興工業地帯であり、労働者階級の街（ミルクチョコレートとネッスル発祥の街）であったが、哲学者のジャン＝ジャック・ルソー、作家のグレアム・グリーン、俳優のチャールズ・チャップリンら著名人の保養地でもあった。水辺から急な斜面にブドウ畑が広がり、山腹を狭いスイッチバックで上るフニクラ（ケーブル鉄道）が走っていた。彼は農家とうまく掛け合って、湖に近い平地の一区画を手に入れた。「ル・ラック邸」、またの名を「（レマン湖畔の）小さな家」のための完璧な場所を探し当てたのだ。この家は、のちの郊外住宅のはしりとなる優雅なトレーラー型で、彼は飛行機の胴体を思わせる長さ三六フィートの長方形の箱を波型アルミ板でデザインした。内部は、収納式のソファベッドが備えられた客間兼用の応接室や、効率的な作業動線を考えて配置されたシンクやコンロなど、空間の隅々に至るまで有効に活用されていた。ラ・ロッシュ邸で色彩を取り入れた経験を生かして、壁を淡い青緑色、コバルトブルー、赤さび色に塗り分けた。屋上には、芝草と植栽を植えた。これはおそらく史上初の「屋上緑化」だ。天窓の設置に工夫をこらし、小さなバスルームやクロゼットなど、思いがけない空間に光をあてた[12]。その小さな家はまるで汀《みぎわ》に座す古代の神殿のようだった。あまりにも素晴らしい出来だったから、彼はイヴォンヌとふたりでここを訪れる時のためにひと部屋増築した。

小さな敷地のほとんどを建物が占めていたが、東の端には小庭をつくるだけの余裕があった。そこに、控えめではあるが力強い造園を彼は施した。湖に面した塀の中央に矩形の額縁状開口が穿たれた風変わりな外構物の横にシンプルな片持ち式のテーブルをしつらえ、「景色が意味を持つためには、切り取られた景色でなければならない」と言い切った。「思い切った手段を使ってプロポーションを整え、塀を高くして水平線をさえぎり、開口を使うことで狙いすました場所を切り取って、そこを見せるのだ[13]」。

風景は家の中でも同様に、額縁枠にはめられ切り取られた。キッチンの窓辺で、マリーは「湖水劇場」の最前列席の気分を楽しんだ。大水域いっぱいに広がる山々の頂、たえず縦横に湖上をすべるスマートな汽船、目まぐるしく移ろう気象、霧、嵐を喚ぶ雲、そして日の光の降臨。彼女は外を眺めてそのすべてをあまさず観賞し、それから食器を片づけたり、飼い犬を洗ったりの家事に取りかかる。

彼の父親は、この「小さな家」で、わずか一年過ごしたのち亡くなり、母親は、一〇〇歳までここに暮らした。その後は兄のアルベールが引き継いだ。両親のために建築した住居は、彼の作品群の中でも、特別な位置を占めていて、中でもヴヴェイは格別だった。とはいえ、「小さな家」

と「白い家」の双方ともに、その後丹念に保存され、今や数千人もの人が訪れる美術館になるだろうとは、当時の彼といえども想像できなかったに違いない。

　パリでは、「オザンファン邸」や「ラ・ロッシュ邸」の成功により、街なかの個性的な住宅の建築家として彼の人気は急速に高まった。この頃になると、大勢の人に騒がれるのに慣れてしまい、むしろそれを逆手に取って、チャンスに変えてやろうと心に誓う。ラ・ショー・ド・フォンでも、高い評判をうまく利用したが、パリではそれ以上にうまく立ち回ろうと。

　前衛的な知識人の間で関心が高まったことは喜ばしかった。その結果、超エリート層のマイケル・スタインとその妹のための二世帯住居をガルシュの西方郊外に手がける幸運に恵まれたのだ。[14] スタインの妹、ガートルードはマチス、

レマン湖のほとり、ヴヴェイに建てた両親のための「ル・ラック邸」またの名「小さな家」

ピカソ、フィッツジェラルド、ヘミングウェイに精通していた。マイケルと夫人のサラはガブリエル・ド・モンツィと組んで、熱心に芸術作品の蒐集にあたっていた。ガブリエルはかつて、一九二五年の万博でル・コルビュジエのレスプリ・ヌーヴォー館を窮地から救ってくれた公共事業大臣の前妻であった。この二世帯住居は、直方体と水平連続窓とが組み合わされ、鋭い直線のロッジア、そして片持ちの張り出しが突き出ていた。ル・コルビュジエは、彼の愛車、ヴォワザンを正面の金属製スライディングゲートのそばに止め、カメラに収めた。建物の材質は極めて重かったが、造園を施された小規模空地の上に浮揚しているかのようにも見えた。

「パパ・スタイン」として知られた依頼主は、建築の進行に興味をそそられ、現場を歩き回り、建物が次第にでき上がるのを感心して眺めていた。だが、この施主は、必ずしも建築家の言いなりにならなかったし、満足もしなかった。夫妻は、ル・コルビュジエが薦めたモダンな家具ではなく、古くからのイタリア・ルネサンス様式の家具をすべて持ち込むと主張した。関係にヒビが入る前触れだった。彼の両親の「白い家」と同様、夫妻は結局この家を売却処分してしまった。[15]

ほかにもゴタゴタや、あまり嬉しくない結末があった。彫刻家のジャック・リプシッツは、ル・コルビュジエに一六区のブローニュ・ビヤンクールに住宅を発注してくれた。彼はさらに、その地域に最先端のキュビスム住宅を建築したいと考えていたアメリカ人芸術家、ウイリアム・エドワード・クックに、ル・コルビュジエを薦めた。敷地はあまり余裕がなかったが、ル・コルビュジエは、似たような簡素で力強い建物を創案した。窓は水平の連続帯状であったが、ただ今度は逆に寝室を一階に、そして居間と書庫を上階に置いた。クックはちょうど巨額の遺産を受け取った直後で、設計について至る所であれこれ口を挟み、まるでアンパイアに歯向かう野球の監督さながら、ル・コルビュジエに面と向かって対立した。そしてさらには、ラウル・ラ・ロッシュだ。ル・コルビュジエの知り合いの中でも、極めて寛大な人物だったが、オートゥイユの家に重大問題が発生し、困り果てて直訴してきた。水回り設備の故障、暖房も照明も不十分、夫人や従業員の使い勝手に配慮が行き届いていない寝室、さらには壁に生えたカビ、これは毎日の生活だけでなく、数々の貴重な芸術作品の保全にとってもきわめて危険な状況だった。結局、修繕され、ラ・ロッシュは文句を言わず黙ってすべての費用を支払った。

これらは「取るに足らない些事であり、技術的欠陥に過ぎない。不具合一覧表に載せて直せばよいだけのことだ。依頼主はえてして、大局を見る目を持っていない」。ル・コルビュジエがやろうとしているのは、建築そのものをすっかり変えてしまう革命的大仕事だ。「たまに壁が湿っぽくなろうが、いかほどのことか」。

そこで、モダニズム建築の基本原則を世に広く告げる必要があると考えた彼は、ル・コルビュジエ流の偉業を達成するための青写真「近代建築の五原則」を活字にして発表した。

第一に、モダニズムにふさわしい近代的な建物に必要なのはピロティだ。鉄筋コンクリート製の柱脚で、これによって建造物は少なくとも一階分、階上に持ち上げられ、階下の地面は庭や往来、あるいは風通しのために解放される。第二要件は、「平らな屋根（陸屋根）」。これもまた、空間の使用を最大にするための工夫で、余分に生まれた屋上平面に、庭園やラウンジを設けることができる。勾配のある屋根を忌避したことは、芸術的な表現でもあり、滑らかなボックスやキューブのような建物は、コーニスやパラペットの装飾がなく、すっきりとしたラインを保つことができる。そして第三は、技術上もっとも基本的な、「フリープラン」である。伝統的な建物では、内部を区切る壁は、家の荷重を支えなければならない。この隔壁は必要不可欠で、さもなければ建物は崩壊する。したがって、従来ルールでは、居間、寝室、食堂、それにキッチンは、定型的な正方形や長方形で配列されていて、これをル・コルビュジエは「凍結されたプラン」と呼んでいた。彼が推奨した柱と鉄筋コンクリートを採用すれば、これが建物周囲を構造的に支えるので、内部のデザインは施主や建築家の望みどおりにすることが可能になる。キッチンは食堂と一体とすることもできるし、さらにその先の居間につなげることも可能だ。つまり、内部の隔壁は全く必要なくなる。第四の要素である「自由なファサード」も、支柱を外壁の中や後ろに隠すことで実現可能になる。伝統的な建物では、家の外側が構造的な役割を担っていた。窓やドアは決まった位置に存在しなければならなかったのだ。そのため、建物構造は、地面から読み取ることができた。一方、ピロティと鉄筋コンクリートはファサードを解放し、シンプルで平滑な外観を可能にし、ドアや窓などの配置も、機能やデザインに応じた自由なものとなった。そして、この自由な立面は五番目、かつ仕上げの要素である「水平連続窓」を実現可能にした。建物の端から端まで途切れずに続く帯状の窓割によって、十分な外光が室内に採り入れられるとともに、パノラマ的な眺望が供されるのだ。

ル・コルビュジエは、モダニズム建築のこれらの本質的な要素をまとめ、一九二七年に一冊の書籍として刊行した。ユージェニー・サヴォワから建築依頼の手紙が来たのは、その直後だった。ポワシーの週末用別荘は、近代建築の五原則を余すことなく表現し、コンテンポラリーデザインにおける究極の完成形でなければならなかった。


パリやラ・ショー・ド・フォンで建築した邸宅の敷地は、都会の密集地――オザンファン邸やシュオブ邸のように、街並みにタイトに挟まれたものから、「白い家」や「小さな家」のように開放的なものまで、さまざまであった。しかし、サヴォワ邸が鎮座する台座のような敷地形状は実に独特で他に類はなかった。

ピエール・サヴォワが購入した土地の中央には、ドーム状の芝の丘があり、周囲の樹々はそよ風になびき揺れ、まさに丘の上のオアシス、この上なく気持ちいい陽だまりができていた。眼下の北に目をやれば、複雑に転回しながらパリの市街まで流れ続けるセーヌ川の緩やかなカーブが見てとれた。建築現場は、街の中心部から延びている人通りのない道路から藪を切り開いてようやくたどり着くことができた。ル・コルビュジエはひと目見て、この地こそ「聖地」であると確信する。「眺望が素晴らしい。草原も、そして森も素晴らしいのひと言に尽きる。この地は、侵すべきではない。家はオブジェのように草原の真ん中に安置され、周囲のものを何一つ煩わすことはない」と彼は書き記した。[16]

建物は、外の風景と関連している。そして逆もしかりだ。室内と戸外、それは絶え間なく相互に影響し合っている。彼は、緑の草原に浮き立つ「白い箱」を描いた。それは彼の近代建築の五原則に則り一五本のコンクリート柱によって支えられたピロティの上に据えられ、それが架台となって室内の自由設計を可能にした。[17]「白い箱」は、「抽象的」物体であり「謎めいて」もいた。そしてこの二つの要素が、外観にまであらわに誇示されているので、来訪者は内部の秘密を早く見たいと焦らされるのである。地上から浮揚し、四周を黒い窓枠で包まれた白い直方体。空間と質量の建築的な遊びに、なんのためらいもなかった。[18]伝統的な荘園別荘のランドスケープは、長いドライブウェイや、威圧的な玄関が特徴だった。だが、サヴォワ邸には、はっきりした玄関扉はなかった。すべて同じ形をした四つの正面が、北、南、東、西に各々面していただけだ。

もちろん、そこに行くには車が使われた。白い砂利が敷かれたドライブウェイが敷地に入り込み、ぐるりと円を描く。円は、ちょうど一九二七年型シトロエンの回転半径に合わせてあった。精巧なつくりのガレージドアを開けると、ユージェニー・サヴォワの注文どおり、車三台分のスペースが確保されていた。

当初から、ル・コルビュジエは建築を劇場的体験と捉えていた。来客は、バラの灌木に縁取られたドライブウェイを進入しながら、いったいこの創造物はなんなのだろうとまだ半信半疑だ。やがて、徐々に姿が現れ……そしてやっと、入り口が見つかる。それは黒い金属枠にはまった透明ガラスの簡素な入り口で、中央のシャフト部分に設けられ、そこには倉庫と従業員居住区画もあった。そして建物の「空飛ぶ円盤」に搭乗するには、タラップ代わりに緩やかなスロープを使うか、さもなければ螺旋階段を使う。堅苦しい伝統様式の荘園であったなら、おそらくヴィクトリア朝の優雅なドレスに身を包んだ女性主人が、広い階段から来客を出迎えたであろう。だが、この別荘の客人たちは、シャネル・スタイルのスマートな服装で、ジョージ・ガーシュインのサウンドトラックに合わせてパーティを楽しむに違いなかった。

至る所に驚きがあった。古典的な取り決めなど、どこを見てもなかったし、家としてなじみのあるものもほとんどなかった。キッチン、食堂、居間はすべて相互につながっていた。部屋は室内から外へと継ぎ目なく続き、室内からほんの数歩でそこは、もうアウトドアテラスであった。横長の窓は、外の木々や草を縁取り、まるで映画を見ているか、美術館で絵画を見ているような感覚で窓外の風景を眺めることができた。造りつけの市松模様の青いタイルの長椅子が備えられた浴室はトルコ風で、白いパイプの手すりは、ル・コルビュジエが好んだ外洋客船の名残だった。

家の外観は、黒枠の連続窓がついた「白い箱」だが、室内にはラ・ロッシュ邸や「小さな家」で、確立した色彩が多用されていた。壁紙メーカー、サルブラ社との提携で制定した壁紙用色見本帳、「ポリクロミー」をベースにした色調は、脈動する血潮と、大草原のみずみずしい色彩で構成されていた。選び抜かれた色は、壁、扉、パネルなどに塗られたが、隣り合わせの面に、同色が塗られることは決してなかった。色彩は、空間を変化させ、室内を活性化すると彼は確信していた。

居間はピンクと淡いブルー、ロジャーの寝室は明るい黄土色、主寝室は明るいグレーとホイールライトブルー。パステルイエローのタイルをあしらい、ストリップ材の床は、オークのナチュラルカラーにした。仕上げとして彼は、この家に小さくてエレガントな投光ランプを装備した。これは、のちに室内デザインで大人気を博し、至る所で採用されたトラックライトの先駆けとなった。

何もかもが簡単ではなかった。サヴォワ邸の建設は、建築というよりは、危なっかしい奇術に近かった。作家の原稿のように、設計図はひっきりなしに修正され、困難な課題が出てくると、その場で何度も調整が行われ、さまざまな決裁が下された。[19] 地方自治体の行政府、請負業者、資材供給業者にすれば、この建物はあらゆる面で、未知の領域であった。建築許可を下ろすにしても、何と書くべきなのかはっきりしなかった。施主のピエールはポワシーの市長に宛てた手紙で、シャトー・デ・ヴィリエールの農地跡に建築する住宅は、既存の道路に沿った伝統的な様式とはマッチしないと通告していた。紛れもなく独特のやり方で建てられ、周囲の景観からの起ち上りも、旧来的ではないのだと。「われわれはロマンティックで、クモの巣のような建築の呪縛から逃れなければならない」とル・コルビュジエは書いている。流体のコンクリートを使えば、家は「三日で建てられる。まるで、瓶詰めのようにだ。それは鋳鉄製の部品が型枠から生まれてくるのに似ている。そう言っても誰も信じてくれないだろうが……みんな、家の建築には最短でも一年はかかると考えているのだから。そして、とがった屋根や、屋根裏に寝室がない家など、家とは呼べないと思っているのだ[20]」。

サヴォワ邸は、彼がドミノシステムによる住宅を短期間で建設する際にイメージしたように、現場で打設された。柱と梁を組み合わせ、大量のレンガを積み上げ、スイスから輸入した天然モルタルを混合したコンクリート、そしてほとんど使われたことのない釉薬や耐候性素材を採用した。問題は山積みで、配線工事、床、塗料、暖房、金属加工、そして建具類にもおよんだ。窓枠のサイズさえも正確ではなかった。シンプルな細い足場が周囲を囲い、骨格が立ち上がるにつれ、予算もまた膨れ上がる一方だった。さらに、雨が降るたびに工事は遅延した。

だが、完成するや、サヴォワ邸は彼のアクロポリス神殿として燦然と輝いた。ブルガリア、トルコ、そしてギリシャへと足を延ばしたあの旅行からもはや二〇年の歳月が経って

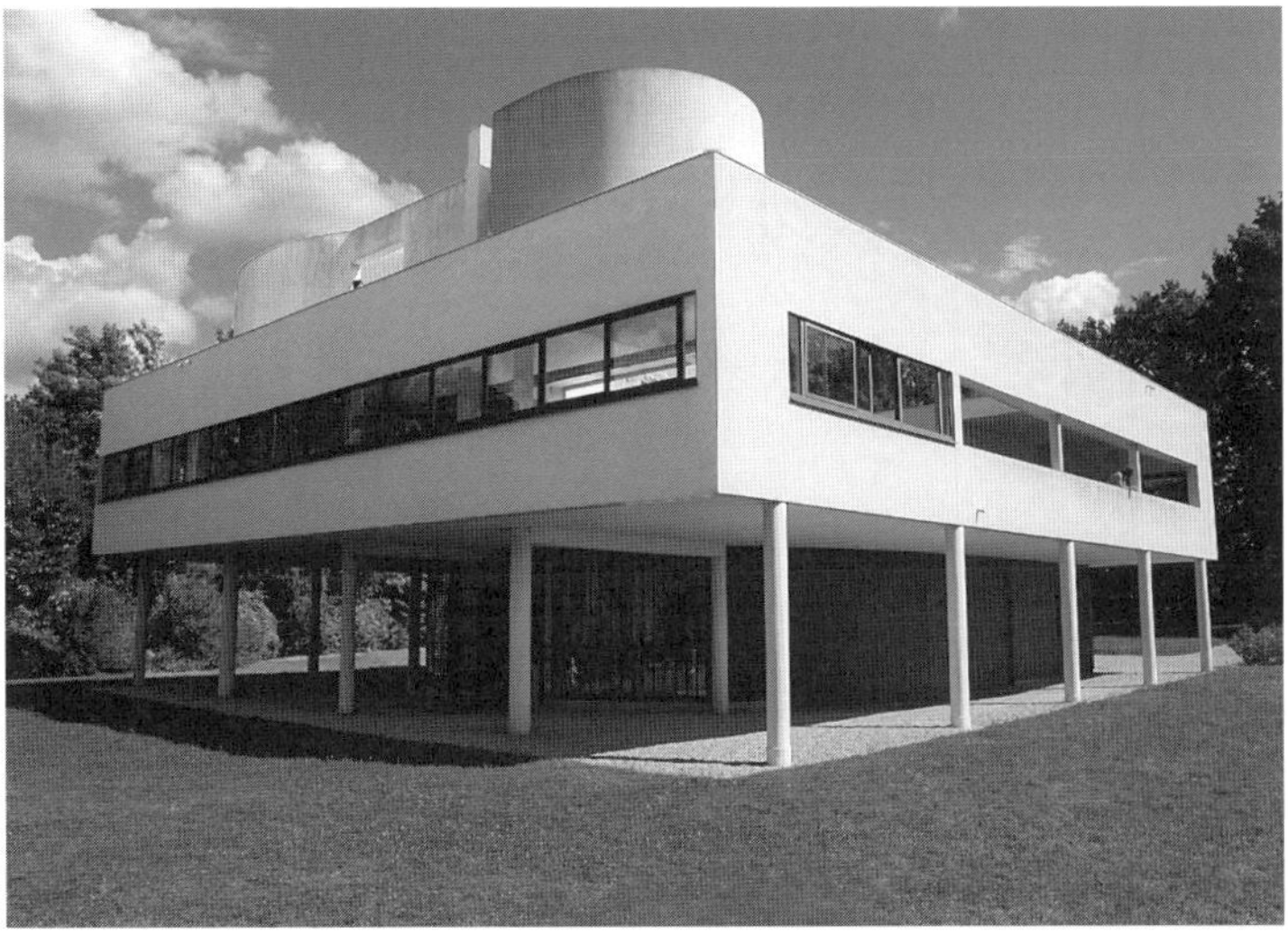

代表作サヴォワ邸は、1929年に竣工した

いた。地中海特有の美しい素朴な形態と心をなごませる水の色、さらにはパルテノンの優雅な遺跡をスケッチに残してきたあの旅からだ。ホステルのベッドに背をもたせてスケッチブックに描写した、まさにその神殿が、彼の目の前に、その力を誇示するかのように悠然と、華々しく、そびえ立っているのだ。

施主が入居するのも待たずに、ル・コルビュジエは自分が何か途方もなくすごいものをつくり上げたと確信し、広報活動に邁進した。そしてふたつの雑誌『今日の建築(L'architecture d'aujourd'hui)』と『建築家(L'architecture)』の見開きに、ほとんど家具が見当たらない清楚な室内を写した写真を大きく載せた。反響は驚くべきで、瞬く間にサヴォワ邸は、建築界でもっとも話題に上ったプロジェクトとなった。あまりにも斬新であったから、二〇世紀における建築家の目指すべき方向が、間違いなく変わるだろうと思われた。写真は世界中に広まり、まさにこれぞ「モダン」という言葉を象徴するとして、雑誌や本の表紙を飾った。それまでの二〇年間、彼が携わってきたすべての仕事、理論、芸術技法、実行力、の成果がこのポワシーの芝草の上に集約、実現したのだ。彼は著作『建築をめざして』(一九二三)の中で次のように問いかけている。

感動は何から生じるのか? それは、円筒、平らな床、平らな壁など確定された構成要素相互の関係から生まれる。その場所を構成する事物との一定の調和から生まれる。構造物のあらゆる部分にくまなく影響を及ぼす造形システムから生まれる。全体的な輪郭の統一、使用される素材の統一によって得られるアイデアの統一からも生まれる。感動は、目的を筋立って統一することから生まれるのだ。

芸術作品には、明確なステートメントが不可欠だ。明確な表現は、作品に対して強烈な統一感を与え、基本的な姿勢と特質とを与える。すべては、精神の純粋な創造物なのである。建築は詩的感動を伴ってこそ、初めて存在しうる。[21]

宙に浮く客船、色彩のパノラマ、高床式のビーチハウス、そして何より、人生を生きるための楽しみの場。サヴォワ邸を建築している最中に、ル・コルビュジエは自分とイヴォンヌもまた、このような歓喜に満ちた家を持つべきだと考えるに至った。評判が高まり、設計依頼がモスクワ、アルジェ、ボゴタ、そしてパリの救世軍救助センターの宿泊施設に至るまで、規模の大小を問わず舞い込む中、パリ一六区のとあるプロジェクトが、偶然、夢を叶えてくれることになった。スタッド・ローラン・ギャロス（テニス競技場）やブローニュの森からほど近いナンジェセール・エ・コリ通り二四番地のアパート計画は、ともすればなんの変哲もない小さな隙間開発に過ぎなかった。だが、そのビルの最上階の二フロアに、彼は自分使いの小さな居住空間をつくると決めた。

「コルブは、今までの住まいについて、巷の人があてこすりをするのにうんざりしていたわ」とイヴォンヌはサンジェルマンの屋根裏部屋について語った。「彼は『ル・コルビュジエの建物』に住みたかったのよ」[22]。

このあたりは、カルチェ・ラタンとは大違いだった。故郷のラ・ショー・ド・フォン同様、パリは周辺地区へ拡大を続けていて、その昔、要塞の地であったポルトモリトーには、第一次世界大戦後、スポーツ施設が建設された。ジョルジュ・オスマンが完備させたブローニュの緑に囲まれ、巨大な公営の水泳プール、散策路、植物園などが設けられ、娯楽と日光と新鮮な空気を享受できるこの地は、ル・コルビュジエにヴォワザン計画の青写真を思い起こさせた。ラウル・ラ・ロッシュがプライベートギャラリーと邸宅を建てた場所から一マイルも離れていないこの地域では、当時開発が盛んに行われていた。そんな折、パルク・デ・プランス不動産会社がサッカーとラグビー球場が見渡せるオートゥイユ通りの南側、ナンジェセール・エ・コリ通り二四番地の二棟のアパートに挟まれた狭隘な空き地に集合住宅の設計を依頼してきたのだ。

この敷地は、特に美的感覚を強調するほどの場所ではなかったし、一九世紀末に施行された建築規制法に従う必要があったが、彼はファサードに見栄えのする暗色のガラスと石を使用し、効果を上げることに成功した。個々に販売される予定のアパート部分は、かつて彼が集合住宅、イムーブル・ヴィラのために思い描いていたスタイルで、高い精度をもって整えられた。構造的な強さに不足はなかったから、近代建築の五原則の自由な平面に則して、個々のユニットのデザインを進めることができた[23]。

自分使いの最上階の二層、ペントハウス部分は、ことさら念入りに準備した。「自作の建物に移り住むのは、ちょっと冒険でしたが……」と、彼は母親宛ての手紙に、面白おかしく書いた。「本当に見事な出来です。田園風景を眼下にする眺望を楽しめるのに、七階、八階の高みにいるような気配は全く感じられないのです」。もちろん、それも彼自身の考えた細心な計画のおかげであって、とりわけペントハウスのメゾネットはあたりに「比肩できるものがない」、周到に考え抜かれデザインされた居住区画なのだと。[24]

部屋から部屋へとつながる流れは、極めてスムーズだ。スポーツスタジアムを眼下に、朝の光を浴びる彼の専用書斎と画室は、在宅仕事にとってこの上ない貴重なスペースとなった。造りつけの整理戸棚のある簡素な机を前にするもよし、広いスタジオの真ん中に置かれたイーゼルに向かってもよし。彼は意図的に壁の表面を仕上げず、粗い石肌を露出させた。これは、昨今、ニューヨークのグリニッチ・ヴィレッジや、サンフランシスコのサウスパーク周辺の高級物件でよく見かけるが、その先駆けであった。

廊下には、プリミティブアートが飾られた造りつけのコーナーが点在し、コンパクトなキッチン、ダイニングルーム、ベッドルームへと続く。ベッドは、脚付きのプラットフォーム寝台で、イヴォンヌとふたりでくつろぎながら窓外の景色を楽しめるよう、高めにセットされていた。窓からは、ブローニュの森や、サンクルー公園の方向に、遠く大都会の光景が広がり、セントラル・パークの縁にあるタワーに匹敵する眺望があった。まさに、都市でありながら都市でない、快適な緑を見下ろす岬のような感じだった。ゲスト用のベッド&バスルームセクションへとつながるシンプルな螺旋階段は、明るい白を基調に赤と黒の色彩が散らしてあった。屋上テラスは彼専用の展望台で、そこにカモミール、ミント、ローズマリー、ラベンダー、タイム、そしてバジルを植え、花もハーブも元気に生い茂っていた。彼は裸足で庭園を歩き回り、戸外の新鮮な空気と陽の光の中で、タバコを楽しんだ。

室内のあらゆる構成要素は、無駄なく調和し、うまく組み合わされていた。彼は、自分の手際の良さに会心の笑みを浮かべ、さらには自身が申し分ない施主でもあることに、ご満悦だった。しかも、ここは近くに公園あり、庭園あり、カフェあり、サッカー場、ラグビー場に加えローラン・ギャロスのテニス場もあって、将来性が見込める地域だった。一九三四年の春以降、ジャコブ通り二〇番地にあった一七年分の書類や持ち物を梱包し整理した結果、家の中はガラッと様変わりした。ル・コルビュジエは、縮れ毛のシュナウザー犬を手に入れて、パンソー（絵筆）と名づけ、近くの公園を散歩させた。街外れへの移転をきっかけに、仕事場まで毎日、地下鉄を使うことにした。一〇番ラインに乗れば、ミケランジュオートゥイユ駅からセーヴルバビロン駅まで直通で、ちょうどボン・マルシェ百貨店前に着いた。さもなければ、車を使ってセーヌ川を渡り、漂白剤工場やアンドレ・シトロエンの自動車工場発祥の地、ジャヴェル地区を走り抜ける。旅に出ていない時の彼の日常の手順は、きわめて神聖でそれを侵すことは許されなかった。午前中は絵を描き、仕事場に着くのは午後の早い時間だ。ナンジェセール・エ・コリ通り二四番地のペントハウスは夫婦ふたりの「終のすみか」となった。

イヴォンヌは、喜ぶどころか不平たらたらだった。サンジェルマン・デ・プレを離れたくなかったからだ。あたりの店主や近所の住人は、みんな知り合いだったし、街外れの新開地に先駆者として住むという夫の酔狂に付き合うのはごめんだった。いったい全体、パリの真ん中から引っ越すことなど誰が望むというのか。さらにはペントハウスの内装も興ざめだった、鮮やかな白とは。ばかげたほど何も置かれていない空間に、目がチカチカ痛んだ。室内装飾を巡って、夫婦は長い間、気が触れそうになるほど、言い争ってきた。彼女は空間があればそこに何かを置こうとする性格で、花瓶敷きであろうと、小物であろうと、なんでもよかった。一方、彼の方は白い空間をそのままにするか、さもなければ、プリミティブな彫り物を慎重に選び置くタイプだ。例えば、インカ帝国の陶品、またはフェルナン・レジェ作の緞帳とか。ナンジェセール・エ・コリ通り二四番地のアパートを初めて見た直後、まだ引っ越しする以前に、彼女は友人のハンガリー人写真家、ブラッサイにこぼした。「あんたには、想像もできないわよ！　病院！　鑑識解剖所！　あんなところ、まっぴらよ[25]」。

とはいえ引っ越しに関して、彼女は負けいくさを覚悟しなければならなかった。一六区は、今や活気あふれる新興の街だ、と彼は言い張った。新しいご近所さんなら、この建物にもいるではないか。しかもみんな最高に気分がいい人たちばかりだ。「晴れやかな空の下で、この二週間、われわれは奇跡のような新居に住んでいます。この家は、天国に似て神々しい。というのもすべてが天空と光であり、空間そして簡素なのですから」と彼は母親宛てに手紙を書いた。「（新居について）愚痴を漏らしていたイヴォンヌですが、今は猫がするように、新しい小屋の中でぐるぐる回り、喉をゴロゴロ鳴らしています。というわけで、これからはほうきを手にして休みなく磨き続け、征服者のような歓びをもって、この家を切り盛りしてくれるでしょう。もちろん彼女はそんなことはおくびにも出しません。というのも、小さなロバのように頑固この上ないのですから……自分の考えと慣れ親しんだ習性があるのです。お互い好きなようにさせて、心の平和を保つのです。このアパートは、こういった分別を生かすのにまさにぴったりです」。

だが、その頃ポワシーでは、こんなふうにうまく取り繕うわけにいかない切羽詰まった事態が発生していた[26]。

最初のスケッチを見た時、サヴォワ家はこのプロジェクトは確実に予算オーバーするだろうとためらった。依頼主を懐柔するために、ル・コルビュジエは、予算を大きく切り詰め、デザインを少し変えた代替案を提案した。しかし、最終的には、「元のデザインのまま、少々コストを抑えて」という条件で合意に達した。数十万フランの出費を惜しんでいたら、完成した作品の衝撃的で過激なまでの美しさを日の当たりにすることはできなかったに違いない。丘の頂に上がった彼らは息をのんだ。ピエール・サヴォワは、この事態を受け止めるのに精いっぱいでワイフを振り返り、ある疑問を声にした。「いったい全体、私のワインコレクションは、どこに納めればいいのかね[27]」。

建築界のエリートたちは魅了されたが、牧歌的な隠れ家を望んだ施主の一家は、期待外れのさまざまな事態と悪戦苦闘しなければならず、中には待ったなしの緊急事態もあった。一九三〇年の夏に、ここへ入居したユージェニー・サヴォワは、赤裸々な表現でその状況を説明した。要するに、「至るところで雨漏り」しているのだと。

雨水は玄関ホールに入り込み、車庫の壁はびしょ濡れになった。浴室でも同じことが起こっていた。彼らの息子、ロジャーは呼吸器系に問題を抱えていたから、湿気は体に有害で大問題だった。さらに悪いことに、サヴォワ邸の窓や外壁にあたる雨は耐えられないほどの騒音を発し、寝ることさえままならない状態にあった。[28]

勾配が不足して水がはけず、しかも、歴青《れきせい》を使った防水は、うまく機能しなかった。暖房システムもきちんと作動せず、配線にも欠陥があった。ル・コルビュジエは請負業者を責め、彼らは逆に設計ミスだと反論した。家具や外の植栽に至るまで、何かにつけ施主と意見が合わず、手紙のやりとりは、次第に険悪となった。一九三七年、ユージェニーは、もはや耐えきれず書簡を送る。「数多くの苦情に対するあなたの返信には、驚きを禁じえません」。ル・コルビュジエが、またもや、彼女の訴えをまともに取り上げず、のらりくらりと言い逃れしたからだ。「この家は、住むことができないと、ようやく認めましたね」。そしてきちんとさせる責任はひとえに彼の側にある、しかも一〇年もの長きにわたる苦闘の挙げ句にだと非難を浴びせ、「これに関する経費は私の関わりないことです。直ちに、この建物を居住に適したものにしてください。私が、法的な手段に訴える事態にならないよう、切に願っています[29]」。

ピエール・サヴォワも参戦してきた。保険業者だから紛争や訴訟にきわめて精通していた。「貴殿は私の家に見物人を送ることはできても、私の手紙に返事をすることはできないようだ」と警告した。彼は、設計図を見て、請負業者ではなく設計に問題があったことを突き止め、建築事務所を提訴すると確固たる態度でおびやかし始めた。[30]

苦情の扱いは、よくあるかたちで落とし前をつけるのが常だった。まずもって、ル・コルビュジエは、非難を個人的な侮辱とはまったくとらえず、弁護士がするような反証を、辛辣に、そして時には皮肉を交えて、ひとつずつ行った。「窓の使い方、花の植え方、インテリアの調度品など、建築家の振り付けに住人がきちんと従わないことから、しばしば衝突が起こるのです」。人を諭して、相手に自分の愚かさ、無知を恥じ入る気分にさせてしまうのは、彼の得意技だ。毒舌に満ちた手紙の最後に、小賢しくて悪質なことをしているのは他の人たちだと思わせるために、ほんの少しだけ手を引く、そんな書きっぷりをした。ピエール・サヴォワへの対応もまさに典型的だった。「私どもは、貴殿のご満足をいただけるようできるだけのことをさせていただきたいと思います。ですから、どうぞわれわれのことを貴殿のお住まいの盟友だとお考えください。私自身は貴殿の個人的な友人として今後もお付き合いを願っています。なんといっても、われわれの関係は信頼の積み重ねで築かれたのですから」。そしてさらに続けて「いつでも、いついつまでも、お施主さまの味方です」と結んだ。[31]

しかし、上流階級の粋なカントリークラブ生活は、時代の移ろいもあって色あせていった。サヴォワ一家はポワシーに足を運ぶことがめったになくなり、ドイツ軍の侵攻が迫ってきた頃までには、もはや近づくことさえもなかった。ピエール・サヴォワがいみじくも予測したように、またもや戦争が勃発したのだ。占領軍が丘の上のこの場所を兵站部として接収する直前に、ピエールは、このカントリーハウスに置いてあったワインのコレクションを「浮揚する白い箱」の前庭の芝地に埋めた。最後の意地だった。[32]

第3章

相性が悪かった国、米国

フランスからの素晴らしい贈り物、自由の女神像をかすめてノルマンディー号がすべるように進むにつれ、ローワー・マンハッタンの摩天楼が霧の中から姿を現した。巨大なアール・デコの豪華客船がル・アーブルの港を出航してからはや五日、一等船室やヴェルサイユ宮殿の鏡の間と見紛うほどの、きらびやかな大食堂で過ごしたこの船旅は快適極まりなかった。道中、ル・コルビュジエは、スピーチのために、カクテルナプキンに英語のフレーズを書き留め、準備万端整えていた。そこには「君の瞳に乾杯（Here's looking at you）」という乾杯の言葉もあった。[1]

黒と赤に塗り分けられたそびえ立つ船首が、ハドソン川の活気あふれる大桟橋に滑り込み、巨大な客船が停泊位置に着くや、ル・コルビュジエはまだ写真でしか見たことのない大都会に足を踏み入れるべく身構えた。それまで彼は、ヨーロッパ、ロシア、北アフリカの各地で、建築と都市計画に関する彼の信条を広めてきた。そして、ついに、究極の新開地、「新世界の神殿」と彼が名づけた国（モダンという言葉の定義そのものを体現してきた国）にやってきたのだ。自惚れ屋だったから、歓迎されるのは当たり前だと思っていて、気にしたのはどのくらい「華々しい」賞賛を受けるかであった。

この旅は、彼の強力な後援団体で、のちにMoMAと呼ばれることになったニューヨーク・モダンアート・ミュージアムと、謝礼金やホテルなどに関し、気の遠くなりそうなやりとりを交わした末に、ようやく実現した。初めは、このミュージアムの作品展示に並行して講演を行う計画だったが、結果的にフランク・シナトラ顔負けの複数都市を巡る大規模な巡業訪問になった。予定には、米国北東部や中西部の公民館や、ミュージアム、そして大学のキャンパス訪問が組み込まれた。ダニエル・バーナムの一九〇九年の「シカゴ計画」の痕跡を訪ねたり、あるいはフォード自動車会社のデトロイト工場視察もあった。マサチューセッツ工科大学（MIT）、イェール大学、プリンストン大学、そしてヴァッサー女子大学。これら合わせて、合計二二回の講演を各地で行うのである。[2]

合衆国での駆け足巡業は、ここニューヨーク市を皮切りに、再びここに戻って終わる予定だった。最初に訪れたのは、質素な建物のモダンアート・ミュージアムで、ミッドタウンにある現在の美術館は、当時、まだ建築されていなかった。ミュージアムは、招聘建築家を称え、彼の主要な作品展を企画した。デッサン、写真、それに加えてサヴォワ邸や、モスクワに提案中のソヴィエト・パレスの模型などの展示であった。壁はパステルピンク、いわゆる「コルビュジアン・ピンク」に塗られ、彼の多色彩主義への賛美が込められていた。

すべてが目まぐるしく、期待に満ちあふれていた。にもかかわらず、新天地で最初に遭遇した出来事は腑に落ちず、先が思いやられた。オレンジ色のシャツ、落ち着いた色のネクタイ、それにグレーのスーツとめかし込んだ彼は、さぞかし多くのパパラッチに取り囲まれ、ニューヨークの摩天楼を背景にセレブ歓迎の写真攻めに遭うに違いないと思い上がっていた。だが、ミュージアムからやってきたのは案内役兼通訳の、ロバート・ジェイコブズ、ただひとりだけ。「ジェイコブズ、カメラマンはどこかね？」。ル・コルビュジエは不審げに聞いた。気を利かせたジェイコブズは上甲板に案内した。そこではひとりの記者が、船べりに勢ぞろいしたコーラスガールのグループを撮影していた。ジェイコブズは、「あの建築家の写真を撮ってくれ、五ドル進呈するぞ」と耳打ちしたが、「勘弁してくれ、もうフィルムが終わっちまった」と返事が返ってきた。ジェイコブズはさらに記者の耳元でささやく。「まねごとでいい。後生だから、とにかく撮る格好だけしてくれ。俺はこの男とこれから二か月も一緒に顔を突き合わせなければならんのだよ[3]」。ル・コルビュジエは、背筋を伸ばして仰々しくポーズを取ったが、フィルムは空だった。後日、新聞を隅々までチェックした彼は、「私の写真はいったいどこに?」と訝しげに聞いたが、ジェイコブズはバツが悪そうに、肩をすくめただけだった。

この大都会への訪問にル・コルビュジエが抱いた期待は、きわめて大きかった。一九三五年の一〇月に始まったこの旅は、彼が長い間温めてきたものだったからだ。大西洋を渡るのは、若い頃からの格別の夢で、生誕地ラ・ショー・ド・フォンの新聞に、アメリカで巨大な構造物が建てられていると報道されたのに触発されたのがはじまりだ。壮大な都市インフラは心地よい叙事詩に思えた。ニューヨークの超高層建築、フラットアイアンビル、イースト川に架かる橋梁、グランド・セントラル駅、ペンシルヴァニア駅、ハドソン駅、そしてシカゴではルイス・サリヴァンやダニエル・バーナムが手がけた巨大な高層建築群。新たな工業時代の先端技術を駆使し、鉄骨組工法を先取りして都市の風景を一変させていく、この国の技術者たちへの敬意と驚嘆の念は募る一方だった。もちろんアメリカの都市で行われている壮大な実験は、全ヨーロッパにインスピレーションを与えたが、ル・コルビュジエの関心は尋常ではなかった。建物の壮大なスケール、効率的な生産手法に触発され、彼は「三〇〇万人の現代都市計画」や「ヴォワザン計画」、さらにその後の「輝く都市」と名づけた公園空地の中に整列してそびえる高層タワー案などを考え出したのだ。一九二五年のパリ万国博覧会の「レスプリ・ヌーヴォー館」のジオラマには「もしもパリがアメリカナイズされたならば」と記したラベルが付されていた。

ル・コルビュジエが訪米した当時、ゴシック様式やウエディングケーキ形のタワーが建ち並ぶローワー・マンハッタンから北へ六〇ブロック、一二の地下鉄駅を有するミッドタウンでは、高層化が華々しく進められていた。ローワー・マンハッタンの派手な装飾がされたビルには、当時の産業界の巨人たちの名前がついていて、互いに高さを競い合っていた。ビルはスチールの骨組みを石材で覆い、まるでノートルダム大聖堂かと思われるようなゴシック・リバイバル調の冠をいただいていた。メトロポリタン生命保険タワーはウールワース・ビルに抜かれ、そしてさらに……と競争は果てしなく続き、やがて抜きつ抜かれつの高層化はミッドタウンへと舞台を移した。三四丁目から五九丁目のセントラル・パークの起点まで、新築の大聖堂のような円蓋を持つビルが天空にそそり立つ。非の打ちどころのないアール・デコのクライスラー・ビル。ニューヨーク市のランドスケープ形成に絶大な影響を与えたロックフェラー一族のために、米国人建築家レイモンド・フッドが建てたロックフェラー・センター。そしてまた、マンハッタン島のど真ん中と目される地に屹立するエンパイア・ステート・ビル。

初めてその四角く先細りするエンパイアのタワーを見た彼は、最上階が青空を貫き、尖塔が雲まで届くその様子を、あおむけに歩道に寝て眺めたいという衝動に突き動かされた。これぞ、その気にさえなれば、アメリカ人はなんでもやれるという動かぬ証拠ではないか。世界一の高いビルを建てることなど、ニューヨークでは朝飯前なのだ。建築家のウィリアム・F・ラムは、このビルの設計をたったの二週間で仕上げた。彼はノースカロライナ州ウィンストンセーラムの地に建てたR・J・レイノルズ・タバコ・カンパニーの二一階建て本社ビルの設計図を、下敷きにしてエンパイア・ビルをデザインした（エンパイアの従業員たちは毎年「父の日」カードを、タバコ会社の従業員に贈るのを習わしとしていた。彼らの超高層ビルのオリジナル版に対して敬意を払うのだ）。

エンパイア・プロジェクトは、ニューヨーク州知事、市長そして財界からも全面的な支援を得ていた。一九二九年のウォール街株式大暴落、そしてさらには大恐慌の初期段階にあって、経済発展に寄与するプロジェクトの必要性を政財界は身にしみて感じていたからだ。わずか四〇〇日そこそこの短期間に、インディアナ州から石灰岩が運び込まれ、鉄骨の組み立て職人たちは凄まじいペースでリベットを打ち、五八〇〇〇トンの鉄骨組の中に、一七〇〇〇万フィートの電話線が敷かれた。内装は派手なアール・デコで飾られ、アンテナ塔は一五〇〇〇フィートに及んでそびえた。しばらくは、屋上展望台の入場収入は賃料収入を上回った。まるで、飛行機に乗っているのではないかと錯覚する、目の回るような高さはやがて多くの自殺願望者を招き寄せ、はるか下の車や、リムジンの屋根が潰された。エンパイア・ステート・ビルは、活力、抱負、そして恐ろしいほどの妖しい美しさに満ちて輝き、世界一高いビルという誉れを、その後四〇年にわたって守り続けた。

ル・コルビュジエは、このビルを愛していたが、唯一、欠点は規模がまだ物足りなかったことだ。ニューヨークの魅力に感動しつつも、彼は辛辣な批判を用意していた。シャルロット・ペリアンの家具デザインに感心したことを、ざっくばらんに彼女に伝えたようには、ニューヨークを褒めちぎる気にはなれなかった。アメリカは、真の意味でモダンな世界への移行が可能なのに、せっかくの機会を生かしきっていない。大いなる望みが不必要に制約され、「この大都市は針路を間違えている。建築家も、都市計画家も誰かの知恵を借りなければならない」。そう、彼の手助けだ。

根本的な問題は、ル・コルビュジエの見立てでは、摩天楼のビル同士があまりにも近接して建てられていること、しかも一つ一つがわがまま放題、勝手気ままにつくられ、筋の通った統一性が一切感じられない寄せ集めにすぎない点だ。モダンな都市は、より高層化し、より高密化しなければいけない。本来、超高層の摩天楼は、より大きく、より高く、そしてそれぞれが独立したブロックを占めることで、ビル相互の間隔を保ち、光と風を感じられる空間を生み出すべきである。余裕のある空間は、車やトラックがより広い道路や、高架道路を高速で走ることを可能にし、結果として交通移動がよりスムーズになるのだ。

ニューヨーク市の格子状グリッドは、一八一一年に始まった都市計画委員会が起案し、ロワー・マンハッタンに初期の開拓者が定住した頃から整えられた。この事業は、その後の都市人口の爆発的な増加を見越して計画された賞賛すべき事業であった。委員たちは、都市の配置に規則性を取り入れるという正しい判断を下し、セントラル・パークの北辺に当時まだちらほら点在していたスラム街の撤去も行った。だが、ル・コルビュジエによれば、グリッドは規模的に不十分で、個々のブロックは小さすぎる、その上、街路網も街路の幅もいまひとつだった。彼はロワー・マンハッタンで行われてきた、ビルとビルがひしめき合うような開発行為に警告を発した。住居と商業施設のあり方を考えるにあたり、ウォール街や不動産投機家の思惑任せにしていいわけがない。より緻密な計画、より厳しい規律があるべきなのだと。

彼はニューヨークのマスタービルダーと畏敬されたロバート・モーゼスが建造したパークウェイ・システムに敬意を払いつつも、都市の郊外へのスプロール現象を懸念し、パークウェイは都市から人口が逃避する手段であるべきでないと、力説した。円滑な交通、流通と高密度を実現できれば、逆に郊外が持つ利点を都市圏にもたらすことができるであろう。

きわめて微妙なメッセージで、パリからやってきたよそ者にとって、その意味を正確に伝えるのは、荷が重かった。ニューヨーク到着の三日後、彼はロックフェラー・センターにあるRCAビルの最上階で、ラジオ放送を通じて、この街の大通りを人々が颯爽と歩く姿は洗練され、美しいと持ち上げた。だが、「アメリカはもっとうまくやれるはずだ」。実際、世界はヨーロッパの堅苦しい長談義とは対照的に、アメリカが「明日への道を切り開いてくれる」と期待しているのだから。

「今こそ、建築の時代である」。彼はラジオの聴衆に向け発した。そして「古い都市は常に新しい都市によって置き換えられてきた。今こそ、現代の都市、幸福な都市、輝く都市を新たに誕生させることができる……アメリカ、やむことなく進化を遂げ、尽きることなき資源に恵まれ、世界でも稀れに見る活力に突き動かされる、そのアメリカこそこの大仕事を今日成し遂げることができる最初の国である、それも並外れて完璧にだ！　私は心から信じているのだが、私が提唱するこの考えは……つまり『輝く都市』は、まさにこの国にこそ根を生やすべきなのだ」と続けた。[4]

ニューヨーク・タイムズのエッセイ欄に「旧《ふる》い秩序は廃れる：われわれはまさに新しい時代を迎えている」と寄稿した。そこには、サヴォワ邸の屋上テラスの写真が添えられていた。住居、建築様式、都市計画――これらは、すべて改革されねばならぬ、そしてこれを成し遂げるのは「とてつもない大仕事であり、それゆえに人類史上の新しい時代の始まりだとみなすべきであろう」[5]。ニューヨークやシカゴの摩天楼は、間違いなく全ヨーロッパの心をつかんだ。にもかかわらず致命的な欠点は、その都市開発が出たとこ勝負で乱雑であることだと彼は主張した。アメリカの大都市は「暴風、竜巻、大洪水状態……調和のかけらも見られない」。ニューヨーク市は見事な破局だと指摘したのだ。

彼のあからさまな狙いは設計の注文を取ること、アメリカの都市創造を彼一流の色に染め直すことにあった。だが、営業努力という意味では、この訪米旅行は出だしからつまずいた。最初の記者会見は、モダンアート・ミュージアムで行われたが、その席上、通訳のせいもあって彼のニューヨーク批評は意味不明の怪しげなものとなり、本来、新しい都市論を先導するはずのチャンピオンはまるで頭のおかしい人物のように受け止められた。長旅の疲れが出た上、自己の主張を通そうと熱を入れすぎたあまりだったかもしれない。まるで、選挙討論会のために夜通し寝ずに頑張った立候補者のようだった。

翌日のニューヨーク・ヘラルド・トリビューンの見出しには、「摩天楼は規模が小さすぎる。ル・コルビュジエが第一印象」とあり、フクロウのようにもったいぶった、おどけた顔の、しかもやや堕落した感もある建築家が、コカ・コーラ瓶の底のような丸眼鏡で上方に目をやる写真がついていた。後になって、彼はフラッシュに驚いたと言い訳し、なぜ新聞は彼がフランスから、わざわざ持ってきたアトリエでの肖像写真を使わないのかと不満顔だった。彼はこの写真を一枚五ドルの格安（?）値段でメディアに売り込んでいた。「なんてことなの！ ニューヨーク・タイムズに、そんな売り込みをするなんて」。ミュージアムの広報担当ディレクター、サラ・ニューマイアーが叫び、結局ル・コルビュジエは写真をポケットにしまい込んだ。少しばかり傷ついた風情で。[6]

この記事はアイビー・リーグの大学で教育を受けた若きジョセフ・オールソップによって書かれた。のちに著名な政治評論家となった彼は、モダニズム建築に懐疑的で、このよそ者にあからさまな表現で、「似非インテリ」という言葉を進呈した。記事の小見出しには、ル・コルビュジエの「輝く都市」が、「福光来臨都市」とか、ばかげた中華料理のテイクアウトメニューでもあるかのように翻訳されていた。主導権を握ったのはオールソップ。力負けしたパリジャンは完敗を喫した。オールソップは、完璧なフランス語を操り、蝶ネクタイ姿、そして後年はル・コルビュジエそっくりな丸眼鏡をかけていた。

ル・コルビュジエにとって、一歩前進、二歩後退状態がつづく。彼はモダンアート・ミュージアムを通して、今回の訪米を機に自身の特集を「ニューヨーカー」誌に売り込んだが、特に好印象を受けなかった編集者は申し出を拒絶した。時に、彼は芸術家グループとのつながりをつくろうとも努力し、金属チューブと心地よい布織物を使用した安楽椅子の展示会を催したりもした。実は、このデザインは彼のオリジナルではなく、シャルロット・ペリアンによるものだったが、彼は、映画でよく目にする「カウボーイがくつろいでテーブルに足を乗せている姿」からふと思いついたと言い張った。[7]

それでも、努力が実を結び、注目が集まり始めた。まるで、一九二五年のパリ博覧会で起きたことが再現されたかのように、彼の挑戦はかなり本気で取り上げられた。

ル・コルビュジエは、我慢強くひたすら努力を重ね、権力者に取り入ろうと決意する。世間一般はともかく、都市創造の重鎮たちを相手にすれば十分ではないか。その年の一〇月、ポートオーソリティや、住宅局の幹部たちと面会を果たし、さらに、ネルソン・アルドリッチ・ロックフェラーや建築家のウォレス・カークマン・ハリソンらと食事を共にした。ハリソンはロックフェラーからの信頼が厚く、レイモンド・マシューソン・フッドと共にロックフェラー・センターを建てた人物だ。[8] ル・コルビュジエは、ニューヨークの摩天楼に関する自身の発言への誤解に言及し、あらためて「細い針状の建物が密接して置かれている」現状を批判し、より広い空間に距離を置いて配された記念碑的オベリスク方式のほうが優れていると指摘した。[9]

ニューヨーク市を振り出しに北東部へ足を延ばし、イェール、ハーバード、MITそして南に向かってプリンストン、フィラデルフィアを訪ね、さらにはシカゴ、デトロイトへと遠征する予定だったが、宿泊先をどこにするかで、ちょっとしたドラマがあった。

ミュージアム関係者のお勧めのホテルはフレンチ・インスティテュートだったが、これを断った彼は、ウォールドルフアストリア・ニューヨークを所望する。だが満室であったため諦めたものの、「ブロードウェイの見える宿を」と言い張った。たまたま、彼の親しい友人で画家のフェルナン・レジェがパーク・セントラル・ホテルに滞在していた。七番街のこの豪華なホテルでも、ル・コルビュジエにすれば、まあまあの並みのクラスに過ぎなかったが、ユダヤ人ギャング、アーノルド・ロススタインが銃撃されたのがここだと知って、途端に興味津々となった。

宿泊問題を片づけた彼は、何にも増して大事なランデブーの手配に取りかかった。チェックインを済ませる間も惜しんで、連絡をとったのは、スイスで知り合ったばかりの赤毛で青い目の米国女性であった。コネチカット州デリエンの大邸宅と、ロングアイランド海峡に面した浜辺の別荘の主であるこの女性は、アメリカにおける本当の意味での、彼の案内役であり、コンパニオンであった。

マーガレット・ハリスは背が高く、活発、そして何不自由なく恵まれていたが、落ち着きがあるタイプではなかった。スウェーデン人の猛獣ハンター、探検家そして福音伝道師でもあったリチャード・トジャダーの娘として生まれた彼女は、名門女子大のブリン・モア・カレッジで学んだのちコロンビア大学に進み、オーバトン・ハリスと結婚する。オーバトンは、ニューヨークの弁護士として名を挙げ、のちには判事にも上り詰めるが、ふたりの結婚は破局を迎え一九三三年離婚した。彼女は、社会派の小説家セオドア・ドライサーと親密になり、彼の手助けを得て先鋭的な左派の雑誌『ディレクション』を創刊した。この雑誌はクリスマス号の表紙を有刺鉄線のリボンと血痕の水玉で包まれた白いギフトボックスで飾り、世間の耳目を集めた。編集人であると同時に新進小説家でもあって、とても家にじっとしていられない女性であった。

一九三二年、夫との離別を機に彼女はスイスへの長旅に出た。連れは息子のヒラリー。ふたりして、よくハイキングに出かけアルプスの新鮮な空気を楽しんだ。レマン湖のほとりの町ヴヴェイに滞在し、泳ぎを楽しむうち、ある日偶然、湖畔にある長方形のとても魅力的な建物が目に入った。リゾートの貸別荘かと思い、「ル・ラック邸」の呼び鈴を鳴らし、「ここは、もしかしてお借りできるのでしょうか」とスリッパ履きで戸口に現れた白髪のオーナーに尋ねた。ル・コルビュジエの母親は、息子が建てたこの家に、自分は一年を通じて住んでいると丁寧に説明した。一か月後、ル・コルビュジエはいつもどおり、舞い戻ってきて、やがてハリスと外出を重ねる仲に。ふたりして湖から険しい坂を上ってブドウ畑を見て回り、いつの日にか彼女のために建てる家の構想を描いたりした。

彼女が帰米してからも秘密の文通は続き、やがて秋風の吹く一〇月に彼はニューヨークにやってきたのだ。待ちわびた彼女は、滞在中の運転手役と通訳を申し出て、彼を感激させた。デリエンにある彼女のヴィクトリアン調の大邸宅から、ニューヨークに車を乗り入れ、エンパイア・ステート・ビル、クライスラー・ビル、さらにはRCAビルなど、心躍る高さの建物最上階へと案内した。地下鉄に乗りウォール街へ。アップタウンのハーレムではジャズクラブへ。そしてサヴォイではダンスを[10]。ハリスの黒と黄褐色のツートンカラーのフォードV8の後部座席に息子ヒラリーを乗せて、ロバート・モーゼスが建造した素晴らしいパークウェイを、ジョージ・ワシントン・ブリッジを、そしてプラスキー・スカイウェイを疾走した。これは、ル・コルビュジエにとってきわめて魅力ある都市インフラで、杭柱に支えられ浮揚するさまは彼の好みのピロティを思い起こさせた。高速道は工業地帯の上空をかすめ、ハドソン川を越えて摩天楼へと誘う。ロマンスと建築が、再び合体した。

　夕方にはフェアフィールド郡デリエンに戻り、ボートを漕いでプラット島に渡り、ハリス家の浜辺の家へ。ここは、ロングアイランド海峡に面したデリエン沖合いの小島だ。家には暖炉、そして海を見下ろすデッキも備わっていた。海峡の海は穏やかで澄んだブルー、そして浜には無数のムール貝。ル・コルビュジエは服を脱ぎ捨て、やおら頭から飛び込んだ。

　訪れた大学では、期待を裏切らない歓迎を受けた。ニューヨークを出発し、その後三四日間で二一回の講演を行った。講演のタイトルはほとんどの場合「モダン建築と都市計画」で、内容はヴォワザン計画を反復型に翻案した「輝く都市」を解説したものであった。[11] サヴォワ邸も、無声映画でしばしば映し出された。バックグラウンドミュージックに使用されたのはジョージ・ガーシュウィンのメロディだ。時にメモカードへ目をやるものの、準備された原稿を読むことは決してなかった。その代わり、長いトレーシングペーパーを黒板に貼りつけ、それに描き込んだ。臨機応変の即席パワーポイントとでもいうべきこのやり方は、南アメリカで習得し、熟達した技だった。紙の使用量は六巻にも及び、長さは三分の一マイル（五三三メートル）に達したと彼は語っている。[12]

やがて、北東部の保守的な団体、組織を訪ね回り、ワズワース・アテネウム美術館、リベラルアーツの名門ウェズリアン大学、さらにはコネチカット州のイェール大学、そしてハーバード、MITへと足を延ばした。ボストンの宿泊先はコプリー・プラザ・ホテル、食事を摂るのはハーバード・クラブ、夜はジャズクラブでルイ・アームストロングの演奏を聴きに、と洒落込んだ。日中は、建築家との触れ合いに努め、その中には当時MITにいた若きI・M・ペイもいた。ペイはその後ジョン・ハンコック・タワーを建築するが、このタワーはル・コルビュジエ流に板ガラスで建てられ、ボストン一の高層ビルとして、今なお燦然と輝いている。さらにペイは、ジョン・F・ケネディ記念図書館&博物館も手がけている。

プリンストン大学では、ゴシック様式のキャンパスや、金髪のフットボール選手の革製のヘルメットや肩当てに身を固めた姿に驚嘆した。そして、「諸君、尻を落ち着けるのに、一つ以上の場所はいらない」。そんな貴重な「迷言」を授けたりもした[13]。メイン州のボードウィン大学の学長公邸で、門外漢の賓客が彼の仕事について質問をした際には、皿を片づけさせ、女性の赤い口紅を借り、白いテーブルクロスの上に都市計画の図面を描いた。ヴァッサー女子大学では、講演に六〇〇人もの女学生が押し寄せた。彼らは全員フランス語に通じていて通訳いらずだったから、なおさらのこと彼は喜んだ。女学生たちは講演終了後ステージに駆け寄り、パネルに張られたトレーシングペーパーを引きちぎり記念に持ち帰った。サインを求められればひとりずつ、全員に快く応じ、本当の私は「慎ましい、謙譲の

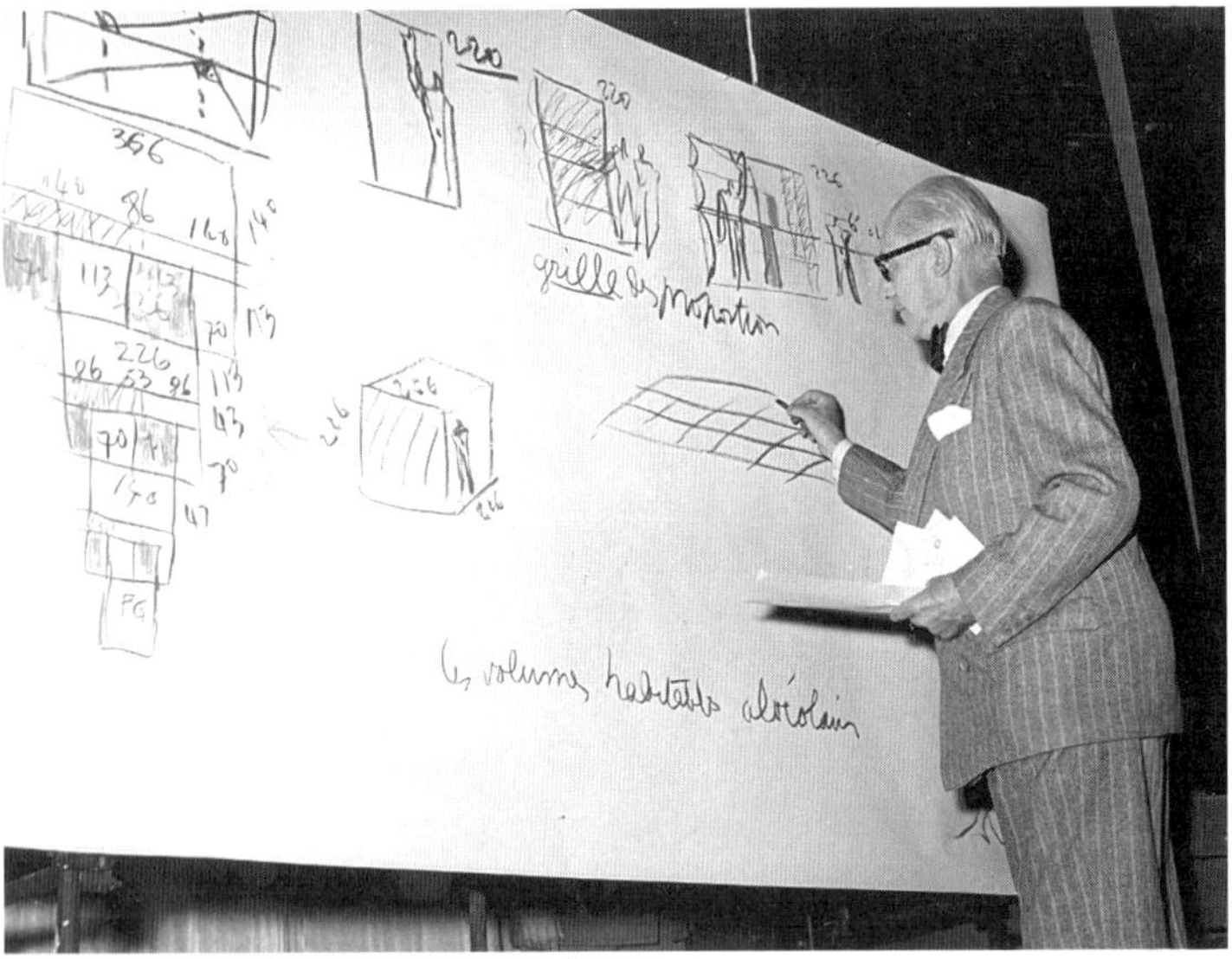

講義中のル・コルビュジエは、用意したメモには目もくれず、即興のドローイングでトレーシングペーパーを描き埋めた

美徳の持ち主」だと、軽い冗談を飛ばした。

とはいえ、当初ニューヨークで手荒い洗礼を浴びたようなひと悶着も、この旅行中になかったわけではない。フィラデルフィアでの晩餐会で、彼は習いたてのアメリカ流表現を盛んに披露した。「コンチクショウ(son of a beetch)」などと汚い表現もあったから、紳士淑女の顰蹙《ひんしゅく》を買った。その後、著名なアート収集家として名を馳せたアルバート・バーンズと辛辣な手紙のやり取りをする羽目になった。バーンズはその晩餐会に出席して、彼のマナーを苦々しく思ったひとりだった。彼は、ル・コルビュジエを「酩酊カラス」と呼び、ウイスキーの飲み過ぎを責め立てた。バーンズに宛てたル・コルビュジエの最後の手紙は未開封のまま返送され、封筒の表に「クソ」と殴り書きされていた。[14]

かと思えば、万事順調だったのが摩天楼の発祥地、都市計画によってつくられた街、シカゴだ。「都市計画は壮大な規模を持つべきだ。さもなくば人の血潮はたぎらない」。この訓戒は、一九〇九年の「シカゴ計画」を作成したダニエル・バーナムの言葉だが、ル・コルビュジエがヴォワザン計画で用いた「真のモダナイゼーションは、断片的ではあり得ない」という主張と同じであった。当時、アメリカ第二の都市だったシカゴは、この都市計画のすべてを実行に移すことはできず、依然としてボザール様式が色濃く残った面はあった。しかし、明確な目的意識を持って、都市インフラに投資し、資産価値を高めたことで、この計画の持つ優れた構想力と規模の本来的価値を実証することに成功した。放射状に配された大通りや、二層構造の高架橋は、自動車の隆盛を見越して考案されたものだったし、大規模公園やオープンスペースは光と風を取り入れ、渋滞や過密を防ぐ必要性を理解した成果であった。実は、この街の大規模都市計画は一八七一年のシカゴ大火災がもたらした破壊から生まれた。ラ・ショー・ド・フォンの街でも起こった恐ろしい厄災と同様、大火はすべてを白紙に戻し、結果として街は秩序正しいものに生まれ変わったのだ。

だが、モナドノックをはじめとする初期の超高層ビルもそうだったが、ル・コルビュジエにとってみれば、この都市計画は「出だしが好調」だっただけとしか思えなかった。その後のシカゴは、都心の雑然とした状態を放置した結果、西、北、南への郊外スプロール現象がすさまじく、悩みの種になっていた。資本主義の繁栄はその一方で、アプトン・シンクレアが小説『ジャングル』で描き出したように、明らかな社会的欠陥をもたらした。そして、ル・コルビュジエには、これが見えていた。食肉解体処理場から、禁酒法時代のギャングがのさばる暴力犯罪地域まで、この都市圏にはいかがわしさがつきまとっていた。

とはいえ、シカゴには抗えない魅力もあった。ここでもまた、ル・コルビュジエは一流好みを発揮して、レイク・ショア・ドライブを見下ろす繁華街マグニフィセント・マイルの高みに位置するドレイク・ホテルのスイートルームに収まっていた（ドレイクには、その昔、即位前の英国王も滞在したし、のちにはジョー・ディマジオとマリリン・モンローがケープ・コッド・ルームのバーカウンターに頭文字を彫りつけた名門ホテルだ）。レストランの鯛のスープは錫製の蓋つき容器で恭しく供され、彼は完璧なまでの華麗さに魅入られた。絨毯敷きの階段、大広間、ルームサービスで出される包装紙に包まれた角砂糖。紙やプラスチックで包装する文化は、彼にとって極めて興味深かった。なぜなら、パリでは食物はうまそうに並べられているものの、衛生面への配慮はいま一つなのだから。

シカゴは、ル・コルビュジエがアメリカにおけるライバルと認めるフランク・ロイド・ライトの本拠地でもあった。彼は第三者を通じて、面会を申し入れたが、プレーリースタイルの住宅や「輝く都市」の郊外版ともいえるブロードエーカー・シティの設計者は、さしたる関心を示さなかった。ライトは、彼の本拠地、ウィスコンシン州はシカゴから遠すぎるから、と釈明した。だが、陰では、「コルブのこの国での評判は著しく悪い、それにここでの設計実績が全くない。とても握手する気になれない」とにべもなかった。[15]

フィンランド人のデザイナー、エーロ・サーリネンはセントルイスのゲートウェイアーチや、ニューヨークのジョン・F・ケネディ空港のTWAフライトセンターを設計した人物だが、彼はためらうことなく、デトロイト郊外のクランブルック・アカデミー・オブ・アートでル・コルビュジエと面談した。[16] サーリネンの父親はこの学校で教えていて、生徒の中にはモダン派の家具デザイナー、チャールズとレイ・イームズ夫妻もいた。サーリネンのチューリップチェアはノル社を通じて売られ好評を博した。

ル・コルビュジエのミシガン州への旅は、他にも大きな成果を生んだ。フォードのリバー・ルージュ工場のアッセンブリーラインを視察したのだ。そこでは一日に六〇〇〇台もの自動車が製造されていて、この効率的な製造方式から学ぶことは多かった。人と機械、建設機械との関わり合いは、建築や都市創造にも応用できるからだ。ル・コルビュジエはのちになって書いている。「フォードでは、すべてが共同作業、見解と目的の統一、行動と思考全体の完全な集中」であると。[17]

シカゴでの最後の晩を、彼はひそかに娼婦と過ごし、感謝祭の翌日、彼女とシーツにくるまって朝を迎えた。朝食のルームサービスが届くと、上機嫌でおふざけムードの彼は、銀製の保温蓋を頭に載せた。キラキラと輝くヘルメットは、縞柄のパジャマによく似合っていた。ひどい二日酔いのままニューヨーク行きの飛行機に乗り、眼鏡の耳に近い部分にプラスチックのフォークを挟んだ。現実離れした異星人、彼はまさにぴったりだった。

だが、心の中に湧き上がっていたのは失望だった。アメリカの政財界の有力者たちは、新しい思考を取り入れる気概を持たず、真剣な対応が見られなかった。彼らの関心はいかにして金儲けするかだけだった。この辛辣な分析はアメリカを出国してから出版した批判的な論評本『伽藍が白かったとき』の礎となった。自動車の数には恐れ入ったが、樹木の数ときたら全く不足している。国民は将来への展望を持たずに、過去の栄光を嘆美するか、さもなければハリウッド映画に毒されて思考停止状態に陥っているか、いずれかではないか。

しばらくして、彼は大西洋を自分がまたいでいる絵を描いた。帽子をかぶりトレードマークの眼鏡をかけ、パイプをくゆらし、一方の足は希望にあふれるニューヨークから、つま先を上げていた。そしてもう一方の足はパリのエッフェル塔のそばに着地していた。大またぎした足の向きからしてこれは退散帰還を意味していた。もはや、この新天地から得るものはないと判断した結果だった。

ニューヨーク滞在の最後の日に、彼はハリスをもう一度呼び出した。空いている時間を、特定の日の真夜中過ぎにと細かく指定して電報を打った。今回のランデブーはホテル・ゴッサムだった。彼女は唯一の救いの女神だった。

フランスへの帰国の旅で、客船ラファイエット号の備えつけの便箋に彼は書きつづった。「ぼくのニューヨーク生活もUSA生活も、君がいてこそ素晴らしかった……君ゆえに愛が育つ。何もかもが美しく、清く正しかった。愛に満ちて、すべてちょうどよく感じられた。素のままをさらけ出し、心が開かれる時、その幸せのすべてをどうして享受しないでいられようか。瞬間の愛に全力を尽くす自由が誰しの心にもあると思わないか？[18]」。そして、「さようなら、愛しい人」と結んだ。

後ろ髪を引かれる思いだったが、大西洋の向こう側でも彼の帰還が待ち望まれていた。日々の生活のもろもろに加え、シャルロットとピエール、さらにはアトリエのチームのメンバーたちは、彼が持ち帰るであろう受注案件を心待ちにしていた。イヴォンヌ、そして彼女の午後のお気に入りカクテル、パスタス酒。ご主人とブローニュの森を散歩するのを無常の楽しみとしている忠犬パンソーも首を長くしていた。ロングアイランド海峡の浜小屋も、ジャズクラブの夜も、思い出として胸にしまい、タラップを降りてボルドーの川沿いの小道に足を踏み入れるや、頭のスイッチを切り替えた。

それから十数年して、ル・コルビュジエは国際連合の新しい総本部ビルの設計を頼まれ、再び米国に渡った。しかし、この祝うべき凱旋も彼と米国との関係を、さらに複雑にしただけだった。

国際連盟はジュネーヴで挫折する。世界の指導者たちは紛争を解決し戦争を回避するため、新しい場所で新たな組織、国際連合としてのスタートを切ろうとしていた。ヨーロッパを離れる時がやってきたのだ。しかし、最適な都市の選択は容易ではなかった[19]。米国に本部を置くというのは明らかに合理的な選択肢だが、ソ連にしてみれば、サンフランシスコはモスクワからの距離が遠すぎた。フィラデルフィアも一応候補には上がったが、特に魅力的ではなかった。ニューヨーク市の周辺近郊がやがて最有力として浮上し、ニューヨーク州ウェストチェスター郡やコネティカット州フェアフィールド郡、さらにはロバート・モーゼスご推薦の一九三九年のニューヨーク万国博覧会の跡地であるクイーンズ区のフラッシング・メドウズ・パークなども検討された。しかし、突如イースト川沿いの四二丁目の土地がオファーされ、モーゼスは一転、この地を強く推薦した。やり手の不動産開発業者、ウィリアム・ゼッケンドルフが「血まみれ横丁」の異名で知られた一八エーカーの土地を買い上げていたのだ。ここは、シカゴのストックヤードに匹敵する場所で、食肉解体場や食肉加工場などが集積していた。家畜は艀で運び込まれ、イースト川は真っ赤に染まっていた。四二丁目から四八丁目までのブロックに、ゼッケンドルフは「Xシティ」と斬新なタイトルをつけた複合施設開発を夢見ていた。高級アパート、事務所、それに商業施設、公園、コンサートホール、さらにはヘリポートまでも完備した複合施設だったが、資金調達のめどが全く立たないという深刻な問題を抱えていた。

結局、モーゼスの口利きもあって、この土地はロックフェラー一族に八五〇万ドルで売却された。[20]取り引きは、マンハッタンのナイトクラブ「モンテ・カルロ」でカクテルを飲み交わしながらの交渉の結果で、その日、ゼッケンドルフはここで誕生日を祝っていた。そして、土地はロックフェラー一族により、国連の本拠地として寄贈された。皮肉な見方をすれば、ロックフェラー・センターと競合するもう一つの「都市の中の都市」が新たに出現するリスクを事前に防いだともいえなくはなかったが……。

次に問題となったのは国連施設がどのような建物になるかであったが、大方の合意はモダンで近未来的雰囲気を持ち、大胆さと合理性、良識を備えた雄々しい新世界を象徴する施設というものであった。また、加盟国が多数に上る組織であることを意識して、事務局や管理職のためのオフィスビル、会議棟、総会棟などの国連本部施設はすべての国を代表する「委員会」によって設計されると定められた。この作業のまとめ役が、ウォレス・K・ハリソンで、彼は第一級の建築家であるとともに、ロックフェラー一族の専属フィクサーでもあった。

強大な権力を持つ一族と婚姻によってつながった彼に、ル・コルビュジエは一九三五年のニューヨーク訪問の際にすでに会っていた。大男で、目尻が下がったそれなりにハンサムなこの人物はともすればロバート・モーゼスと間違えられがちだったが、性格はまったく違い、のんびり屋の調整タイプだった。若い時はマサチューセッツ州ウースターの建設会社の事務職をしていたが、ボストンで初級設計士の夜間コースで学び、その後ニューヨークのマッキム・ミード&ホワイトに就職した。レイモンド・フッドとともに、ロックフェラー・センターの開発事業を遂行した功労者だった。

「プロジェクトダイレクター」のハリソンが（チームとして総力を上げる点を強調するために、プロジェクトリーダーではなく、この肩書を使った）、まずやったのは建築家集団の選定であった。メモ用紙に、さまざまな国から選ばれた建築家二〇人の名前を書き連ねた。リストの一番上には「フランス::ル・コルビュジエ」の名があった。[21] パリの国立高等美術学校（エコール・デ・ボザール）で学んだハリソンはル・コルビュジエの信奉者であり、一九二七年、国際連盟の本部建物をジュネーヴに建てる際に行われたデザインコンペで、ル・コルビュジエがぞんざいに扱われたことを気の毒に思っていた。そのコンペではル・コルビュジエ率いるチーム「ル・セーヴル三五」は、日に夜を継いでレマン湖畔の「国際連盟モダン複合施設」の図面を完成させたが、手続き上の不備で受理されなかった。図面が仕様書で求められている中国墨でひかれていなかったというばかげた理由であったが、本当は審査委員長がモダニズムを嫌い、伝統的なデザインを好んだからで、結局国際連盟ビルはそのような様式で建てられた。[22]

もちろんハリソンは、ル・コルビュジエが扱いにくい人物であることはよくわかっていたが、それでも彼をチームに招き入れた。オーストラリアのガイル・ソイリュー、ベルギーのガストン・ブルンファウト、カナダのアーネスト・コーミア、中国の梁思成《リャンスチェン》、スウェーデンのスヴェン・マルケリウス、英国のハワード・ロバートソン、ウルグアイのフリオ・ヴィラマホ、それに、ソ連からはニコライ・D・バソフもいた。

チームは出だしからつまずいた。ル・コルビュジエはハリソンはニューヨーク市との調整役で、チームのリーダーは自分だと勝手に思い込んでいた。彼は、偉大な芸術的作品が、委員会によって描かれることなどあり得ないのと同じで、この特別の場所のデザインは参加する全建築家が平等の立場で決める、などという趣旨が全く腑に落ちない風情であった。一九四七年の二月一七日、プレジデントデイ（ジョージ・ワシントン誕生日）でのこと、RKOビルの二七階で、とてつもないうぬぼれ騒ぎが起こった。ハリソンは背広の上着を脱ぎ捨て、いつもどおりタバコをふかしながら、「世界平和と安全保障の象徴となる、そんなものをつくり出そうではないですか。さあ、取りかかりましょう」とかけ声をかけた。[23]

ル・コルビュジエは、当たり前のように「いの一番」に口を開いた。「マンハッタン全域との関係が考慮されるべきだ」と彼は言った。この施設は記念すべき感動の極点、つまり市中のどこにも見られない劇的な存在になるべきであり、国際連合の事務局棟は広い公園空間の中に置かれた巨大なタワーであるべきだと主張した。手帳には、ガラスと鋼鉄でできた巨大な長方形が描かれていた。

これは彼が提案したアルジェの街の途方もなく大規模なオフィスタワー、あるいはブラジル・リオデジャネイロの教育保健省庁舎を変形させたものだった。[24] 建物はイースト川沿いに東西方向に面し、日の出から日没までの太陽のエネルギーを最大限に利用する。国連総会場は巨大な事務局棟の足元に置かれ、北向きで横に広がる。全区域は、美しく、純粋でシンプルでなければならぬ。彼はそう主張するや、すぐさまこの基本方針について合意を求めた。だが、チームの面々は、当然のことながら別の考えを持っていた。

ソ連からやってきたニコライ・バソフは、総会場について全く違う考えを展開した。中国代表の梁は施設が太陽光を享受することについては賛同したが、低層の建物を庭園空間の中に置くことを提唱した。それから四か月間にわたり、彼らは熟考に熟考を重ねた。招集された建築家たちは、なんと二ダースにも及ぶ案を生み出し、壁一面には隙間なくデザイン案がピン留めされ、バックルームボーイと呼ばれる製図工が大わらわで作成した模型が部屋中に散らばっていた。

ル・コルビュジエがお気に入りの四七丁目のイタリアンレストラン、デル・ペッソでのランチ休憩はあるものの、タバコの煙が充満する長い打ち合わせの日々を経て、計画案はようやく二つの基本概念に絞られた。ル・コルビュジエ流の建物が密接して置かれる案と、分離して置かれる案とだ。分離案は、チームに後から加わったオスカー・ニーマイヤーが強く主張した。彼の参加が遅れた理由は、米国政府が彼の共産主義との関係について難癖をつけたからだ。当時、ブラジルで人気上昇中のスター建築家、ニーマイヤーは、その後、間もなく超近代的首都、ブラジリアの都市空間や記念碑的な政府の建物を発案することになる人物だ。

粋なだて男で、愛想を振りまく彼は、モダニズムにラテンの活力を注入した。硬い直線は忌避し、好んだのは「柔軟に流れる微妙な曲線で、故郷の山並みや、曲がりくねった川、そして海の波の記憶だ。もちろん、かわいい女性の身体でも……[25]」。

ニーマイヤーがル・コルビュジエに初めて会ったのは一九三六年、リオデジャネイロのカフェでのことだった。そして教育保健省の庁舎建設に協力し、建物は一九四三年に無事完成を見た。国連ビルのデザインチームの中で、当初、控えめな態度を取っていた彼は、最終的に自信をつけて師匠に挑戦し、ル・コルビュジエの第二三設計案の最有力対抗馬として第一七設計案をものにした。同盟が結ばれ、ニーマイヤーは、ル・コルビュジエへの嫌悪の念を募らせるメンバーからの支援を集めていく。同室で働くことさえ、我慢がならないメンバーもいたのだ。一方、ハリソンは、「勝ち負けがつくような投票はしたくない」という思いから、チーム内でのコンセンサスづくりに没頭した。

チームプレイヤーであると、みんなに思い込ませる必要を感じたル・コルビュジエは、『タイム』『ライフ』、そしてニューヨーク・タイムズの記者など合計三〇人あまりとの記者会見を開きアピールした。タバコの紫煙の中に立ち上がり、濃紺のブレザーに蝶ネクタイ、黒い丸縁の眼鏡の奥で性急に瞬きしながら、口を開いた。要するに、一個人や誰の功績なのかは問題にならない。今、取りかかっているこの仕事はそんなことは超越している。「われわれは一丸となったチームなのだ」と、説明した。建物施設の形状に関して激しいやりとりがあったとの噂を耳にしていた記者たちは、ル・コルビュジエのコメントを通訳の口から聞き、メモに走り書きした。「実際のところ、ひとりで仕事をするより、はるかに刺激的だ。全員が一致団結して世界的な建物計画案を作成中だ。しかも匿名で」と。[26] この時、寒さが苦手なニーマイヤーは、ホテルの部屋に閉じこもっていた。

ル・コルビュジエはプライベートな日記に、自分が本当に思っていることをスケッチした。くつろいでいる美しい裸体が一ページに描かれていて、彼の作品番号二三を意味していた。それに続いて乱暴に引きちぎられた身体が描かれていて、これは若輩のブラジル人建築家ニーマイヤーの裏切りで建物の位置が離れ離れになったことを表現していた。

ふたりは、それぞれ鉛筆を握りしめて交互に壁に新しいデザインを描き、譲らない中、ついにハリソンが外交の妙技を披露し「最終的には、ル・コルビュジエの案をベースにして、ニーマイヤー案で少しずつ調整していく」妥協案で落ち着いた。

デザインチームは解散し、ハリソンが建設を指揮した。結局、完成した建物施設は、基本的にル・コルビュジエのオリジナル案に沿っていた。直立した板状の建物が、東西軸に置かれ、その北方に隣接して、弧を描く屋根の総会ビルがあった。トルーマン大統領が定礎式に参列し、建物施設は一九五二年に完成した。

ル・コルビュジエが記者会見で宣言したとはいえ、尾をひいたのは、やはり「誰の功績なのか」

だった。国連ビルは確かに彼の案であったが、彼は次第に仲間から疎まれ、主流から外されてしまっていた。ずっと後に、この地を訪問した際、彼は建物施設の下で、手に自分のオリジナルデザイン画を持ち、実物と瓜二つだと証明するために、背景に国連ビルを入れた写真を撮った。

ここに限らず、その気になりさえすれば、ほかでも彼は同じポーズをとることができたはずだ。彼の唱えた「輝く都市」の十字型のタワー群が並ぶ公共住宅が、マンハッタン、クィーンズ、ブロンクスに、しばらくして、セントルイス、シカゴ、さらにはアメリカの大都市の至る所に出現した。タワーは、彼の主張どおりに十分な距離空間を置いて立ち上がっていた。

ウェストチェスターからロサンゼルスまで、白地に黒いリボン状の水平窓が配されたモダニズム住宅の模倣品が何十軒も並ぶ前で、サヴォワ邸の写真を掲げて、ポーズを取ることもできたことだろう。

それどころか、都市再生に沸く再開発ブームの中で、ボストンの市役所ビルや、アメリカの都市のダウンタウンで多く見られるピロティの上に載せたコンクリート造のビルの前でも同じポーズをとれたはずだ。

だが、これらすべての建物はモノマネでしかない。心は慰められなかった。いつの日か、アメリカのどこかで、彼、ただひとりで、建物を建てる日がくるまで、傷が癒やされることはないのだ。

第4章

日和見主義者、対独協力、そして鞍替え

それまでは夏になると、ナンジェセール・エ・コリ通り二四番地の屋上からは、全仏オープンのスター選手、ルネ・ラコステやアンリ・コシェが赤土のクレイコートで勝利し、スタッド・ローラン・ギャロスの大観衆がどよめくのが聞こえたものだった。しかし、今、暗黒が迫る中、この素晴らしいテニススタジアムは、収容所へと改修が進められていた。

一九四〇年六月、ドイツ兵の隊列がシャンゼリゼを行進して以来、すべてが様変わりした。馬上のラッパ奏者、そして街は、血のような赤、黒、白のナチスの「逆さ卍」一色だった。占領が始まって、店もカフェも閉められ、国民は母国の軍事作戦がなぜこんなにも酷い結果を招いてしまったのかと狼狽した。フランス・ドイツの国境に沿ってスイスとベルギーの間にも何百マイルも張り巡らされた軍事要塞線、「マジノ線」には地下壕、監視塔、鐘形の砲台なども配置されていた。このための軍事費負担は莫大であったが、二度と（第一次世界大戦の）ロストジェネレーションを出すまいと、固い決意をもって建造されたのだ。

新進気鋭の若き将軍シャルル・ド・ゴールは、この防衛戦略に警告を発し、代わりに機動戦、機械化戦への備え、戦車や飛行機への投資を強く訴えた。だが、高齢な将軍たちは、「先の（第一次）大戦」の踏襲しか頭になかった。ショックと恐怖はあっという間に襲ってきた。ドイツ軍はアルデンヌ地域からベルギーの低地を抜け、要塞を迂回し、六週間きっかりで侵攻してきた。何万人もの人々が荷物を背負ったり、車にひしめき合ったりして、敵軍から逃げ惑った。ダンケルクの戦いの大規模退避で、兵士はトーチカに踏みとどまって侵略を防ぐどころか、うち捨てる兵器を破壊するのに大わらわだった。バラバラになった大砲の筒の先端が、バナナの皮のように散らばっていた。

ヒトラーは、二〇年以上前にドイツとフランスの第一次休戦協定（コンピエーニュ条約）が結ばれたのと同じ鉄道車両を使って降伏式を行うというこの上ない屈辱的な演出をやってのけた。放心状態にあった誇り高きフランス共和国の国民は、祖国が再び立ち上がれるのかどうか、懐疑の念でいっぱいだった。

世界中が崩壊しているさなか、ブローニュ・ビヤンクールのペントハウスアパートは、立派な防空壕が備えられていてきわめて安全な避難所だった。イヴォンヌは、家の模様替えにいそしんだり、先細りする食料供給に備えて買いだめを行った。しかし、占領されたのを機に、多くの隣人にならって、そこを離れるべきだと悟った。ル・コルビュジエは、好調だったセーヴル通り三五番地の仕事場を閉鎖、首都パリを捨ててピレネーの山村に向かった。スペイン国境に近い南部の小さな村オゾンで、いとこのピエールと落ち合い、隣り合わせのコテージを借りた。とはいえ、そこで何をすべきか皆目見当がつかなかった。常に計画を持っていた彼にとって、先の見通しが立たないのは、ただならぬ事態だった。

ド・ゴールが、必ず戻ると誓ってロンドンに亡命し、かつ、忠国の志に大英帝国に集結せよと呼びかけたことは、ル・コルビュジエも新聞で知っていた。とはいえ、一九四〇年六月、フランスが陥落して数か月のまもないことだったから、同胞の招集はあり得ないことだった。少なからぬ市民が命がけのレジスタンス運動に参加した一方、大多数はその場に身を潜め生き延びるすべを求めて、アンリ・フィリップ・ペタン元帥に追従した。

第一次世界大戦の英雄と呼ばれたペタンは、フランスを戦争の破壊から守るための駆け引きをドイツと行っていた。国を二分して、ドイツ占領下の北半分と、ナチスへの協力を誓うフランス人が管理する残り半分に分ける協定の締結だ。それが新しい現実であり、ル・コルビュジエは、逃避したり、戦争終結を待ったりするのではなく、むしろ、この異例の取り決め、つまり、「事実上の降伏」に参画すると決めた。新政府は国の安定を取り戻そうと努力し、彼の専門である都市の再建や低廉住宅の供給に力を貸してくれるであろうと考え、愛国忠義の心をもって、ヴィシーに行くと決めた。

ヴィシーは天然鉱泉の湧く街であり、ローマ時代から名高い水の採取場で、パリの南約五〇〇マイルに位置している。マジノ線に固執したペタンの主導の下で、非占領下のフランスの指導者たちが、ここに首都を建設していた。モントワール・シュル・ル・ロワール（モントワール）における首脳会議で、ヒトラーと握手するペタンの写真はフランス全土の注目を浴びた。円筒型のフランス軍帽を目深にかぶった彼の目を、鉄十字章をつけ、ダブルのコートに身を固めた総統が、するどく凝視する写真だ。

「名誉を担って、フランスの統一を今後も維持していくために」とペタンは声明を出した。「そして、ヨーロッパの新たな規律を創造するために、本日、余は『コラボラシオン＝対独協力』の道に入る」[1]。

古風で趣のある村一番の贅を尽くしたオテル・デュ・パルクのスイートルームを作戦本部にして、ペタンは民主主義を捨て去り、自身に絶対的権力を与えた。「フランス敗北の原因は、マジノ線でなく国民の精神力の弱さにある」と彼は主張した。フランスは目標を失い、民族意識は薄弱化した。再び、たくましく成長するために、新たな秩序の下で仕事、家族、国家の基本的価値を取り戻すべきだ。ドイツとの協力関係は本来ルーツへの回帰、すなわち何世紀にもわたり長く両国間に築かれた民族的伝統への回帰である。二〇世紀になって始まった盟友関係は信頼に値しない、それゆえに大英帝国征服は、起こるべくして起こる、それももう数か月もたたずして。

ヒトラーは、ソ連侵攻も準備していた。ペタンは、呼応して反共運動に注力した。攻撃の的は、ここ数十年にわたりフランス国内で勢力を伸ばしていた急進派左翼だった。さらに、ドイツのユダヤ人迫害に協力して、企業の所有権を制限し、財産没収、移動制限などを法制化して、男女、子供を問わず強制収容所に送るための地ならしをした。ヴィシー政権は、この粛清をドイツ人に劣らぬ積極性を持って遂行した。国の強制浄化をここまであからさまにした傀儡《かいらい》政権は、ほかに類を見ない。ペタンとその内閣が、素早く学んだことがあった。彼らはフランス崩壊の責任を他者に押しつけ、民衆の支持を集め、新政権の権威を固め、そして一糸乱れず団結して勝者にへりくだることがいかにたやすいかを学習したのだ。

ヴィシーに集まったのは、マキャヴェリストであり、忠誠心もほどほどの集団だった。だが、国民の尊敬と信頼の厚かったペタンと、首相ピエール・ラヴァル、海軍総督フランソア・ダルランの三人組に率いられたヴィシー政権は、「コラボラシオン＝対独協力」に異常なほどの熱意をもって取り組んだ。

ただ、ダルランだけは、表向きこそブダペストから、ブリターニュにまで広がる「大ゲルマン帝国」構想を唱えていたものの、裏でひそかに数年後の北アフリカ侵攻後に連合国側と取り引きする計画を抱いていた。ドイツ側の信頼がもっとも厚かったのは、ピエール・ラヴァルだ。彼は同胞フランス人から毛嫌いされ恐れられていた人物で、フランスの労働者をドイツへ「ボランティア」として送り込み、ユダヤ人の強制国外追放の手はずを整えた張本人だ。彼は、不屈のファシスト、ジョゼフ・ダルナンとともに、ヴィシー警察の正式のリーダーであった。これがあの恐れられたミリス（民兵団）で、冷酷な団員たちは、揃いの青いコート、茶色のシャツ、それに幅広で濃い色のベレー帽を斜めに深くかぶり、粋がっていた。拷問の方法、一斉検挙、そして即決処刑は、多くの人からゲシュタポやSS（親衛隊）よりも怖いと恐れられた。[2]

うさんくさい目で見張られ、革の拳銃ホールター、それに斜めのベレー帽が横行するフランス中部のリゾート地、ヴィシー。こんな危険な状況に、ル・コルビュジエは自ら望んで身を任せようと決意した。

彼は、対独協力政権への支持をあからさまに喧伝したわけではないが、期待にそぐわぬ、より輝かしい新秩序が遠くない将来生まれると本気で信じていた。「もしヒトラーが誠実に約束を守れば、ヨーロッパの再構築という壮大な仕事を成して、彼の人生を締めくくることができるでしょう」と彼は母親に宛てている。「個人的には、結果は好ましいものになると信じています……もし各国に各々の役割を割り当て、銀行を排除し、現実的な課題を解決するのなら、先の見通しは悪くありません。それは、法廷での演説や、延々と続く委員会の冗長な会議、議会での雄弁さや不毛さの終焉を意味するでしょうから……[3]」。

官僚的な優柔不断さではなく、現実に行動を起こすというヴィシー政権の公約も、ことさら魅力的に聞こえた。「ヴォワザン計画」、そしてその後継となる「輝く都市」で、高密度でありながら低層のアパートを発表して以来、大規模都心再開発や住宅設計に関する彼の構想へ政府の支持を取りつけようと、フランスに限らずあらゆる国で躍起になってきた。だが、結局、ブラジルでは、教育保健省庁舎一棟をリオデジャネイロのダウンタウンに完成させただけに終わり、海辺を一望するアパート群の計画は実現に至らず挫折を味わった。アメリカの都市計画に関する彼のアドバイスも、同様に無視された。

だからこそ、彼はヴィシーでの新たなスタートに賭けた。ドイツ軍の侵攻による破壊から立ち上がり、ホームレスや難民に当面の避難所を提供し、その間にも将来の都市計画を樹立するという明確な方向性の下、使命を果たさなければならない。そのための方便としてペタン政権に参画し、住宅＆都市計画の首席アドバイザーに就任することができれば、実権を手にした立場で人々の居住問題を差配することが可能となるのだ。

新政府は、最終的には彼の助言を評価してくれるに違いないが、巧妙な手口で慎重に自分の意見を展開しなければならないとわかっていた。閣僚のポジションを狙うには、履歴書に頼るだけでなく幅広い人脈が必要だった。そして、その人脈づくりは、「フランス政界の右派勢力」「外国人排斥」、そして「人種至上主義」の危険な領域に彼を踏み込ませることとなった。

彼は、構わずあらゆる方策をもって人脈を構築していく。ル・コルビュジエの著作に序文を書くと約束してくれた劇作家の、ジャン・ジロドゥは、ドイツ支持派のプロパガンダ担当を務めたのち、引退してヴィシーにこもったが、昔ながらの結婚観、移民を危険視し、民族浄化の考えを持っていた。彼の考えは、フランスは人種大臣を任命し、国に「侵入」した移民の淘汰を図り、正当な人種改良に注力すべきだというものだ。[4] もうひとり、ヴィシーで、重要な役割を果たしたアレクシス・カレル博士も、同様な考えで、優生学や安楽死を推進していた。ル・コルビュジエがこの人物と知り合ったのは、ほんの偶然のことで、サントロペの海で水泳中、モーターボートに当てられ、プロペラが右の大腿を切り裂いた時だった。縫合の後、このノーベル生理学・医学賞受賞の科学者からリハビリ治療を受け始め、これをきっかけにふたりの対話が始まった。

紹介の輪が広がり、建築家は独自の方法でさらに人脈の拡大を図った。ついに、フランソア・ダルラン海軍総督との面会が許され、世間話で飼い犬のお見合いが話題に上った。ダルランの飼い犬が初めての発情期を迎えたとのことで、ル・コルビュジエは愛犬シュナウザー種のパンソーをお相手にと申し出た。お見合いはまったくうまくいかなかった。パンソーも、相手のメス犬も興味を示さなかった。だが、この一件でル・コルビュジエは、そこそこながらも相手の信頼を勝ち取った[5]。

新政府の一員になるには、まず、彼自身の純血と忠誠の問題があった。そもそも、彼はスイス人だ。一九三〇年に、フランス市民になったことも、母国語として完璧なフランス語を操ることも、一九一七年以来、パリにずっと住んでいることも、役に立たなかった。ヴィシーでは、どんな場合でも、油断も隙もなかった。

彼はピレネーからヴィシーまで苦労して車で旅したが、時折イヴォンヌにも同行してもらった。クイーンズ・ホテルに部屋を取り、政府からの呼びかけを待つのだが、いつまでそこで待機すればいいのか、皆目わからなかった。母親からの差し入れ小包がスイスから届いた時には、何かスパイされているような気がしたのも無理からぬことだった。だが、結局、忍耐は報われ、ペタン元帥との面会を経て、住宅都市開発担当閣僚に相当する地位を手に入れた。

長く待った挙げ句、ル・コルビュジエはついに新しいフランスのマスタービルダーに上り詰めたのだ。彼の取り組みは、戦争難民のための仮設住宅用に丸太とトタン屋根の、小ぎれいな簡易住居「ミュロンダン建築」、そしてさらに、当時まだフランス統治下にあった北アフリカのアルジェに広大な新しい都市をつくるための計画策定から始まった。彼は、高架高速道路に接続されるリボン状のカーブを描く集合住宅群と、一棟の巨大なタワーを提案した。そのファサードには、さまざまな大きさの窓がジグソーパズルのように並び、「ブリーズソレイユ」が備えられて、コンクリートの窓枠とバルコニーで、熱暑の太陽光を遮り、涼しい風を取り込むように設計されていた。このほかにも、非占領地域の指導者の承認を求めて、青写真が続々と作成された。

最終的に、この地にとどまることがはっきりしたことで、彼はイヴォンヌを呼び寄せ、よりマシなホテルに移って、給料を受け取り始めた。イヴォンヌの健康は悪化の一方をたどっていた。目は涙道が閉塞し、肝臓疾患に悩まされていた上、更年期もあり気分の急激な変化にも苦しんでいた。だが、彼女の夫はヴィシーで新生活を頑張ろうと固く決めていた。彼にとって、何よりの救いは母親が応援にまわり、このひどい戦争の苦難を息子が乗り切ろうと努力しているのを喜んでくれたことだった。長い間待ち焦がれていた、彼を容認する手紙がやっと届いた。

だが、他の人たちの反応は違った。忠実で、勤勉な、いとこのピエールはピレネーに留まり、事態の収拾を待っていた。戦争勃発前からピエールとシャルロット・ペリアンは、政治的には左派と歩調を合わせ、ル・コルビュジエとは違う道を歩き始めていた。[6] 彼らふたりは、共産主義者や社会主義者の組織であるレ・ジュネスに参加し、一九三七年のパリ万国博覧会でのパヴィヨン・ド・タン・ヌーヴォー（＝新時代館）の設置に協力するようル・コルビュジエの説得を試みたりした。だが、結局、パリを逃れてオゾンに移ったピエールは、ドイツ軍の統治に抵抗してさらに遠く南東部のグルノーブルへと逃れた。ル・コルビュジエの選んだ道はあまりにも不可解で、親しい人たちといえども口にするのを憚った。ピエールは、川沿いの美しいホテルに滞在しているル・コルビュジエ宛てに手紙をしたため、「まさか本当にヴィシーにいるのではないだろうね」と、書き送った。ピエールにしてみれば、ドイツの傀儡の本拠地ヴィシーに近寄るなど想像もできなかったのだ。シャルロットも同様でル・コルビュジエとの関係を断絶し、生涯元に戻ることはなかった。

だが、母親マリー・ジャンヌレは、よくわかっていた。息子が権力者の中に身を置くことに驚きはなかった。人の暮らしを、根本から変えるという彼の夢（それはとりもなおさず社会全体の変革を意味するが）は、長い間、政治に翻弄されてきた。彼の衝動は基本的にイデオロギーとは無関係で、建築を行うための手段として権力者に近づこうとしただけ。それが誰であったにしても。

一〇年も前のことだが、彼はネオファシスト団体「Redressment Francais=French Resurgence」で講演したことがあった。一九三四年にはベニート・ムッソリーニの招待を受け、ローマ、ミラノ、ヴェネツィアの各都市で公開講論会を行った。ムッソリーニ総領への拝謁寸前までこぎつけた彼は低姿勢で臨み、彼の都市計画案をイタリア政府に認めてもらおうと周到に準備した。[7] また、当時イタリア統治下にあったエチオピアの首都アジスアベバの都市計画案は、イタリア・ファシスト党の幹部ジュゼッペ・ボッタイとの「協力」の下、練られたものだ。

それだけではなかった。ソヴィエト連邦の共産党書記長、口ひげの独裁者、ヨシフ・スターリン（彼はル・コルビュジエと同じく、本名からロシア語の「鉄鋼」という名に改名していた）から、モスクワの大規模な政府庁舎、ツェントロソユーズの設計コンペへの招待状が、セーヴル通り三五番地に届いたのだ。この施設は、スターリンが構想した「社会的凝縮体（ソーシャルコンデンサー）」である消費者協同組合中央組織の従業員三五〇〇人を収容する必要があった。ル・コルビュジエのアトリエはモスクワで建築する絶好のチャンスに沸き立った。ル・コルビュジエは、昔の師匠であるペーター・ベーレンスを一次選抜で打ち負かし、最後に残った競争相手は、潔く自ら負けを認めてしまった。ル・コルビュジエが提案したのは、大規模だが優雅な複合施設で、直線と緩やかな曲線の組み合わせで構成され、七階まで迷路のように張り巡らされた屋内スロープ、スタッカート状にずらりと配された曲線を描く水平窓、そして地面はピロティによって解放されていた。道を歩く人々の流れを観測した彼は、この建物は単にこの区画を変えるだけでなく、あたり一帯の景色を変えると確信した。

モスクワに着いた彼は、赤の広場で人気をさらった。ツイードや幅広襟の革のトレンチコートをまとい、チームのチェーンスモーカーの地元建築家たちと一緒に写真撮影された。さらに、コンクリートを型枠に流し込む頑丈なロシア人労働者たちと一緒の写真にも収まった。ソヴィエト連邦の当時の建築は、革命のための「ロシア構成主義」一色で、耐えられないほど厳しい状況にあった。ソヴィエト社会では、異なる考えを受け入れる余地はなかった。にもかかわらず、この地でル・コルビュジエは諸手を挙げて大歓迎されたのだから、「驚きました、本当に驚きました！」と、彼は実り多い面談に気をよくして、母親のマリーに手紙を書き送った。「私のことを『偉大な父』と呼ぶのです。まさしく『父』ですと。そして、『とめどない』熱き思いと敬愛の情が、『とめどなく』ここ一〇日間も続いたのです[8]」。

彼は、「共産主義者」「資本主義の下僕」「社会主義者」「ファシスト」とさまざまな名称をつけられた。だが、本音をいえば、誰のためでも良かった。建築の名において、鉄面皮の日和見主義者なのだ。批評家は、「冷徹なまでの機能性と、物事をやり遂げる強い契り」というファシズムの本質に対して、彼が好意を抱いていると見抜いていた。しかし、多くの人は彼が自分の道徳心を曲げてまで、そのようなおぞましい政権に肩入れするとは想像できなかった。物事を分けて考えることができる彼特有の「区分け能力」は、おおかたの想像を超えていて、片時も忘れず追い求めたのは、「受注」に他ならなかった。

魅力的で美しい図面がありさえすれば、それで十分とは限らない。かねて、彼は政府に、（それが独裁だろうとなかろうと）モダニズムの長所をよりよく知ってもらう必要があると考えてきた。かくして、同じ志のモダニストが集まって、政治的な組織を創設するという考えが浮かんだ。

彼のキャリアでは、よくあることだったが、「CIAM（近代建築国際会議）」は、実は彼の「遺恨」から誕生した。それは、一九二七年、ジュネーヴにおける「国際連盟本部ビル」の彼の提案が却下された事件にまで遡ることができた（その経験が、第二次世界大戦後のニューヨークの国連本部プロジェクトへの参加を最後まで躊躇させたゆえんだ）。第一次世界大戦後、国際外交の推進を目的に設立された国際連盟本部ビルのコンペには、三三七件の応募があり、大戦直後の二〇世紀を象徴する絶好の機会となった。ル・コルビュジエとピエールは、背後の山の稜線を映すスマートな低層複合建築を考案した。モダニズム建築が、設立間もない国際機関の存在感を力強く示すというこのアイデアは、かなり説得力のあるものだった。しかしながら、新古典主義派の陰謀により、最終的にボザール様式の著名な建築家に発注され、歴史的スタイルを模した作品という平々凡々たる結果に終わった。[9] 彼の提案は、図面が適正なインクで作成されなかったというまったくばかげた技術的理由で失格にされた。のちに彼は、これを「破廉恥な陰謀」事件と呼んでいる。彼は説得を試み、脅し、法的手段さえも検討したが、結局のところ、裏をかかれてしまった。[10]

ジュネーヴでのこの敗北は手痛かった。彼は、その時、もしも彼のプロジェクトが採用されたなら、アトリエにとっても、そしてすべてのモダニズム建築にとっても絶好の転機となるだろうと期待を膨らませていたのだ。彼は「二度とあんな失敗は繰り返すまい、他の人にも同じ轍は踏ませたくない」と心に誓う。モダニズムは、運動の基本原則を明確にし、真剣に受け止めてもらうために、ロビー活動部門が必要だと彼は主張したのだ。

モダニズムが、活動の基本的原則を明確にし、きちんと認められるようにするために、利益団体が必要だと彼は主張した。そして、この団体は決してありふれた専門職協会であってはならないし、商工会議所のようなものであるべきでもない、目標はアイデア交流のための民主的な会議の創設であると定めた。ル・コルビュジエがこれを好んで「会議」と呼称したのは、かなり意図的だった。モダニズム運動において、団結することは自然な成り行きであった。過去との決別があまりにも急進的であったため、その思想は明確に表現される必要があったからだ。

当時、ヴァルター・グロピウス、ミース・ファン・デル・ローエやその他の人々が率いるバウハウスは、強力な牽引力を誇示していた。しかし、バウハウスはドイツ国内にデッサウ、ワイマール、ベルリンの三拠点を持つ正式な教育機関であった。ル・コルビュジエの頭にあったのは、もっと強力で、より政治的志向の強い組織の創立であった。リアルタイムで政治的決定に影響力を持ち、グローバルな政治の分野においてモダニズム建築の地位を確立することを目的とする団体だ。その使命は、住宅、商業開発、公共施設などを通じて、自治体を対象とした社会変革にほかならない。

過密なスケジュールに没頭され、また他人と仕事をするのに慣れていなかったから、ル・コルビュジエは、同志を頼り、スイス人の美術史家で、建築評論家でもあったジーグフリート・ギーディオンを、この団体の初代書記長に据えた。パリでは、「会議」の設立集会を強力に後押ししてくれる有力な後援者、エレーヌ・ド・マンドロットがいた。モダンアートと建築に造詣が深かった彼女は、ジュネーヴの由緒ある貴族の出身で、マルセイユ郊外の丘の中腹に石とガラスの立方体で構成された平屋のマンドロット邸をル・コルビュジエに発注した人物である。

ド・マンドロット家は、ジュネーヴの国際連盟の敷地所有者で、ル・コルビュジエがひどい仕打ちを受けた一部始終に、彼女は激怒した。そして、ＣＩＡＭの設立集会をスイスの彼女のシャトーで開催するよう計らってくれたのだ。

一九二八年の六月、レマン湖北方の太い尖塔が際立つラ・サラ城に、二八人の建築家たちがやってきた。顔ぶれは、ギーディオン、カール・モーザー、エルンスト・マイはもちろんのこと、全員同じ志のモダニストたちだった。ヴァルター・グロピウスとアルヴァ・アアルトも後からやってきた。美しい城で、突拍子もない光景が展開された。フェルトのソフト帽や山高帽、トレンチコート、そしてネクタイ姿で到着した建築家たちは、夜の仮装パーティには楽隊に扮して、真鍮ボタンのベストに、房飾り肩章と、羽飾りの筒型軍帽を身につけていた。ル・コルビュジエは大きな太鼓を抱え、楽団の隊長役だった。

議題の設定に取りかかった彼らは、より明確なイメージを練り上げた。モダニズムの建築思想を世に提唱し、この運動を技術、経済、社会的な輪の中に導入すること。そして、産業資本主義社会であれ、共産主義社会であれ、広く建築一般の課題、再開発事業、低廉住宅供給などの問題を解決するための事業に着手することであった。[11] ル・コルビュジエはまたもや視覚に訴える方法で記録をとった。講義で好んで使った新聞紙の長い短冊を、図やフローチャート、論点の要約などで埋め尽くした。

以降数年で一〇回以上、CIAM会議は開催された。ル・コルビュジエは、演劇的センスを取り入れて活動のエネルギーを維持し、第四回のCIAMは、一九三三年の六月、マルセイユからアテネへ向かう客船、パトリス号の船上で催された。[12] グループは、二〇世紀の都市のデータ分析と三ダースもの事例研究に基づき、指針となる憲章が必要だとの合意に達したが、結局、CIAMが宣言したアテネ憲章の核心は、ル・コルビュジエの「輝く都市」構想をそのまま受け継いだものとなった。緑豊かな公園に周りを囲まれた大規模住宅地に、高いタワーが広い間隔をあけて配置され、車の往来に対応できるように幅広の回廊が設けられている都市構想である。CIAMのマニフェストは、都市再生のための青写真を描き、「既存の都市構造が保全を許されるのは、真の歴史的価値があると判断され、不健康な生活環境に住民を追いやる恐れがない場合に限る」と臆面もなく宣言した[13]。

ル・コルビュジエの考えでは、この会議は個人の建築家では対処できない状況において、集団として事を成し遂げるための不可欠な手段であった。しかし、彼らはなんであろうと簡単に意見が一致することなどめったにない騒々しいグループであった。ありがたいことにセーヴル通り三五番地のアトリエで一時、働いたことのあるバルセロナ出身の青年、ホセ・ルイ・セルトが、調整役を買って出て合意形成に導いてくれた。とはいえ、CIAMもアテネ憲章も、ル・コルビュジエが心底望んだ特効薬たり得なかった。依然として、モダニズムはよそ者扱いされることとの闘いに明け暮れなければならなかったし、プロジェクトは、決まって却下された。

国際連盟で彼自身が味わったつらい経験は、モスクワでも繰り返された。称賛を受け、大歓迎されたにもかかわらずだ。彼が成功裏に完成させた政府庁舎「ツェントロソユーズ」よりもさらに壮大な複合施設として彼が提案した「ソヴィエトパレス」は、放物線状のアーチ、太いながらも繊細なケーブル、露出した支柱が、まるで大聖堂の「フライングバットレス」の現代版のように見える、まさに「建築の華」であった。彼は、そのコンペで最終選抜に残り、精緻な模型と建築予定表を作成したが、スターリンが介入してきて、一方的に新古典様式を提案したふたりのソヴィエト人建築家を選んでしまった。世の中には、いかなるプロフェッショナル組織であれ、乗り越えられないことがある、それも、きわめて多く……。

一方で、見るべき進展もあった。特にアメリカにおいて、第二次世界大戦後、CIAMのプログラムは多くの自治体から望ましいひな形として活用された。ニューヨークのロバート・モーゼスのようなマスタービルダーと称される実力者は、熱心にこのアイデアを取り上げて、アメリカの都市再生に挑戦した。当時、ビジネスや人々が郊外へ流出し、都市は退廃の危機に直面していた。

だが、そんな中、ル・コルビュジエは、自分で設立したCIAMへの参加を突如やめてしまう。それは、創立から三〇年を経た一九五九年、CIAMの解散が正式決定される以前の出来事であった。ル・コルビュジエの突然の退会理由は、狭量な反対意見にあった。会員が集会の公式言語を、フランス語でなく英語に変更すべきだと主張し始めたのだ。結局、CIAMは、組織されたのもあっという間だったが、あっさりと解散されてしまった。

CIAMの教義はヴィシーの仲間から容認されていた。外交官で劇作家のジャン・ジロドゥは、第四回会議の議事録をル・コルビュジエが書籍化した『アテネ憲章』に序文を書いた。そして最初の頃は、ル・コルビュジエやCIAMの主だった人物は政権から手厚く遇されたかに思われた。

彼は、音楽会やスポーツ行事に参加し、温泉街の木陰を散歩しながら、新政府が落ち着くのを待った。しかし、すぐに明らかになったのは、同盟関係の変化、離反、内戦などの混乱でヴィシー政権は麻痺状態に陥り、彼の目的達成には役に立たないということだった。あらゆる努力を惜しまなかったにもかかわらず、彼の役割は依然としてハッキリせず、何をするにも許可が下りず、予想以上に時間がかかった。その間にも、イヴォンヌはますます落ち込み衰弱していった。保養や治療に人々が訪れるリゾート地が、逆に貞節な妻の健康を蝕んでいるように思われた。

この地に来てから二年弱、彼は新生フランスの首席プランナーの地位を諦め、占領下のパリに戻ると決心した。だが、そこで見た困窮ぶりは衝撃的だった。暖房用燃料の不足、食料を求めるための長い列。スイスからの差し入れが貴重となり、ル・コルビュジエは盗難防止のために中身のカムフラージュを、母親に細かく指示した。それでも、パリへの帰還は正解だと感じた。

一九四三年の夏までに、彼はすべての引っ越しを終え、一〇月には、セーヴル通り三五番地のアトリエを再開し、ふたりの所員を雇った。ひとりはポーランド人の若者、ジャージー・ソウタンで、その後、彼とは共に長く働くことになった。だが、果たして仕事の依頼が来るのか、皆目見当がつかなかった。ブエノアイレスで手がけていた都市設計の構想は引き続きあったものの、アルジェのプロジェクトはすべて頓挫していた。

夜半、ひっそりと暖房なしのアトリエを後にした所員は、ホテル・ルテシアの派手な電飾の前を通り抜ける。そこでは、ドイツ人将校たちがドラッグを取り引きし、娼婦宿を開いていた。[14]角を回ると刑務所で、戒厳令の門限違反や、必要書類の不所持を理由にパリ市民が放り込まれ、二度と姿を見せない人も多かった。

連合国軍がノルマンディー上陸作戦の準備を進めるにつれ、ヴィシーとの関係を絶つべきことは、ますます明白になっていたが、ル・コルビュジエは、まだ最後の悪あがきの最中にあった。当時の極右勢力、国民戦線の事務局長で、ドイツ占領下のパリ自治政府の重要人物だったシャル・トローチに働きかけ、占領地域の住宅委員会委員への指名を懇請していたのだ。[15]

だが、ヒトラーが重用にした彫刻家、アルノ・ブレーカーが、機能的な建築デザインに関する構想について議論したいと声をかけてきた時、ル・コルビュジエが応じたのは、他でもない、ミーティング場所に惹かれたからだ。[16]シェルシュミディ通りのグランマニエスフレや鳩のミルフィーユが人気の名店、カフェ・ジョセフィーヌ。人目を避けねばならなかったから、昼の閉店中にシェフがこっそり入店させてくれた。[17]ブレーカーは、ル・コルビュジエの都市部撤去案に賛意を表明し、さらにコンクリート、鉄そしてガラスの利用についても話し合った。しかし、ル・コルビュジエは、少し気弱な風情を見せながらも、第三帝国の壮大で巨大な事業には否定的であると伝えた。別れにあたって、ふたりは連絡を取り合おうと誓い、ブレーカーはそれに対し謝意を述べた。[18]

実のところ、ル・コルビュジエに再会へのこだわりはなかった。彼は、この頃までには「鞍替え」を狙っていたからだ。

CIAMの派生団体として新しい組織、ASCORAL（Association des Constructeurs pour la Rénovation Architecturale）を別途創立したル・コルビュジエは、この新組織を通じて、戦後の再建について「政府」へ助言を行うための工作を始めた。もちろん、ここでの政府とは、英国と米国によって解放されたフランス政府である。一九四四年、待ちわびた日が、ついにパリにやってきた。戦車がパレードし、GIたちはキスと花でもみくちゃにされた。間髪を入れず、彼は、復興と都市計画担当大臣に任命されたばかりのラウル・ドートリーに面会を求め、ASCORALについて説明し、フランスの復興に、協力する用意ができていると力説した。

彼はヴィシーには未練を残さず、生き残りをかけて、この新しい道を進んだ。これまで多くのフランス人は、旗色を鮮明にせず勝敗の行方を見守ってきた日和見主義者に徹して戦争が終わるのを待ちわび、立ち回りに神経をすり減らしてきた[19]。その中には必要に迫られて、不本意ながら、ドイツ側に協力する人々もいた。血色のいいドイツの将校が百貨店やビストロを漁る中、飢えの苦しみに耐えかねてやむを得ず協力した人たちは「生きるため」だったから、いくらか寛容に見過ごされた。だが、ル・コルビュジエのように、積極的に「対独協力」をした者はそうはいかなかった。自ら敵に協力、加担した裏切り者への怒りは尋常ではなかった。

ジョージ・パットン将軍がパリ解放のために近郊まで迫った今、ドイツの軍服を身にまとうのは、最悪だった。レジスタンスの戦士たちは、勢いづいて暗殺行為を重ね、占領軍は浮き足立ち、敗走に拍車がかかった。パリを統括していたドイツの将軍が、ヒトラーの命令に反して降伏し、パリを壊滅から救った。シャルル・ド・ゴールが、シャンゼリゼを行進して凱旋を果たすと、人々の焦点は「対独協力者」へあてられた。祖国を裏切った者への憎悪の炎は凄まじく燃え上がり、それに比べれば占領者への怒りなど問題にならないほどだった。ヴィシー政権の協力者、とりわけてもミリス民兵団のメンバーは、大がかりな捜索により逮捕され、かたちばかりの「人民裁判」にかけられることさえまれで、ほとんどは即座に頭を撃ち抜かれた。「性的な協力」を提供したフランス人女性は、剃髪され、見せしめに街中を歩かされた。ペタン将軍は死刑宣告され、ラヴァルは銃殺された。

親しかった人たちが処刑される中、ル・コルビュジエは綿密に策を練った。そして、ヴィシー政権下で起こったことを、あたかも恐ろしいことであるかのように声高に周囲に語るという作戦に出たのだ。信じがたいが、彼はド・ゴールが称える「英雄」たち、拷問に備え自死のための錠剤を肌身離さずに命がけで四年間を戦い抜いたレジスタンスの男女たちに、したり顔をして、紛れ込もうとしたのだ。

彼にしてみれば、先を見据える必要があった。家を失った無数の人々、傷つき破壊された国土。フランスの復興こそ、最優先ではないか。多くの都市が瓦礫《がれき》と化し、フランス東部のサン・ディエ・デ・ヴォージュは、撤退するドイツ軍の爆撃で、街はほぼ完全に焼き尽くされた。巨大な集合住宅を間隔をあけて配置し、広い道路を整備する構想をもって、この地を復興させることができるのは、ル・コルビュジエただひとりだ。戦火に焼かれてまっさらになった空間を前にして、有頂天になった彼は、「サン・ディエは、三日間で徹底的に破壊されたのです」と母親宛てに書いた。「これからは、壮大な挑戦です」[20]。

破壊された街並みの再建復興は、若い頃から、すでに彼の頭にあった。美術学校の生徒だった頃、一九〇八年の大地震と津波によって崩壊したイタリアの街、メッシーナの復興計画を創案していた。また、イスタンブールを旅行中、大火が街をなめ尽くす様子に驚き、厄災のとてつもない破壊力に目を見張ったこともあった。そして、生まれ故郷のラ・ショー・ド・フォンで、中世の無分別な寄せ集めのような集落が大火で一掃され、整然として、統一の取れた街並みに生まれ変わった歴史についても学んでいた。

「復興」こそ、彼が母国に貢献できる仕事だった。そして、復興の最高責任者、ラウル・ドートリーの信頼を得た結果、彼はサンディエの再建計画案の作成を委嘱された。また、諸外国の都市づくりの実態を調査する目的で外務省が発足させた「建築都市調査団」の団長にも任命された[21]。

彼は、ラロシェールの街に呼び出され、長身で気難しいド・ゴール将軍と面会することになった。ド・ゴールは、ここに戦後処理政権を樹立していた。長い時間待たされた挙げ句、ふたりは顔を合わせ、握手を交わした。それだけだった。言葉にならない思いが、多くあった。ル・コルビュジエにとっては、これはヴィシーとの永遠の縁切りにほかならなかった。その一方で、ド・ゴールがなぜ彼を政権の一員として迎え入れたのかは、明らかではなかった。ド・ゴールは、ル・コルビュジエがヴィシーで何を企んでいたか、お見通しだったが、彼もまたその先を見ていたのであろう。ル・コルビュジエの活力、そして何よりも、彼の構想を好ましく思ったのかもしれなかった。復興半ばの都市に住むフランス人にとって、最優先事項は、きちんとした住居の確保に他ならない。愛国者であると同時に現実主義者でもあるド・ゴールにとって、結果こそがすべてだった。

新たなチャンス到来とばかりに、ル・コルビュジエは仕事に取りかかった。解決すべき問題があり、再建すべき都市があり、効率的な住宅供給を切望する市民がいた。ル・コルビュジエは、もう一度、自分自身を改革する必要があった。

第5章

ピカソも絶賛
マルセイユのユニテ・ダビタシオン

ル・コルビュジエとパブロ・ピカソのふたりは共に、瓦礫が散らばった建設現場を横切り、横長の建物を支える三角形をした太いコンクリートの列柱を通り過ぎた。この巨大な建物は、その大きさにもかかわらず、空中に浮揚しているかに見えた。ふたりとも、白いシャツ姿で、ベルトのあたりまでボタンを外していた。

三〇年ほど前の一九二〇年代にパリで出会ったふたりは親交を深めていたが、年月を経て、関係は希薄になっていく。ル・コルビュジエは当初こそ、ピカソの芸術的革新性を認め追随したものの、やがて、彼の作品は力不足、及び腰、ブルジョワ的であるとして反旗を翻すという、いかにも彼らしい典型的な破綻のパターンだった。一九一八年に、ル・コルビュジエとアメデエ・オザンファンが発表した著作『キュビスム以後』から、ピカソもその真意をくみ取っていた。次第に、ピカソもセーヴル通り三五番地のアトリエからつくり出される作品に対し、否定的な態度を見せ始め、ル・コルビュジエが設計を提案した一〇万人の観客席を有する競技場を、ばかげた「ソーサーなき、カップ」だとあざ笑った。しかし、一九五二年九月の穏やかな日、すべては水に流された。しばらく前から、ピカソはマルセイユの画期的プロジェクトを耳にしていた。人々が都市でどのように暮らすかについての全く新しいビジョンで、ル・コルビュジエは、これを「ユニテ・ダビタシオン」と呼んだ。これを聞き及んだピカソは、絶対見逃せない試みだと考えた。

ピカソは、二〇年前にル・コルビュジエのアトリエにいたバルセロナ生まれの建築家ホセ・ルイ・セルトを介して、スペインからお忍びで現場を訪れたいと打診した。ならば「一刻も早く」とル・

コルビュジエが応じ、実現したこの訪問は期待どおりだった。

マルセイユのダウンタウンから南へ一五分ほど、地中海の海岸線を見下ろす斜面の棚地に、「人々のための住居」はそびえ立っていた。巨大な長方形の板のような外観の建物は、清風と日照を余さず受け止めるかのように少し角度をつけて建てられていた。ヴォワザン計画で提案された十字断面の高層タワーがその高さで衝撃を与えたとすれば、ユニテはそれを横倒しにして衝撃的な高密度を実現したのだ。横長で、かさのある建物は、高さ一八〇フィート、幅は四五〇フィートあったが、奥行きは七〇フィートしかなかった。

建物全体がル・コルビュジエのトレードマークであるピロティの上に据えられてい

1949年、建設中のユニテ・ダビタシオンを訪れたピカソ

た。ただし、サヴォワ邸では、施主がピロティの下で車を動かし、車庫に駐車できるようにシンプルな細い円柱が使われたが、ここで使われたのは、一七階建ての巨大な住居スペースを支える「象の脚」のような、それでいて信じられないほど優雅な脚柱だった。この技法を採ることで、住人は建物の下を縦横に歩いて、周囲に広がる一二エーカーの緑豊かな公園、運動場や遊び場、野趣あふれる遊歩道などを楽しむことができた。

一行は、プロジェクトチーム、建設作業員、そして珍しいことにイヴォンヌも一緒に、巨大な建物の下を歩き回った。ピロティは路地をかたちづくり、まるで道の上に木の枝がアーチを描くように、その頂上で建物の基部と接合していた。頭上のヴォールト天井は、寄せ木のパネルが組み合わされているかのように見えたが、もちろん、これは鉄筋コンクリート、ベトン・ブリュット造であった（ル・コルビュジエは口癖のように、この世でもっとも「忠実な建材」と呼んでいた）。この資材が選ばれたのは、鋼材が不足したことに加え、砂、石、水の混合材が自由な造形に最適だったからだ。かつて、ペレ兄弟の仕事場で、この材質の奥義について学び、熟達した手技であった。

一行は、この建物の中で唯一地面と接しているロビーとエレベーターホールに入り、上階のアパート部分の視察に向かった[1]。全部で三三七戸、独身用から家族用まで二七の異なるタイプがあり、総計一六〇〇人を収容できた。各戸の幅は狭く、平均一二フィートしかなかったがすべてメゾネットタイプで、エレガントな室内階段で結ばれたロフトからは、トレードマークの二層吹き抜けの大空間を見渡すことができた。

可能な限りの高密度を実現するために、ル・コルビュジエは各戸をジグソーパズルのピースのように構成した。玄関入り口は、一層おきの階に設けた廊下沿いにあった（つまり三層に一本の廊下があればよかった）。この「館内中空ストリート」である廊下の、左と右に二つのタイプのメゾネット住戸が配され、住民はまずキッチンとダイニングルームのある小さなスペースに入り、そこから、のちに不動産業者が「フロアスルー」と呼ぶ、フロア全体を占めるリビングスペースへと下りていくか、上がっていく仕様になっていた。これら二つのタイプの（下りと上りの）メゾネット住居をペアにして重ね合わせ、重箱のようにコンパクトに、効率よく次々と積み重ねたのである。セーヴル通り三五番地で設計チームがこの建築模型を制作した時、彼らは細長いメゾネットユニットを個別につくり、それを骨組みの枠の中に挿入していった。まるでワインラックにボトルを入れるようにして。[2]

建物全体の構成における空間の使い方は完璧なまでに最適化されていたが、これはほんの序の口に過ぎなかった。建物内部には、究極の効率化が図られ、ごくわずかしかない空間を大きく感じさせる

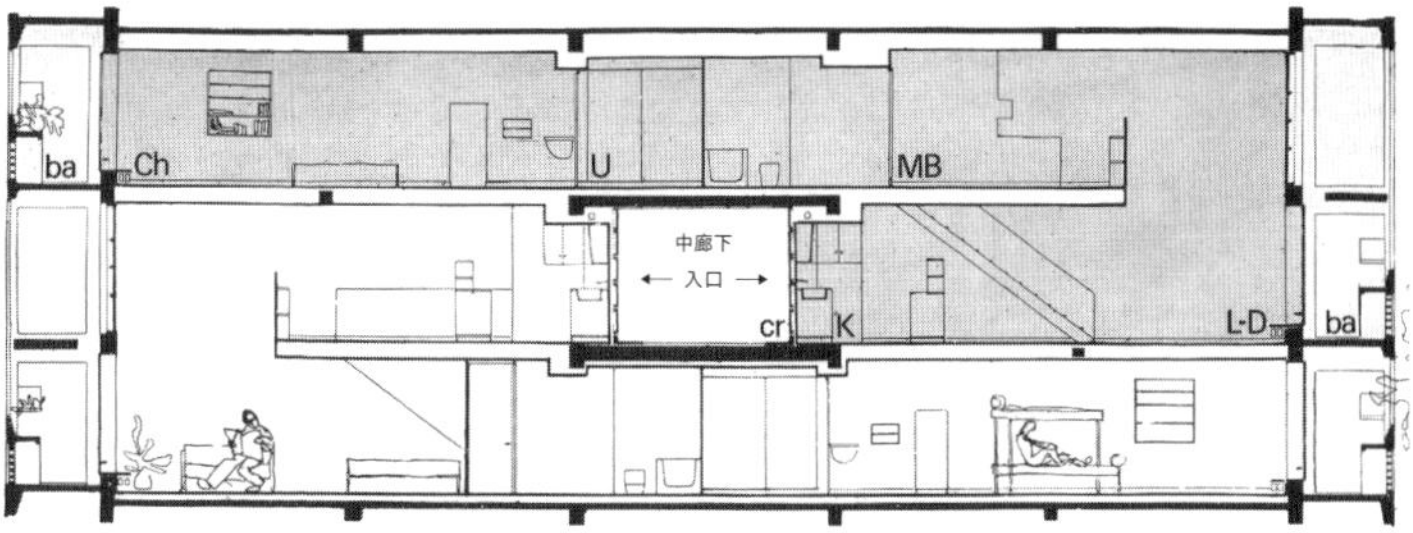

ユニテ・ダビタシオン断面図

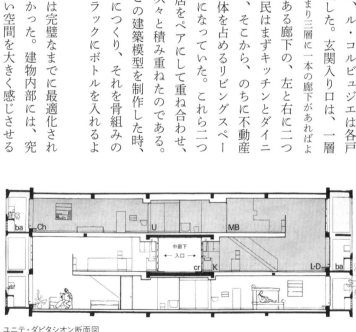

演出がふんだんに仕組まれていた。まず心がけたのが、外光と新鮮な外気を取り入れることであった。各々の住戸は山側と地中海側の双方に開口し、一方の開口には床から天井までのピクチャーウィンドウがあり、細い黒枠に縁取られた二〇枚の四角い窓ガラスがはまっていて展望台のように外界を眺めることができた。反対側の開口には、コンパクトな専用バルコニーが設けられ、住民は自宅にいながら野外の雰囲気を味わうことができた。ロッジアの低い壁は碁盤目格子状のコンクリート製で、まだらな日の光が、リクライニングチェアや鉢植えの棚があるスペースに差し込んでいた。明け方、朝日はマルセイユ港のかなたに上り、カクテルを嗜《たしな》む頃には、背後の山並みに沈んだ。

ル・コルビュジエが、もっとも誇らしく思っていたのがインテリアだ。彼は、旧来の間取りを捨て去り、狭い部屋を開放感と高級感あふれる空間へと変えた。ただでさえ、細長いアパートを固定壁でさらに小間切れにすれば、閉所恐怖症さえ誘発しかねない。そうではなく、キッチンとダイニング、リビングとバスルームがシームレスにつながるような連続した空間を生み出したのだ。寝室にさえも壁を採用しなかった。プライベートなスペースの入り口には、ローラー付きの引き戸がつけられ、日中はほとんど開け放たれたままで、プライバシーを必要とする際には、音もなく閉められた。引き戸は、表面がコーティングされた黒板になっていたから、親が備忘リストを書き込んだり、子供が気兼ねなく落書きすることができた。

収納は造りつけで、マキシマムの効率を実現し、乱雑さをミニマムに抑えることに成功した。

壁と調和し、よく考えられたクローゼットが、旧来のかさばった衣装戸棚の代わりに設けられ、弓形のゴテゴテしたたんすの代わりに、滑らかな曲線の書き物机が据えられた。本や美術品の棚は、壁面に埋め込まれた。スライド式のパネルがついたキッチンの木製食器棚は、ステンレス製のカウンター、四つ口の電気レンジ、ディスポーザー付きのダブルシンクの上に吊られていた。そして、キッチン上部には斜めに傾けられたスペースが設けられ、頻繁に使われる鍋やフライパンがかけられるように鍵釘が打ってあった。

マルセイユのユニテ・ダビタシオン外観

ここに住む家族が、何不自由なく過ごせるのは、シャルロット・ペリアンのおかげだ。彼女はル・コルビュジエがヴィシー政権へすり寄る様子に愛想を尽かして別の道を歩んでいたが、彼から「インテリアやレイアウトを工夫してほしい」という懇請の手紙を受け取り、心ならずも理想的なキッチンのレイアウトを考案すると同意してしまった。彼女は、古から人は必ずのように炉の周りに集まる習性があることを念頭において、主婦が調理レンジから振り向くだけで、朝食用のキッチンカウンターに配膳できるように工夫し、最適な動線を実現させた。ユニテのキッチンは、六フィート半四方しかなかったが、調理から後片づけまで、あらゆる動作に対応できる簡潔な広さであった。折りたたみ式のおむつ交換台から、シンク回りのコンパクトな収納まで、すべての機能が適切な高さと場所に収まっていた。

家具にもペリアンの魔法のタッチが生かされていた。籐編みとブロンドウォールナットでつくられたシンプルな椅子、フロアランプ、そして壁づけの照明、シンプルな木製三脚に支えられた丸木のローコーヒーテーブル。磨き上げられたオークの床と硬いコンクリート、天井と壁の純白が完璧に調和した空間に、スローラグや子供用の小さな椅子が配置され、アンサンブルを生み出していた。

そして、色彩。ドア、家事室の天井、玄関ホールの郵便受け、あらゆるところに色があふれていた。手すりは赤、水まわりのパイプは黄色。室外の色彩はさらに衝撃的だった。アパートのバルコニーと窓を囲む箱型の側面は、赤、青、黄色に塗られていた。各戸の窓には数十のブリーズソレイユのカラフルな四方形が点在していた。その外観は、ピート・モンドリアンの『ブロードウェイ・ブギ・ウギ』を彷彿させた。

「この場所はね」と、ル・コルビュジエは一行に説明した。「幸せな巣ごもりの場なのだよ」と。

彼は七階に小さな街、「メインストリート」をつくった。そこには理髪店、ランドリー、医療クリニック、薬局、郵便局、ホテル、そしてレストランとバーが入っていた。これも初めての試みだったが、精肉店、パン屋、鮮魚店を一か所に集めた「館内中空スーパーマーケット」も設けられた。買い物に訪れた女性たちは驚いた。というのも、いつもなら店の売り子に注文する品が、ここではすでに棚に並んでいたからだ。しばらくして、店の壁に大きな文字で、ショッピングカートの使用を促すお願い文が掲げられた。スマートなカートの使用もまた、セルフサービスに必携であった。

映画がお望みならば、それも館内でどうぞ。キャサリン・ヘプバーンとハンフリー・ボガートのヒット作『アフリカの女王』が、シネマクラブの上映予定に入っていた。屋上には、保育所、遊園地、クライミングウォールもあって、七階の「メインストリート」の魅力をさらに倍加させた。子供も大人も楽しめる施設が雲上に浮かんでいるかのようだ。浅い水遊び用プール、熱帯植物に囲まれた庭園テラス、ピクニック用のコンクリート製のテーブルと椅子。そこからの眺めは、最高だった。卓球台があり、バスケットボールのゴールあり。柔軟体操、ジム、バレーボールコート、競走用トラックなどのスペースも確保されていた。もちろん、住民はエレベーターで下り、隣接する広さ一二エーカーの公園に行くこともできた。だが、そんな必要はなかった。エレベーターで屋上に上がりさえすれば、新鮮な空気、運動、集会や行事スペースがあったからだ。

ユニテ・ダビタシオンは、かつてル・コルビュジエが南米をはじめ、諸国を訪れた船旅から着想した「陸上の客船」だった。上甲板を意識した屋上には、水泳プールとシャッフルボードが設けられた。アパートは、彼がジョセフィン・ベーカーとの甘い夜を過ごした船室同様、豪華で無駄のないつくりだった。「接岸中」とはいえ、誰もこの「船」から離れる必要はないのだ。夜ともなれば、窓の光が市松模様を描いて、海洋への出発ゲートと見紛うばかり。屋上にそびえる換気塔は、客船の煙突を思わせた。

ピカソは、この工事に感動した。視察後、スナックと飲み物を前にして集まった人々に「建築がなせるすご技」と絶賛した。イヴォンヌは、ことのほかうれしそうだった。スカーフを巻き、花柄のブラウスを身にまとい、輝くばかりの美しさだったが、その実、彼女の健康は悪化の一途をたどっていた。

もちろん、ル・コルビュジエは喜々としていた。ピカソのお墨付きなら、怖いものなしだからだ。ふたりは共に新境地を開き、慎重かつ大胆に、破壊を断行する期待に燃えているようだった。冒険を恐れぬピカソこそ改革の騎手だ。「ピカソはやるべきことをやっている。その成果は素晴らしい。……事をなすにあたり、すべてに疑問を投げかけ、新しい答えを模索する。広い意味で、彼こそ創造主だ」と、ル・コルビュジエは客人、ピカソを持ち上げた。「決して立ち止まらない男」だと。[3]

「幸せな巣ごもりの場」で、ヴィシーでの暗闇を忘却の彼方に押しやり、彼はほかならぬ彼自身のことを、語っていたのかもしれない。

ル・コルビュジエの主要なプロジェクトのほとんどがそうであったように、この垂直都市構想も決してすんなりと実現したものではなかった。ユニテは、三〇年近い苦闘の末、ようやく結実したのだった。

一九二五年のヴォワザン計画が、世間のきつい風当たりを受けて以来、彼は新規まき直しで未来都市構想を進化させ、「輝く都市」と名づけた。建物が十分に余裕あるオープンスペースに建てられる場合には、周辺地域を考慮して高層タワーの代わりに、建物を横長にしてあたりの景観と調和させた。ブエノスアイレスやリオデジャネイロ、ボゴタ、アルジェなどの計画に提案した細長く、巨大な帯状の集合住宅という壮大な都市計画はこの基本的ひな形に基づいていた。

この壮大な計画は、将来を見据えた究極の取り組みだった。彼は、これから都市は急速な成長を遂げると予測し、大量に流れ込む移民への適切な対応が必要になると確信していた。加えて、第二次世界大戦のおびただしい破壊は、フランスだけで四〇〇万人ともいわれるホームレスの収容と、瓦礫からの復興という別の意味での緊急事態を引き起こした。ル・コルビュジエは、自分の処方箋ならば、長期的課題、あるいは差し迫った目前の問題にも対応できると主張した。「輝く都市」なら、低廉なコストで建ち上げることができる。しかも、迅速に。ユニテ・ダビタシオン型のアパートを一棟建て、それを次々に反復して建築すれば、そこに建物の集合が生まれ、やがて、即席であるにせよ、恒久的な街が出現するのであると。

実は彼は、ユニテ・ダビタシオンの最初のバージョンを、サン・ディエ・デ・ヴォージュの街に持ちかけた。ここは、第二次世界大戦中の爆撃で中心部が焼け野原と化し、二万人が路頭に迷い、ル・コルビュジエが（母親への手紙で）「壮大な挑戦」と描写した街だ。全部でユニテの八種のバージョンを提案したが、「自然と幾何学のシンフォニー」を謳う彼の計画案は、当初こそ歓迎されたものの、やがて苦情を申し立てる市民によって拒絶されてしまった。彼の記憶によれば「こんなバラックに人が住めるとでも？」と反対されたのだそうだ。[4]

サン・ディエ・デ・ヴォージュの建物、広場、道路の詳細なマスタープラン作成に心血を注いだものの、結果は失敗に終わった。とはいえ、諦めるのは論外だった。構想には確固たる自信を持っていた。チャンスさえあれば、ユニテは一棟で二五〇〇人を収容する住居を提供し、旧弊たる街を、すっかり置き換えることができるのだと彼は執着した。「どこか他の街で、プロトタイプを建てることができさえしたなら……」。

幸運が転がり込んだのは、パリ解放の時に接触したフランスの復興大臣ラウル・ドートリーが、マルセイユの試験的なプロジェクトとして打診してきたのがきっかけだった。彼はもったいぶって、よほどの特権と最優先の待遇を受けない限り乗り気ではないそぶりを見せたが、内心では小躍りしていた。このプロジェクトの背後にはシャルル・ド・ゴールがいて、全面的にバックアップしていたからだ。まず一棟を完成させれば、世界は彼の叡智を思い知るに違いない。

このプロジェクトの総指揮を執るのは、ル・コルビュジエの最大の後援者ウジェーヌ・クラウディウス・プティだ。レジスタンスの勇士で、戦後に復興と住宅関係の調整担当の地位にあったから、新しい構想にはうってつけだった。彼は、その後数年して、フィルミニの市長に就任し、街の中心部をモダニズム風に変貌させる企画設計を、ル・コルビュジエに依頼することになる人物である。マルセイユのプロジェクトは、すべてを失った人々のためだから、何はともあれ「低廉な住宅事業」であるべきだと考え、安い家賃で入居可能なものにすると決めた。

この構想への反響は、早速にさまざまなかたちで巻き起こった。能率のいいキッチンからこざっぱりしたバルコニーまで、モダン・リビングはやがて都会生活では当たり前になるのだが、一九四〇年代の終わり頃はまだ不快感を誘うほどに斬新すぎた。専用トイレがアパートに備わっているのは極めてまれであったし、巨大マンションの七階のショッピングセンターはおろか、スーパーマーケットもなかった時代だ。これらすべての機能をひとまとめにして建物の中に押し込むのは、突拍子もなく、かつ物騒だと捉えられた。

「輝く都市は、『ビルダー』を発表」と新聞に大見出しが躍った。「ビルダー」とわざわざ強調し、そこに皮肉が込められていた。小見出しには、「むしろバラックというべきか」とあった。ル・コルビュジエの街は、巨大な「墓場の檻」だ、とも書いてあった。[5] やがて間もなくウサギ小屋とか、「狂人館（メゾン・デュ・ファダ）」と呼ばれるようになり、そこの住民は、狭隘な区画に住み、しかも昼も夜も一つの建物内で過ごすので、心の病に冒されるとさえいわれた。フランスの文化保存協会は、この建物を酷評し、有力な金物業者は錠前や蝶番の提供を拒んだ。プロジェクトに関わることで評判が傷つくと恐れたからだ。[6] 保健所もまた、過密状態が未知の疾病を招く恐れありと懸念を示した。

いつものことながら、ル・コルビュジエは批判されることでエネルギーを倍加させ、反撃にとりかかった。雇ったばかりの助手、アンドレ・ヴォジャンスキーに命じて記者会見を準備させ、「過密な集団生活を、デザイン要素によって快適なものにした」と説明した。鉛のシートを各戸の隔壁に挟み遮音性能を上げたのは、その一例だ。アメニティ施設もまた、コミュニティの連帯意識を強めるために充実させた。住民同士の諍《いさか》いがないだけでなく、夫婦の離婚さえも防げると。[7] そして、人は本質的に互いにつながり合い、友好を深め、そして組織的な活動に至るのであり、この住民はやがて組合を結成することになるだろうと、正確に言い当てた。ル・コルビュジエは、これを名づけて「徳義組合」と呼んだ。実際、のちの協同組合の先駆けであった。[8] 母親が食事中だったなら、誰かが幼い子供の面倒をみるとか、見知らぬ人が荷物を抱えて四苦八苦していたら手を貸すとか、そういったたぐいのコミュニティこそ、彼のよりどころだった。街路やカフェでの親切な行いが、この巨大なアパート建物の館内でも、広く行われるのだ。

それまで、上質な住まい探しは、主に使い古された一九世紀の建物に限定されていた。というのも、その手の建物しかなかったからで、いったん、新たな生活様式が手に入れば、それは歓迎され、間違いなく普及すると、ル・コルビュジエは確信していた。人はまだ自分が何を欲しているのか理解していないだけなのだ。

批評家たちが理解していないことは、他にもあった。ユニテは、人が実際のスペースの中でどのように暮らすのかという科学的な根拠に基づいてつくられたという点だ。第二次世界大戦終戦以来、ル・コルビュジエはずっと、建物のガイドブックを完成させようと努力してきた。彼はこれを「モデュロール」と呼んだ。

ル・コルビュジエによれば、数学は若い頃から彼を虜にしてきた「宇宙の娘」だった。独自に考えた読書カリキュラムを通じて、彼はこの学問の深奥に分け入った。そこでは数学は哲学、美術、生物学と融和し、整数の数列は神秘的な性質を帯びた。調和と比例は、ピタゴラスの定理からフィボナッチ数列まで、数や方程式に見られる万物の基本的な真理にたどり着くのである。フィボナッチ数列は、オウムガイの殻の曲線や木の枝分かれに見られるパターン認識で、サンスクリットの口承から取り入れられたものだ。中でも、完全な割合（1：1・618）を持つ長方形から最大正方形を切り分けると、残りの部分は相似長方形となる「黄金比」は、何世紀にもわたり指針となる原理であった。この根本形態はパルテノン神殿を装飾する彫像や、ノートルダム大聖堂の立面、はたまた『モナ・リザ』の顔、ストラディヴァリウスのバイオリンに、そしてもっと後世になれば、クレジットカード、薄型テレビ、それに iPhone に至るまで、見ることができる。[9]

ル・コルビュジエは、長い間、建築のための公式システムに黄金比を組み入れることを考えてきた。黄金比が、その美しい形状で人本来の共感を呼び起こし、かつドア、窓、部屋、室内構成のすべてが人の基本的な動作に対応するように設計されることを担保するからだ。レオナルド・

ダ・ヴィンチの真円内に手足を広げた人を描いた有名な「ウィトルウィウス・マン」は、この分野における先達であったが、フィレンツェ生まれのルネサンス期の大聖堂建築家、レオン・バティスタ・アルベルティもまた、人体のプロポーションを建物に導入した。しかしながら、それでもまだ、建築寸法における普遍的な統一システムは、この世に存在していなかった。このため、国際的な仕事に従事する建築家たちは、実務上二つの別のシステムの存在に頭を悩ませていた。一つは、アングロサクソンのポンド、インチ尺度で、これは人体を起源とし、叙事詩ベオウルフにまでさかのぼることができる。伸ばした親指の長さがインチ、足がフィート、歩幅がヤード。プリミティブと言わざるを得ない。重量は文字どおり、ストーン表示だ。

それに代わるメートル法は、惑星に由来する。一七世紀後半にリヨンの牧師によって開発された十進法は、地球の大円の弧の一分の長さと、振り子の揺れ幅でカバーされた地面の長さを基準としたが、フランス革命後、地球の大縦断円である子午線の四〇〇〇万分の一の分数に基づいて、正式かつ完全に科学的な度量衡システムが法令化された。

二〇世紀の半ばになって、世界はフラットになり始め、これら二つのシステムが存在するのは実務上、厄介極まりなかった。しかし、本当の問題は、大きな目標のための共通言語がないことだとル・コルビュジエは考えていた。人によって設計されたすべてのものは、人の役に立たなければ意味がない。頭をぶつけずにドアを通り抜けられ、手を洗う時にシンクに手が届き、長椅子に背をもたれさせても足がはみ出ないようにしなければならない。それらすべてを担保するための測定基準は、地球の円周や振り子の振幅に基づいたものではなく、「人」に始まり、「人」で終わるべきであり、そして、その基準となる「人」が「モデュロール・マン」なのだ。

レオナルド・ダ・ヴィンチの身体図を進化させたル・コルビュジエ版は、男性の身体で、一方の腕は頭上に掲げられていた。足先から掲げられた手先までは、二・二六メートル（約八フィート七インチ）あった。頭の先からつま先までの標準身長は一・八三メートル（約六フィート）としたが、最初はもう少し低かったものを、大柄のアメリカ人を考慮して、高めに修正した（ル・コルビュジエは一・七五メートル、五フィート九インチ弱だった）。一九四三年、激動の年に、彼は大皿を運ぶウエーターのような、特大の手を持った裸の男、「モデュロール・マン」の最初のバージョンをスケッチした。その時、彼が使ったのは、一九二〇年代に彼が出版していた雑誌『レスプリ・ヌーヴォー』の使い残しの便箋だった。[10] のちになって、一定の間隔で螺旋状に巻き上がる、赤と青の寸法測定テープをその人体の横に描き加え、モデュロール・マンが機能するための空間づくりにも適応できるようにした。空間内の基本的な可動域は三・六六メートル（一二フィート）だった。

彼はその生涯を通じて多くの書物を遺しているが、一九四八年に出版した『モデュロール』は、黄金比の美を説く哲学的考察であるとともに、世界中のあらゆる建築家のための実用的なハンドブックとして、すぐれた本だった。一九五五年に、彼はすぐに改良版となる二冊目を書き、ミラノ・トリエンナーレ・ミュージアムなどの会場で積極的に宣伝した。

彼の意図は、これを誰もが使え、システム改善の提案ができるようにすることにあった。「この地はすべての人に開かれている、扉は大きく開かれている、そして誰もが私よりも確かでまっすぐな道を切り開く力を持ちうるのだ」[11]。今から半世紀も前に、彼はモデュロールのソフトウエアを、今流行りのオープンソースにすることを提案していたのだといえよう。

彼は、ユニテ・ダビタシオンに、これを全面的に採用した。すべての階段、部屋、キッチンのカウンターの位置、廊下の幅。あらゆるスペースがモデュロール・マンの所作に対応していた。そして、この人体図をエントランスのセメント板に彫り込んでその存在をアピールした。以降、モデュロールは、彼の建築に欠かせないものとなった。

ユニテの根拠となった新しい測定システムと、数学的な計算の数々はマルセイユの人々には理解されなかったかもしれない。だが、太平洋の彼方に住む世紀の大天才は、これの意味するところを完全に理解できた。ル・コルビュジエが、アルバート・アインシュタインに出会ったのは、一九四六年、ニューヨークの国連本部ビル建設中、暇をみてプリンストンまで足を延ばした時のことだ。彼は格子柄の青いシャツに蝶ネクタイ、ダブルの青いブレーザーにポケットチーフ、プレスの利いたグレーのパンツ姿で、一方のアインシュタインは、しわくちゃのカーキのパンツに、スエットシャツ姿で、片方の襟は折れ入れ、もう一方は出していた。ふたりはさまざまな話をし、ル・コルビュジエは戦争による荒廃を詳しく振り返った。アインシュタインは新しい測定システムに興味を示し、ル・コルビュジエは紙と鉛筆を使って、物おじせずに方程式を展開した。天才数学者は即座に理解を示し、「その比例数列は悪いことを難しく、善いことを容易にするものだ」

と語った。ル・コルビュジエは、このお墨付きに気をよくし、アインシュタインとの友情に有頂天になった。科学者は、人生の意義を変えるほどの誠に素晴らしい重要な研究をしている。それに比べれば、建築家の仕事などは、単に「戦場における一兵卒」にすぎないと、ル・コルビュジエは謙虚に語った。[12]

一九五二年の一〇月一四日、ユニテのオープニングセレモニーの招待状には、つながれた楕円と日付だけが、飾りヒゲなしのシンプルなゴシック体文字で刷られていて、新時代の到来を予感させるような、モダンで合理的なデザインに仕上がっていた。

ミシュレ通り沿いのローム層の草原に初めての杭が打ち込まれてから五年になろうという時、ユニテはその建設技術、使用される資材、騒音制御、照明、換気などにおいて、そして何よりも急成長を遂げている都市の超効率的な住宅の模範となるだろうと思われていた。ル・コルビュジエは、祝賀会のあいさつで、この建物の高い技術的完成度について、喜びを表明した。彼の指示が全く齟齬《そご》なく実行されたわけではないにせよ……。だが、彼が何よりも誇りに思ったのは、太陽と緑に囲まれ、家族のための完璧な受け皿となる家に守られ、人々が静かに安穏な暮らしを送ることができる場所を提供できたことだ。[13]

入居した家族のほとんどは、雨風がしのげる住居を手に入れたことに喜びを感じ、ル・コルビュジエがつくり出した新しい生活様式に溶け込もうと意欲的だった。

しかし、やむを得ないことながら、一部の住民からは不満の声が上がった。しかも、それはデザインの根幹に関わるもので、彼らはリビングの狭苦しさを訴え、寝室や浴室に窓がないことにも不満を抱いた。造りつけの家具をまたいでベビーベッドを置くものもいた。ワイン置き場がないことに文句を言うものもいた。室内の温度調整も問題になった。ブリーズソレイユを設けたにもかかわらず、地中海の灼熱の太陽に炙《あぶ》られたアパートの住人は、シーツを開口部にあて一時しのぎせざるを得なかった。換気システムもまた、お粗末だった。アパート室内にキッチンからの蒸気、煙、そして臭気が充満した。現実の家族の生活は、ル・コルビュジエの考えた筋書きには程遠かった。このプロジェクトで、公にされなかったことは他にもあった。低廉住宅の供給を実現するために、建築コストを削減するという約束は守られなかった。

当初予算で一〇〇万ドルと想定されたユニテだが、発注変更や過密なスケジュール、デザイン変更、そして建築資材に絡まる諸問題などで、結局三倍のコストアップを余儀なくされた。フランス政府と自治体から、このパイロットプロジェクトに対し補助金が交付されたからよかったものの、通常の資金調達でこの建物をつくろうと試みたなら、採算がとれるはずはなかった。この事業は、とてつもない金食い虫だった。

ル・コルビュジエは、全く気にしていなかった。会計担当者は、この事業が、初めての試みであることを肝に銘ずべきで、ほころびがあるのは当然だし、ましてや、不具合は彼自身の責任ではは全くないと言い張った。設計のあらゆる要素が、この建物の成功に不可欠なのだ。それなのに、

1946年、プリンストン大学でアインシュタインにモデュロール・マンの概念を説明

不平を抱く住民たちは、些細なことにこだわりすぎている。いったい全体、浴室に窓がなぜいるのか、使うのは朝一番か夜と限られているのに。ごちそうが準備されているのであれば、においがどうだというのだ。それでも、不満だというのなら、どこか他に行けばいいではないか。

その頃、ル・コルビュジエは、ユニテ・ダビタシオンを他でも建てている最中だった。マルセイユの施工式と同じ年に、彼はナントに行き、パリの南西二五〇マイル、ブルターニュの海岸沿いの街で、そこの住民たちから「輝く住居」と呼ばれた建物の竣工祝典に参列していた。マルセイユ同様、その建物は公園の中に位置する巨大な長方形の構造物で、大きな三角形をしたピロティの上に載り、一七階の高さに三〇〇戸弱の住戸が入っていた。この計画は、そのあまりの革新性ゆえに、ある種、戸惑いをもって迎えられた。外洋客船の船室のように手狭なアパートの中で家族が暮らすなどという、とんでもない計画の噂が広がったが、それでも、大方のところ、人々は住まいが用意されることに感謝していた。ル・コルビュジエは、彼の二番目の傑作を目の前にして、感極まった。そして、恵みに感謝する人々は拍手を送った。

ノルマンディー侵攻の地は、もっとずっと北方に位置していたが、ナントの街も第二次世界大戦の末期に、手ひどい打撃を被った。アメリカ軍は、ロワール川の三角州にある潜水艦基地を含め、地域全体を大規模な爆撃に晒《さら》した。ユニテ・ダビタシオンは、復興の模範的プロジェクトとして提案されたが、サン・ディエ・デ・ヴォージュでもそうだったように、ナント市も当初、これを却下した。この窮状を救ってくれたのが若い弁護士で、低廉住宅構想に懸命に取り組み、ロアール川の南方の街、ルゼを最終的に建設地にすると決めたガブリエル・シェローだった。彼は米国の地域開発法人に匹敵する「ラ・メゾン・ファミリア」の運営責任者を務めていて、ル・コルビュジエを心底、尊敬していた。この団体は、一九一一年から社会問題に取り組んできた長い歴史を持っていて、実験的なデザインの新構想を、都市圏の土地利用に最適な試みとして支持してくれたのだ。[14]

ただ、一つ条件があった。マルセイユのユニテで起こったような予算超過は、ここでは決して許されない点で、ル・コルビュジエはコスト削減の手立てを、無理にも考えださなければならなかった。館内の商店街、メインストリートは、諦めざるを得なかった。また、屋上には小さな遊び場と空きスペースしか許されなかったが、幼稚園だけは辛うじて許容された。この幼稚園は、「公立ル・コルビュジエ幼稚園」と名づけられ、その当時フランスでただ一つプライベートの建物内に所在する幼稚園であった。住民はこの幼稚園に愛着を感じ、その後長い間にわたって、継続を願って存続運動を起こした。

「輝く住居」は独身者用のワンルームが二六戸あったが、家族向けにデザインしたメゾネットタイプこそ、ル・コルビュジエが力を入れたものだった。水が飛び散らないように大きな楕円形をしたシャワー扉、ミルクとパンのデリバリーのために廊下に向けて開くキッチンハッチ、ハイハイする幼児が小さな手でつかむ階段の踏面中央にあるスロット。ル・コルビュジエは生涯子供がいなかったし、それどころか、子供によって自身の人生が脅かされるのでは、という恐れさえ持っていた。にもかかわらず、若い家族連れが必要とするものを的確に予想していた。地上では、子供たちが、ピロティの上にそびえ立つ巨大な建物の下を自転車で走り回り、公園の広い空間を思い切り満喫していた。人工の池にはコンクリート製の橋が渡され、子供がアヒルを飼っていた。ル・コルビュジエはモデュロール・マンを、このナント・ルゼの建物の正面にも彫り込んだ。

だが、ナント・ルゼのユニテ・ダビタシオン建築は、またもや孤立する運命にあった。ただ一棟だけポツンと建てられたユニテの壮大な建物は、あたりにそぐわない存在に見えた。本来的にこれは、低層建物の多い郊外ではなく、街中に建てられるべき建築だった。しばらくすると、周辺には、平屋建て、ドライブウェイ、車庫付きの戸建て住宅が続々と建てられた。当時、人々が描いていた夢は、別だったのだ。

それでも、「輝く住居」のアパート建設はまだまだ続けられた。ナント・ルゼの後にも、一九五七年には、ベルリンに、そして一九六三年にはブリエに完成した。最後のユニテは一九六五年に、フィルミニに建てられた。そして、それらすべてが一棟だけの孤立した建物で終わった。彼が構想したのはそうではなく、この手の大規模集合住宅が複数群立し、それが徐々に近隣を変え、そして街が変わることだった。年を経て、複数の高密度建物を並び建てるというアイデアが急浮上し、簡易版のユニテがヨーロッパ中に広まり、さらにはニューヨーク、フィラデルフィア、シカゴ、セントルイスなど、あちこちの公営住宅事業に広く採用された。しかし、彼は自身の構想がかくも広く世間に受け入れられたのを知ることなく、その生涯を終えた。

一棟孤立に終わった単発プロジェクトであったにせよ、ユニテは大成功だった。彼は、高密度の必要性という根本問題に果敢に挑み成功した。住宅需要は極めて大きく、それゆえに豊富な供給量を確保しようと努めたのだ。しかも、それは機能的でかつ居心地がよくなくてはならない。そこで登場するのがデザインだ。それも、各住戸の機能だけでなく、建物全体の構成、そして何より重要なのが、その建築方法であった。マルセイユのユニテ建設中、ル・コルビュジエは、設置前の流し台が長い列をなして並べられている様子を見て、喜色満面だった。すべてが規格品で量産され、建設現場で組み立てられたなら、美しくかつ便利で、人気とセンスのよさを併せ持つモダンリビングを一般大衆向けに、届けることができるからだ。

破壊的戦争により住まいを失った何百万の人々に応える、かつてない大きな課題に挑戦し答えを見つけたことに、彼は大いなる喜びを感じていた。それだけではない、キャリア生命を失いかねないヴィシー政権との関わりさえも、抑え込むことに成功した。しかも、現代のアクロポリスを創造した人物として、賞賛の的にまで上り詰めたのだ。建築界の巨匠、音楽界で言えばさしずめチャイコフスキーだ。「対独協力者」として排斥されるどころか、ラジオ、テレビでインタビュー攻めにあい、彼の建築は映画撮影もされた。ロンシャンのリボン・カッティングから数年して、ついに『タイム』誌の表紙に収まった。

この一九六一年に発行された『タイム』誌の特集でも、彼は気分屋で気難しく、恨みがましい性格で、スタッフを恫喝《どうかつ》する癖があると手厳しく指摘された。同誌は一九四七年からル・コルビュジエとユニテ・ダビタシオンをフォローしており、以前の記事では「狭苦しい」居住スペースに言及したうえ、いくつかの奇妙で、怪しげに翻訳された引用文を掲載し、あたかも気が触れた人物であるかの印象を読者に与えた。「ルーヴル美術館を焼き払おうではないか?」[15]。だが、この特集では、(厳しい指摘もあったものの)アメリカのジャーナリストは、ル・コルビュジエに正当な評価を与えようともしたらしく、当代のレオナルド・ダ・ヴィンチ、建築界のスプートニク、あるいは「世界一の建築家」と持ち上げ、その功績を称えた。

セーヴル通り三五番地のアトリエは再び活気を取り戻した。多数の新人が入り、彼らはかつてないほど師匠への尊敬と忠誠の念を抱いていた。注文は毎週のように舞い込んだ。ユニテは、戦争末期の混乱の中で起案され、驚異的な復興の目玉となった。そしてそれは紛れもなく彼の偉大な構想によるものだった。「この建物に美しさを見いだせないような建築家は」と、友人のモダニストの先駆者ヴァルター・グロピウスは言う。「筆を置いたほうがよい」。『タイム』誌の表紙には、トレードマークとなった丸い黒縁眼鏡の奥から目を輝かせた、蝶ネクタイ姿の彼と、その横手にはモデュロール・マンのイラストが配され、背景には色彩豊かな幾何学模様のユニテ・ダビタシオンが据えられていた。この出来事は、誰でも自分の母親に伝えたい誇り高いニュースであった。彼は『タイム』の表紙を飾ったのだ。

1961年5月の『タイム』の表紙を飾ったル・コルビュジエ。バックに見えるのは、ユニテ・ダビタシオン

第6章

南仏の休暇小屋

究極のミニマムハウス

一九五〇年代のはじめ、マルセイユの集合住宅ユニテ・ダビタシオンの建設に取りかかっていた頃、彼は、この世で一番気に入った場所を見つけた。生まれながらにそうであったかのように、南フランスが彼の心に強く訴えかけてきた。

「長い年月をかけて、私は世界を股にかけてきた。だが、深い愛着を感じる地はただ一つ、地中海沿岸だ……その景観、その光、なにものにも代えがたい女王」と彼はかつて語った。「すべての面で、自分は地中海の人間だと感じる。私の力の源泉、私の気晴らし、それらもまた愛してやまない海で見つけることができる」。

「父は、山好きだったが、若い頃、私は山嫌いだった。山は不動で、重々しく、息苦しい。そのうえ、なんと単調なことか！　海には動きがあり、水平線は果てしない[1]」。

休暇のたびに、彼は必ずコートダジュールを訪れた。

オフの時間は、彼の人生にとってきわめて大切であった。「仕事が命」とはいえ、蓄積する疲労は隠せなかった。アトリエで午後も遅くなると、製図机に鉛筆や木炭筆を放り出し、「この仕事は、なんとも過酷なものだね」とつぶやいて、出口に向かった。役人とのゴタゴタ、批評家への対応、常に自責の念を振り払いながら、トレードマークの揺るぎない自信を維持しなければならない。それはどんな男性のエネルギーをも消耗させてしまうに違いない。時に休養し、充電する必要があるのは明らかだった。

とはいえ、質素・検約を旨とするキリスト教カルヴァン派の信仰をルーツに持つ彼が、奢侈《ごうしゃ》に溺れることは決して許されなかった。憧れていたのは、ランチに何を食べるか、いつ泳ぎに行くか、といったことだけ考えていればいいシンプルな安息の場だ。堅苦しい約束もなく、くつろいだ会話が途切れることもなく、スーツを脱ぎ捨て、水泳パンツで過ごすことができる場所。世界に名の知れたプロフェッショナルな建築家として、一年の大半を仕事に打ち込む彼が見つけた休養の場は、マルセイユのユニテ・ダビタシオンから西方へ一四〇マイル、イタリアとの国境に近いロクブリュヌ・カップ・マルタン村だった。

多くの避暑地同様、素人にはきわめて見つけにくい場所で、村までの道は狭く、丘の麓に沿って、厳しいつづら折りが続いた。石積みのガードレール越しに、小屋の屋根が見え、そのはるか向こうに地中海が見下ろせた。モナコからの道のりはロマンにあふれていたが、その実、ひどく危険で、まさに「崖っぷちを行く」思いだった。映画ではカーチェイスの舞台となったが、現実には一九八二年にモナコのグレース公妃がローバーP6でカーブに激突、転落し、命を落とした悲惨な事故現場ともなった。

ロクブリュヌ・カップ・マルタン村は山合いに位置し、高みには城跡と中世からの村があり、海辺の小石の浜沿いに線路が走っていた。どこに行くにもつづら折り、くねる小道とジグザグの階段が使われた。ロリポップサボテン、ユッカ、ヤシの木に覆われた丘陵地に、心地よい潮風が渦を巻き、レモン、ユーカリ、ジャスミンの香りをかき立てていた。まさにそれは、さまざまな自然が醸すファンタジーであった。キャロブ（イナゴマメ）の木の、イチジクのような実の中にある種が、カラットという宝石の重さを測る尺度の基礎になっていることなど、ここでは小さなものにもそれぞれの物語があった。

その昔、ローマ街道の交易の要所だったロクブリュヌ・カップ・マルタンは、地理的要因で長らく周囲から隔絶されていた。イタリアのグリマルディ一族が一〇世紀、堡塁の上に城を築いたが、水辺に近い漁村は、中世を通じて黒死病から逃れる人々のオアシスとなっていたのだ。そのため、富裕層の集まる隣国モナコの陰にひっそり隠れるようなひなびた場所だった。

ル・コルビュジエの時代、モナコでは大型ヨットが小さなハーバーに群がり、ポルシェ、ランボルギーニが狭い通りを我が物顔に疾走し、ツーベッドルームのマンションが販売されるとあっという間に売り切れた。しかもその価格たるや郊外の荘園つきの邸宅よりも高額だった。ニューヨークのセントラル・パークより小さいこの密集した都市には、まもなく世界中のどこよりも多くの大富豪が詰めかけ、税金面も、はたまた自然の法則からも免除されたかのように、世界で長寿を誇る国の一つとなった。[2]

モンテカルロのカジノや例年のグランプリレースは、さらにこの街に彩りを加えた。そして、オテル・ド・パリのメレンゲ、レモンチェッロカクテル、ロレックスの時計、バカラのテーブル上に置かれた高額なチップ。それに比べれば、ロクブリュヌ・カップ・マルタンは道路脇の眠りに落ちた小村、シンプルな食事と安眠だけが取り柄の、ル・コルビジェにとってはえもいえぬ素晴らしい場所だった。
ル・コルビュジエには、以前ニューヨークへの旅行中に立ち寄ったロングアイランドのアマガンセットでの思い出が蘇ったかもしれない。その時は友人のイタリア人彫刻家、コンスタンティーノ・ニヴォラに招かれ滞在し、砂型で彫刻作品を制作した。映画スターたちはスポットライトがあたらないこの小村をこよなく愛した。ローレン・バコール、ジェーン・フォンダ、ブリジット・バルドー、カーク・ダグラス、さらにはジャズピアニストのナット・キング・コールに至るまで、ウィンストン・チャーチル通りの古びたナイトクラブ、ラ・ピラートにやってきて、名物のスズキのひと皿とカシス添えのシャンパンを楽しんだ。オーナーは上半身裸の海賊そのもののような、チャールス・ヴィアレで、地元住民の飲み物のオーダーを金持ちの勘定書につけて奢《おご》りにすることで知れ渡っていた。[3] ショーン・コネリーもオテル・ル・ロクブリュヌにピアノを弾きに現れ、フランク・シナトラやグレゴリー・ペックもメニューに舌鼓を打った。ケリー・グラントは、アルフレッド・ヒッチコックとランチを楽しみ、チョコレートスフレがえらく気に入って、ニースで撮影中の映画、『泥棒成金』のロケ現場から電話をかけてレシピを逐一教わった。[4]
ロクブリュヌ・カップ・マルタンの控えめな格調の高さを物語るのが、もっとも高名な住人、ココ・シャネルだ。彼女は、その昔、モナコの貴族が狩猟場として使っていた棚地にある別荘で、「安らかな休息」という意味の「ラ・パウザ」に住んでいた。不整形に広がった敷地は、彼女に魅了された英国公爵からの贈り物で、村の急斜面にある墓地に向かう途中の高台にあった。シャネルは、ル・コルビュジエと似た者同士の事業家で、共に一九二〇年代のパリの社交界で顔を売っていた。彼が建築で新分野を開いていたように、彼女はファッション界で売り出し、フリルをあしらいながらもシンプルなラインと、メンズ下着用のストレッチ素材を使用したボーイッシュでありながら凛としたファッションをつくり出した。彼女の手によるリトルブラックドレスは、ル・コルビュジエのサヴォワ邸がそうだったように、広く世に認められていった。

もう一つ、彼とココ・シャネルの共通点があった。それが第二次世界大戦中のナチスへの「協力行為」だ。占領下にあった頃、彼女はナチスに働きかけて、彼女の事業からユダヤ人家族（ヴェルテメール兄弟）の株式支配を断ち切ろうと謀った（のちに、彼女はSSのスパイ工作に協力したとも判明）。だが、ル・コルビュジエがヴィシー政権との関わりを矮小化したように、シャネルもまたこの事実を自身の生涯の記録から消し去った。

彼女をロクブリュヌ・カップ・マルタンへと導いたきっかけは、ウェストミンスター公爵、ヒュー・グローヴナーとのモナコでの出会いだった。彼が気前よく彼女に与えたものには、ロンドンのダウンタウン、メイフェアのフラットもあったが、彼女がもっとも喜んだのはラ・パウザの敷地となった土地だった。彼女は、建築家ロバート・ストレイツとともに、四階建て一万平方フィートの邸宅のデザインに没頭した。若い時代を過ごした孤児院からヒントを得て、白壁に黒のトリムを施したマルチパネルのピクチャーウィンドー、石の中央階段、ニュートラルな色づかい、素朴なプロヴァンス風の家具でまとめ上げた。とはいえ、それは彼女の衣装と同じくらい高価なものだったが。テラスからは、プールやラベンダー、ローズマリーやオリーブの庭園など素晴らしい眺めが楽しめた。ちなみに、シャネルの香水ラインのフレグランスには、ラ・パウザの名が冠された。彼女と公爵の寝室は別で、この邸宅の完成直後、ふたりは別れることに。空前絶後の、結婚拒絶として巷の話題を呼んだが、彼女が彼に告げたのは「ウェストミンスター公爵夫人は何人かいるが、シャネルは一人しかいないから」だった。

リヴィエラの館の女性主人として、その後数年をこの地で過ごした彼女は、映画スターや王侯貴族をここでもてなした。グレタ・ガルボ、ノエル・カワード、ローズ・ケネディなどが顔を出し、ウィンストン・チャーチルもここで、著作『英語圏の人びとの歴史』シリーズを書き上げた。ラ・パウザが、ロクブリュヌ・カップ・マルタンでの生き方の一つだとすれば、もう一人、やはり独力で事業を始めた女性、アイリーン・グレイのここでの生き方は全く異なっていた。

ラ・パウザからかなり丘を下ったあたりで、葉を広げるバナナの樹を伐採し水辺近くまで敷地を拓いた時から、アイリーン・グレイは、ありきたりの別荘とは違うものを、ここにつくろうと心に決めていた。グレイを通して、ル・コルビュジエは、ここロクブリュヌ・カップ・マルタンの夏の素晴らしさを見つけ出した。当時のふたりは、まさか彼女のデザインした別荘が、自我と痴情、そして仕事上の嫉妬心によって、異常に燃え上がった三角関係の現場になろうとは夢にも思わなかった。

画家の娘としてロンドンで教育を受けたグレイは、裕福な母親を説得してパリに行きアール・デコの室内デザインと家具の世界で自らの道を拓いた。彼女は「ドラゴンチェア」と名づけた海の怪物のように肘掛けが床面から流れ出るようなうねりのある椅子や、拡張できるサイドテーブル、漆塗りの屏風など、その後何十年にもわたって広く使われ、模倣されることにもなった作品を生み出した。仕事に打ち込むあまり、両手を漆で傷めてしまうが、劇的な成功を収めた彼女のギャラリーは、エキゾチックウッド、コルク、毛皮、象牙、そしてモダニズム様式のアルミやスティールのフロアランプ、金属チューブの土台に白いマシュマロクッションをカーブさせたソファ、チェストなどで埋め尽くされていた。

クジャクの羽根の後ろに隠れるようにポーズして、ポートレートに収まった彼女は、ハンサムなブルネットの髪色をしていた。静かで、内向的、そして謎めいた女性、グレイは、一九二〇年代にパリでレスビアンシーンに耽っていたバイセクシュアルだった。エディット・ピアフの先輩で、ジタン・カポラル愛煙家だったシャンソン歌手、ダミアこと、マリー・ルイーズ・ダミアンとの親交を通じ、彼女はジャン・バドヴィッチと出会う。彼は小粋なルーマニア人で建築家兼建築評論家であり、前衛的建築誌『ラルシテクチュール・ヴィヴァント』の編集人だった。そして、ル・コルビュジエの最大のプロモーターでもあった。バドヴィッチは彼女の特集を組んだオランダの美術雑誌にエッセイを載せ、グレイを褒めそやした。[6] 明らかな下心があったのだ。浅黒く、痩身の女たらしは、以前、シャルロット・ペリアンを虜にしていた時期もあった。彼はグレイにコートダジュールのどこかにモダニズム様式の別荘を建ててくれないかと説き伏せた。ふたりして逃避し、海をのんびりと満喫するためにと。

グレイは、自分ひとりで土地の下検分を始め、結局ロクブリュヌ・カップ・マルタンの丘の斜面で、駅と浜辺のすぐ東にある細長の区画を選んだ。この場所に行くには歩いていくより他にないという点に引かれた。ラ・パウザの門前に止まるロールス・ロイスが、この付近まで来ることはなかったからだ。海はすぐ目の前。庭から飛び込めそうに近かった。西方には村営の浜があり、さらにその先には華やかなモナコがあった。この敷地なら、シンプルな白い箱形の家を丘の中腹に置き、正面に造園したテラスと、海へ続く石段があれば理想的だと彼女は考えた。三年をかけて完成した家は、同じ頃に完成間近だったサヴォワ邸を小ぶりにしたビーチハウス版のようであった。彼女はル・コルビュジエとかねてパリのサロン・ドートンヌで出会っていて、彼のことはよく知っていた。彼はアイリーンの革新的なデザインを賞賛したが、一方の彼女は、ル・コルビュジエの建築に対する極端に純粋で機能性本位の考えは、あまりにもキツすぎると考え「家というものは、住むための機械ではありません」と、彼のキャッチフレーズに鋭く反駁《はんばく》した。「家は、人の延長であり、解放であり、精神の発露でもあるのです[7]」。

彼女のロクブリュヌ・カップ・マルタンにおける創作作品は、彼の作品に似て簡潔な直線で枠取られてはいたものの、より優雅で、官能的であった。丘の中腹に降り注ぐ陽の光を研究し、タイル張りのサンルームを始め、床から天井までの大窓に至るまで、すべてのものが最適に配置された。中央に置かれた螺旋階段はオウム貝の殻のように、天窓からの光に向かって巻き上がっていた。白い壁には色がちりばめられ、金属の繊細なリボンが手すりとして、あるいはグレイ独自の家具デザインの一部として使われていた。単色のスローラグが敷かれたリビングルームから、海を見下ろす石造りのテラスまで、室内も室外も快適で、洗練された遊び心にあふれた空間であった。アイリーンとジャン・バドヴィッチは、この家にロマンチックな名前をつける代わりに、ヴィラE-1027と名づけた。アイリーンの「E」、「10（=アルファベットの10番目の文字はJ）」はジャンをたたえるために、そしてバドヴィチのBの「2」、グレイのGの「7」だ。

建物は堅固だったが、ふたりのロマンスは違った。完成する頃には、グレイとバドヴィッチは、すでに破局に向かっていて、ここで一緒に過ごした時間はほとんどなかった。一九三〇年のある日、バドヴィッチはひとりでここに滞在し、ル・コルビュジエとイヴォンヌを招いた。E-1027の邸内に入ったル・コルビュジエは、自分のデザインに酷似した純白の壁や室内装飾を見て不思議な気分がしたが、同時に元気づけられる思いであった。ここは、彼が建てたとしてもおかしくない家だった。横長に広がる窓の向こうに地中海を眺めると、「この世は、すべてこともなし」だった。イヴォンヌは生まれ故郷のモナコが近く、うれしそうだった。ル・コルビュジエは、その後、何回もこの美しい村を訪れた。バドヴィッチは彼らを歓迎し、好きなだけ滞在できるように計らった。やがて、ル・コルビュジエは、ここを自分の家同然と思い込んでしまい、全裸になって絵筆を手に、およそとんでもないやり方で縄張りを主張し、ロクブリュヌ・カップ・

マルタンで夏を過ごす人々の中でも不埒《ふらち》な男として悪名を轟《とどろ》かせることとなった。

避暑地を求める考えは、ル・コルビュジエが建築事務所を開く以前から、頭にあった。パリに永住すると決めた直後から、みんなが街を出て空っぽになる八月になると、自分もまた、街から脱出する必要があると感じていた。

休養地選びは、多くの人にとっては、どこでも良さそうな些事だろうが、彼は格別慎重に考え抜いた。スイス生まれの彼は、森や山にさほど興味が持てなかった。父親が彼と兄を、アルプス歩きにいやというほど連れ出したからだ。彼の好みは水辺だった。

口コミでさまざまな候補地が持ち込まれたが、ブルターニュの海岸沿いの湾にある、夏の避暑地として開発された街、ル・ピケもそのひとつだった。友人で彫刻家のジャック・リプシッツがここに海の家を借りていて、ル・コルビュジエは、都会から離れた完璧な安息の地だと感じた。[8]ヤニのにおいがきつい、バージニアの林が、無垢の砂丘を越えて浜辺へと続き、あたりには静かでひなびた雰囲気が漂っていた。そよ風が、絶え間なく大西洋から吹き寄せ、太陽はあらゆるものを心地よく温めた。家族への手紙の中で、彼は暑さを楽しんでいると伝え、スイスで寒さにこごえる「皆さんは、お気の毒」と、つけ加えた。浜砂の感触をつま先に感じながら、そこに立っているだけで、身も心も洗われる気がした。イヴォンヌとふたりして、水着に着替え、心を空にし、はしゃぎまわる。この浜辺で、彼は葉巻を口に、いとこのピエールとボクシングのポーズを取っている滑稽な写真を撮られている。ビーチでの読書は潮見表。砂の文様や貝殻、海岸に打ち上げられた彫刻を思わせる流木などに魅了された。広大な浜辺と果てしなき水平線は、パリの「猛毒」の解毒剤だった。9

泳ぎを覚えたのもル・ピケだった。水に潜り、そして、より遠く、より速く泳ぐ。結果を律儀に記録して、ヴヴェイの母親に報告した。ル・ピケに定期的に通うようになって以来、彼は生涯を通じて暇さえあれば泳いで過ごした。

もう一か所、彼とイヴォンヌがしばしば訪れた場所があった。それがブルゴーニュの丘の頂にあるヴェズレーで、バドヴィッチがそこに家を持っていた。バドヴィッチは、アイリーン・グレイと共に、村の中心にある荘厳なロマネスク建築、サント・マドレーヌ大聖堂の修復作業を行っていた。ここは修道士により、九世紀に構想され、以来、キリスト教徒の巡礼ルートのフランスの出発点となっていた。丘の頂にある村は、雑然としていながら居心地が良く、ル・コルビュジエは愛犬パンソーをお供に散歩を楽しんだ。彼がヴィシーで仕事がある時にも、イヴォンヌはこの地にとどまっていた。ここは全くの内陸で、地理的にはフランスの中心近くにあった。古びた階段を下ったところには川があり、ある日、知り合いになった（のちにアトリエで採用した）芸大生と散歩に出た彼は、突然服を脱いで川に飛び込んだ。衝動を抑えられなかったのだ。相手も、続いて飛び込み、彼に背泳ぎを伝授した。10

大西洋沿岸のル・ピケも、ブルゴーニュのヴェズレーも、初めの頃は、そこで過ごす夏を満喫していたが、コートダジュールの魅力には抗えなかった。バドヴィッチがE-1027の別荘に彼を招いて以来、一九三〇年代を通じてロクブリュヌ・カップ・マルタンは、ほぼ毎年のようにイヴォンヌとふたりで訪れる場所となった。グレイはすでにここに未練はなくすべて引き払って、イタリア国境付近のマントン郊外に別の別荘を建設中だった。E-1027は、今や事実上バドヴィッチの占有下にあったから、ル・コルビュジエとイヴォンヌは好きなだけそこで過ごすことができた。すべてはことなく順調だった。だがそれも一九三八年の夏、ル・コルビュジエがこの家の壁に物足りなさを感じた時までだった。

彼は絵筆を手に全裸で立ち、一連の性的体位をとらせた巨大な女性像をピカソ流にゆがめて塗りたくった。メインの絵は、数年前に彼自身がアルジェリアの女性たちを描いた絵はがきとドローイングからインスピレーションを得たものだった。[11] こうして彼は屋内と屋外、合計八か所に、頼まれもしない壁画を遺した。

ル・コルビュジエは、許しを得てやったと言い張ったが、グレイはそうと知って激怒した。名誉毀損と受け取ったのだ。のちになって、彼女の友人は、家が「レイプ」されたと表現した。グレイはバドヴィッチを通して、ル・コルビュジエに壁画の除去費用を支払うよう要求したが、彼はまったく動じなかった。それどころかこの手描き作品を写真にして、あちこちに配った。彼に言わせれば、「何も起こらない、退屈で、始末に負えない壁を突き破った傑作」なのだそうだ。野蛮な行為であったにせよ、それは「モダニストの落書き芸術」なのだと、彼は誇り高く強弁し

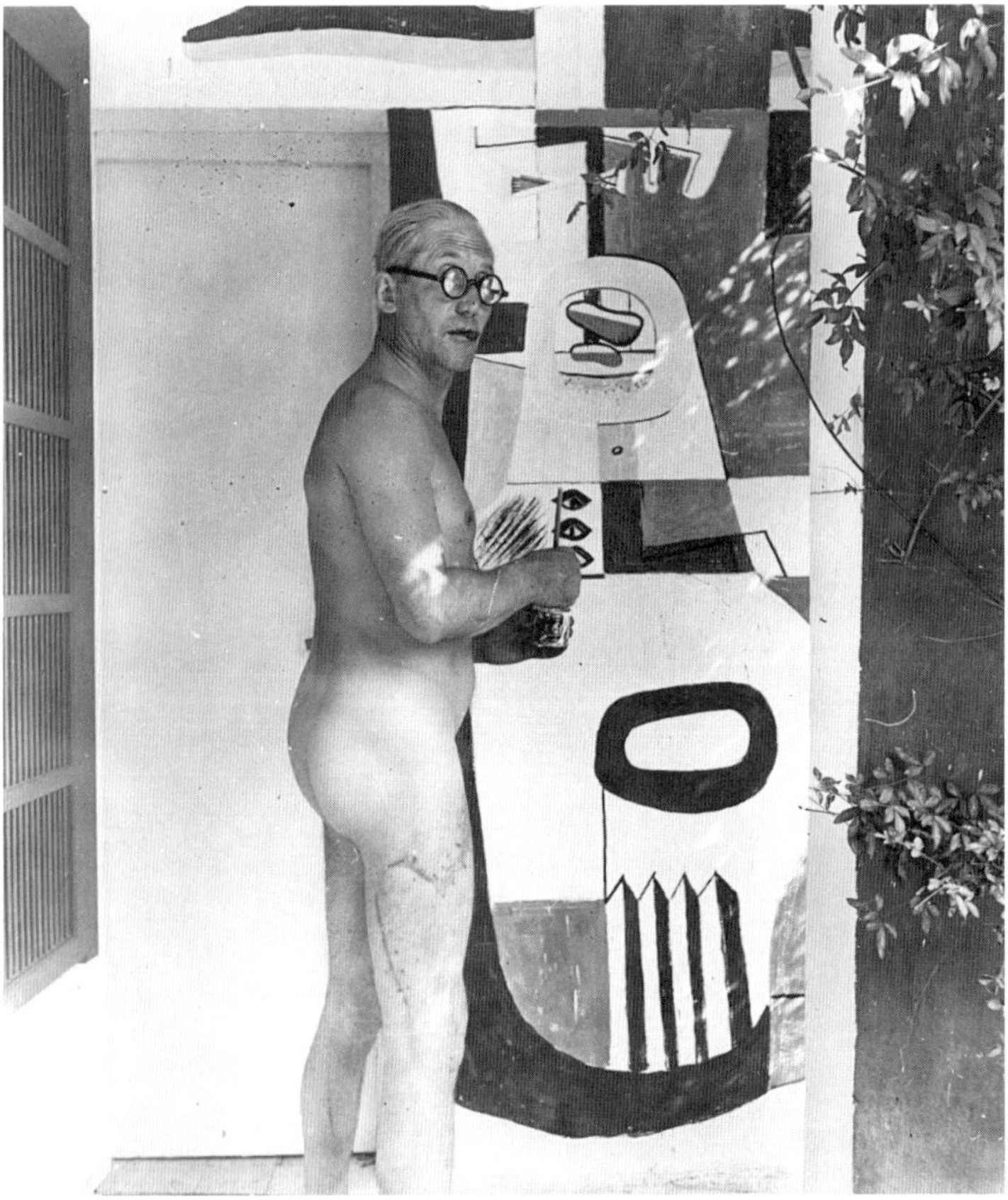

アイリーン・グレイ設計の別荘E-1027に、全裸で壁画を描くル・コルビュジエ

た。「はかりしれない変容、精神的な価値の導入」だと。[12]

挑発的なポーズをとっている女性像が、グレイのバイセクシュアリティに対するル・コルビュジエのなんらかの見解を表しているのか、それとも彼がある種の些細な仕返しをしたのかは、グレイの解釈次第だ。何しろ彼女は、「家は住むための機械ではない」、と公に表明し、かつ後になって大方の人からリヴォワ邸よりも優れていると高い評価をとった建物を完成させた女性なのである。ル・コルビュジエは「カップ・マルタンの落書き」を描いた後に、グレイに手紙を送り、E-1027の構成や魅力を自分は敬愛していると伝えている。そのうえで、ル・コルビュジエはあの壁画は注意深く狙いを絞った建築的な表現であると改めて主張した。事実、この頃、彼はバドヴィッチのヴェズレーの家の壁に、フェルナン・レジェの手助けを受けながら、いくつかの壁画を完成させている。

バドヴィッチは、当初、壁画を歓迎し賞賛しているかに見えたが、一方で、ル・コルビュジエの狼藉に叱責書簡を送れと求めるグレイにも共感していた。「何年にもわたって、君はなんという狭い牢獄に、私を閉じ込めたことだろうか。とりわけ、今年は君の虚栄心ゆえに」と、かつてル・コルビュジエの大ファンであったルーマニア人は、強く苦言を呈した。[13] E-1027を自由気ままに使うという友好的取り決めはほごになり、またもや、固い友情の絆は、切り裂かれてしまった。ル・コルビュジエは、もはやこの家に招かれることはなかった。彼は、バドヴィッチにこの別荘の購入を申し入れ、諍いの解決を図ろうとしたが、戦争が立ちはだかった。イタリア兵士がモナコ占領のために国境を越え、E-1027に露営したのだ。監視台にするというのは口実で、実際には大量のワインが空けられた。のちに、ドイツ軍がコートダジュールを奪取した時、壁は銃弾の穴だらけだった。

ル・コルビュジエは、戦後、数年の間、何度か南仏へ出かけた。マントンでイヴォンヌと休暇を過ごすこともあれば、ヴァンスにマティスがデザインしたモダニズムの礼拝堂を訪れもした。ボゴタの都市計画で共に働いたホセ・ルイ・セルトと再会するため、さらには、マルセイユのユニテ・ダビタシオンの現場の監督にあたるためにも南仏へ出かけた。そしてそのたびに、ロクブリュヌ・カップ・マルタンへと足を延ばし、スイッチバックの線路の下方にサボテンが点在する岩だらけの崖に心を奪われた。ある時など、彼はE-1027に立ち寄って、例のお騒がせな壁画にちょっとした修復作業を行ったりもした。この頃、この家は放置され、売却が予定されていた。一九五〇年の夏、彼は付近の靴職人の作業小屋を借り、レストラン「エトワール・ド・メール」の常連となった。だが、この店でランチしたことが、その後、予想外の展開を見せることになるとは思いもよらなかった。

ブエノスアイレスで、パリで、そしてローマで超一流のレストランを食べ歩いてきた。だが、エトワール・ド・メールのバーサロンのドアを押し開けた瞬間、このシーフード小屋に深い愛着を覚えた。棚には酒やワインのボトル、スパイスやミキシングボウル、計量スプーンがぶら下がり、壁には額装されたレタリングや写真がずらりと並んでいた。ダイニングエリアは屋外に設えてあり、ツタの生け垣のテラスに半ダースほどのテーブルが置かれていた。重い皿や水差し、ワイングラスなどがテーブルに所狭しと置かれ、シンプルな白いテーブルクロスと花柄のかけ布が風になびくのを防いでいた。幸せいっぱいの客たちは、小屋に背を向け、ごちそうを前に海を眺めていた。

　オーナーのトマ・レブタートは、バーの後ろに控えていた。ニースの配管工を引退した彼は、ベレー帽をかぶり、胸元が大きくあいた白いシャツ姿で、ジタンのタバコを片時も離さずにいた。彼は、蓄えをはたいてE−1027の隣地を購入済みで、そこにワンルームまたはツールームの夏季休暇用の宿泊施設を考えているのだと、ル・コルビュジエに話した。この村のリゾートとしての人気はうなぎ上りだとレブタートは胸算用していた。話し終わると、彼は、海の幸をふんだんに使ってグリルするシンプルな料理にとりかかった。ル・コルビュジエは「二〇人分のランチを用意できるかね」と聞いた。というのも、自分のチームの連中とビジネスランチを計画していたからだ。[14]もしも、それができるのなら、「必ず、みんなを連れて戻ってくるから」。

　こんな話は、生まれて初めてだったから、人懐っこく、きついモナコ訛《なま》りのレストランオーナーは、損得勘定など気にするそぶりもなかった。

　ル・コルビュジエは、約束どおり戻ってきた。その年も、翌年も、そしてそれからも、毎年必ず戻ってきた。彼とイヴォンヌは、靴職人の小屋に宿泊し、ランチはエトワール・ド・メールと決めていた。
　彼はこのレストランに、またもや壁画を描き加えたいと考え、今度はきちんとオーナーの了解を取りつけた。バーの入り口にウナギ、三個のヒトデ、長いヒゲを伸ばしたエビ、そしておちゃめに自分のポートレート代わりの太めのハタが帽子をかぶってパイプをくゆらす姿を描いた。真ん中には、ひょろ長い八本足のタコと太陽が合体した像が置かれ、その鼻はキャンディのバーに似せ、目玉と唇それに歯が描かれていた。これぞ、彼の解釈によるエトワール・ド・メールだった。イヴォンヌとともにここで過ごす時には、レブタートの息子ロベールが海に出てウニを山のように獲ってきた。イヴォンヌはウニに目がなかった。ル・コルビュジエは一〇代の若者と建築家稼業についてあれこれ語り合い、結局ロベールも、建築家になることを選んだ。[15]
　オーナーとともにワインと海の幸を楽しみながら、ル・コルビュジエは、この地に自分自身の居場所を確保する考えを声にした。レブタート所有の隣地に、モダニズムのバンガローを五棟設計し、一つは彼とイヴォンヌ専用とする提案だ。挙げ句に、もう一歩踏み込み、レストランの隣地を彼が譲り受けて名義替えをし、そこにもう一棟別のキャビンを建て、彼専用の休暇小屋とする案でレブタートを説き伏せた。彼は、エトワール・ド・メールのテラス席で白いテーブルクロスに四五分かけてスケッチを描き上げ、イヴォンヌへの誕生祝いにした。
　のちに、「キャバノン」として知られるようになるこの小屋は、それまで多くの複雑な都市計画案や行政府本部をつくりだしてきた人物の作品としては「あまりにも」と言ってよいほどシンプルだった。だが、ユニテ・ダビタシオンのワンルーム型アパートと、基本的に大差なかった。彼の「宮殿」小屋は、建築空間で人の動きを導くモデュロールに全面的に則していた。その空間は一二フィート四方の正方形で、天井高は七・五フィート、すなわち二・二六メートルでちょうどモデュロール・マンが片手を上に掲げた高さだ。こうすることで、人は、緻密に計算された理想の回遊動線内で生活を営むことができるのである。不案内の来訪者のために、彼はこの公式図を、男女の絡み合いが抽象的に描かれている壁画の横に描き入れた。

ミニ版ログハウスと、輸送用コンテナを組み合わせたようなキャバノンの後ろの壁には、ツインサイズのベッド台が一つ設けられていた。そして、ヴヴェイの「小さな家」の裏庭にデザインしたものと同様の一本脚の朝食用テーブル、さらには小型のステンレスシンクと、数多い戸棚がついた船の厨房に似たキッチンがあった。トイレは、ジェット機の化粧室より少し小さめのものが部屋の隅に配してあった。収納は壁に組み込まれたものや、ベッドの下、そして天井にも設けられ、遊び心で赤、黄、緑に塗られていた。コートかけの鍵釘がクローゼット代わりだ。正面の四角いピクチャーウィンドーは、海の眺望、豊かな植栽と樹木、そしてはるか遠景のモナコの街を枠取りしていた。シンク近くの別の窓は横に開口していて、豊かなイチジクの木が見えた。また、ベッド脇の奥の壁にはスライドドアの窓があり、クロスベンチレーションを可能にした。キッチンの食器棚の上にセットされた鏡が、正面の屋外景色を映し出していた。間取りは、レストランの向かいに設計した五棟のホリデーキャビンをベースに、外観をアルミサイディングから粗削

モデュロールをもとにデザインされたキャバノン。お気に入りのロクブリュヌ・カップ・マルタンの休暇小屋

りの丸太に変えるなど、自分なりに工夫を凝らした。[16]

　樹皮をつけたままの素朴な板材はコルシカ島から取り寄せた品で、知り合いの大工職人が造作したクリ材の家具とともに、現場まで輸送された。彼は、自ら工事を監督して一九五二年に完成にこぎ着けた。入居した時にはウイスキーの空の箱だけを置き、座席として、また、流木、石、貝殻、骨など、膨れ上がる一方のコレクションの保管箱としても利用した。さらに、休暇小屋にふさわしく、屋外シャワーも設置した。レブタートは水まわりの配管工事をすべて無料で行い、総工費はわずか七〇〇〇ドル弱で済んだ。

　この小さな傑作にインスピレーションを与えたものがあったとすれば、たぶん彼が好んだル・ピケの漁師小屋と、寝食を共にしたマーガレット・ハリスのロングアイランド海峡の夏の家であった。キャバノンはまた、戦時中にヴィシー政府に対して提案した難民用の小屋や若者のための休暇キャンプを彷彿とさせた。[17] しかし、この素朴な小屋によせる彼の思いは、半端ではなく、建築そのものに対する核心的な信条が込められていた。一九二八年に彼はシンプルな住まいの中では、「一枚の木片といえども、その形態、その力において、また一本のひもであっても、きちんとした機能を持たないものはない」と記している。「人は、経済的な生き物だ。いつの日か、この小屋掛がローマのパンテオンにも匹敵する、神々へのささげ物とならないとは限らない[18]」。

正確な幾何学と比例は、心の平穏をもたらすと彼は確信していた。彼は、自分の技術的な成就に特別な誇りを持っていた。あらゆる手わざを使い切って空間のすべてを使いこなすその手法は効率性の極みにあると考えていた。[19]

いずれにせよ、レブタートの存在なくしては不可能なことだった。キャバノンとエトワール・ド・メールは壁を共有し、物理的に連結されていて、互いの関係の深さを物語っていた。彼が描いた壁画は、レストランに直接つながる脇のドアをうまく隠して、ホテルのスイートルームのような具合だった。彼とイヴォンヌは、毎日レストランで食事した。彼らは家族の一員で、レブタートの舟は使い放題、犬も猫も一緒。この頃ル・コルビュジエは六〇代だったが、オーナーの息子ロベール青年をわが子のようにかわいがった。自分たちに子供がいなかったから、息子同然だった。ロベールはイヴォンヌのためにウニ獲りに潜っただけでなく、ル・コルビュジエの宝物コレクションを増やす手助けをし、ある時などは、骨を拾ってきてその骨髄を、ル・コルビュジエがプロジェクトに多用した鉄筋コンクリートに見立て、ふたりして研究した。

ロクブリュヌ・カップ・マルタンで過ごす日々は、気持ちいいリズムで流れていった。ル・コルビュジエは日に二回は泳ぎに出かけ、ゴツゴツした岩肌を下の海辺まで歩き下りた。胸をはだけて歩き回り、潮の香りを楽しんだ。イヴォンヌが一番幸せだったのは、テラスでヘッドスカーフと特大の宝石を身につけ、みんなの注目を浴び、食事の後の長い時間を過ごすことだった。彼女のほっそりとした手にはワイングラスと、片時も離さないタバコがあった。すぐ人に物をプレゼントしたり、おどけたしぐさをすることで村人になじんでいて、彼と同様、尊敬されていた。ナンジェセール・エ・コリ通り二四番地の時もそうだったが、彼女はこの小屋はあまりにも切り詰めていると不満げだった。奥の壁際にある狭い台が彼女の寝台、彼は床に敷いたマットレスで休むというアレンジは、「いやはや、とんでもない」と考えるのは妻として当然だった。友人のハンガリーの写真家で、ル・コルビュジエ同様にペ

エトワール・デ・メールのテラスから地中海を望み、ウニとワインでご機嫌なル・コルビュジエとイヴォンヌ

ンネームを持つ、ブラッサイが訪ねてきた時、彼女は大声で叫んだ。「ブラッサイ、あなたは生き証人よ、あの人が私を閉じ込めた檻を見てちょうだいな……ほら、見て！ あの人は私を……洗面所の横で寝かそうというんですからね。このばかげた人と、二〇年もつれ添って、どうしようもなく狂った考えを、なんで我慢できたんだろう[20]」。

といいながらも、彼女は汽車で、車で、そして挙げ句には飛行機でパリからニースに飛んで、ここに戻ってきた。間違いなく、この場所は彼女にとっても極楽だったのだ。

ル・コルビュジエは、しばらくするとロベールに手伝わせて、キャバノンから数歩のところに質素な仕事場を建てた。トタン屋根が斜めに葺かれたベニア合板の小屋は、閉じこもって仕事上の考えを温めるためのものだ。机は白く塗られた二インチの厚板で、緑色をした二本の木挽き台の上に据えられ、フレンチドアのように開く背の高い六枚窓の前に置かれていた。専用のスツールはウイスキーの木枠箱。彼は、スケッチ、平面図、そして絵画を壁にピン止めし、また宝物をドア付近の小さな本棚に飾った。彼曰く、これらは詩的対象物なのだそうだ。キャバノンにも、スタジオにも、電話はなかった。緊急の場合に限り、エトワール・ド・メールへ電話をと皆に厳命してあった。

別荘を手に入れるにあたって、ル・コルビュジエは何人もの知人を頼りにした。リプシッツのル・ピケの漁師小屋、バドヴィッチのヴェズレーの別荘、それにE-1027、そしてついにエトワール・ド・メールに隣接するトマ・レブタートの空き地に決めたのだ。居候の身でありながら、自分の居場所にしてしまうあたり、大げさに言えば、他人の女を寝取るとか、誰かの大発見を横取りして自分の手柄にしてしまうような寄生虫的な話ではあるまいか。そのうえ、誰も自分と同じ策をたくらまないように仕組んだのだろうか。キャバノンはあまりに小さく、悪さする寝泊まり客など絶対に考えられなかった。

セカンドハウスという考えは、彼が都市部の大衆向けに設計していた集合住宅と対極にあった。田舎や海辺に別荘を持つのは、エリートだけの特権なのだ。しかし、ユニテ・ダビタシオンでは、田舎の利点を多く持つ住宅をつくろうとした。陽の光。新鮮な空気。レクリエーションへのアクセスなどである。そして、自らの別荘として、極限まで絞った小さな休暇小屋をつくろうとしたのだ。

彼が建てた五棟のバンガローは、手頃なコストで効率が良かった。気を良くした彼は、より多くの一般庶民がカップ・マルタンを楽しむことができるように、ロック&ロブという名称で（ロックはロクブリュヌ、ロブはロベール・レブタート）、二〇〇戸の集合住宅を計画した。「セル」と名づけた個々の住戸には小さなバルコニーが設けられ、海の眺望が楽しめた。エトワール・ド・メールやE-1027付近の急な斜面の棚地に予定されたが、結局、このプロジェクトが日の目を見ることはなかった。しかし、このデザインコンセプトは、のちになって、コートダジュール周辺のリゾートホテルで多く見受けられることになった。

大衆にル・コルビュジエが見せたかったのは、眺望だ。地中海を見渡し、モナコを遠望する、手つかずの緑の盛り上がり、それに荒々しい岩の光景。だが、自分ひとりでも十分満足感を味わえた。いつ見ても、新たな感動を呼び、決して見飽きることのない絶景。キャバノンの前の天然のベランダは、素晴らしい高台であり、「自然劇場」の最前席だった。雲間から雨あられのように差し込む白昼の陽光、夜の暗い海面を豊かに照らす月の光。

彼の人生において、成功の裏には常に苦痛が伴っていた。だが、ロクブリュヌ・カップ・マルタンは、疑うべくもない素晴らしい場所だった。親しい友人、おいしい食事、幸せなイヴォンヌ。彼が建てたミニマリストのビーチハウスは、シンプルで低コストの逃避先を求める人たちの垂涎《すいぜん》の的となった。それは至高のモダニズム建築であったが、彼にとっては、それ以上にもうひとつの「わが家」だった。

「キャバノンにいると、この上なく気持ちいい」と彼は友人に語った。「だから、たぶん人生の終わりをここで迎えることになるだろうね[21]」。

第7章

ロンシャンの礼拝堂、込められた異端

組織だった宗教には一切関わりたくないと考えていた人物にとって、その依頼はまったくの想定外だった。ウィリアム・ブレイクの詩『エルサレム』がミサへの異端であったのと比肩されるほどの出来事であった。

黒いローブをまとった、見知らぬふたりのドミニコ会の神父が彼に会いにきたのは一九五〇年の春のこと。彼らはフランス極東部のスイス国境に近いロンシャンという小さな街に礼拝堂を建ててほしいと持ちかけた。彼は「ノン」と答え、「教会信徒の建築家を探しすべきだ」と進言した。だが、ふたりの神父とは別に以前から親しかったアラン・クチュリエ神父は、当代、至高の建築家、ル・コルビュジエの本心を見すかしていた。「われわれが必要としているのは、偉大な芸術家なのです」[1]と、クチュリエ神父は、手紙で折り入って訴えた。「斬新、大胆、強烈な美しさを形にしてほしい」。何をつくろうと貴殿の望みどおりで、ヴォージュ山脈の麓、丘上にある現場を一度見に来てくれさえすれば、「きっと気が変わるだろう」と。

鉱山の街から一五〇〇フィートの高みにある、ブールモントの丘は長い間聖なる場所として崇拝されてきた。真っ平らな台地に太陽崇拝の異教徒たちが上ったのが始まりで、ストーンヘンジのような仮設の神殿がまず建てられたと考えられた。頂上へ続く急な斜面には、野生のバラやヒイラギ、アカシア、カシの木が生い茂り、冬になれば、草深い頂上は霧に包まれた。上り坂はハイキング道というよりも天国への階段のような感じだった。

この霊的な場所は、ローマ帝国時代になって軍事戦略上の意味合いを強くした。兵士たちは、眼下の谷に沿って走る古代ローマ街道を見下ろす頂にテントを張った。この軍隊の駐屯地が、街の名前「ロンシャン」(ローマのキャンプ地)の由来で、街道は以来、今に至るまでパリからバーゼルへの主要なルートとなった。[2] やがて、キリスト教の伝来とともに、この場所は再び聖なる場所となり、聖母マリアが出現する奇跡の伝説が語り継がれた。四世紀まで遡る聖なる地は、その後七世紀の時を経て、初めての教会設置によって蘇り、以来確実なペースで増える巡礼者の宿所となった。ほとんどの巡礼者は、「慰めと解放の母」の生誕の日を祝うために、九月にやってきた。彼らは絶望的な状況からの「救い」、病気の子供の「治癒」、そしてさらには遠く流された囚人のために「希望と解放」を求めて、聖母マリアに身をささげた。[3] 彼女を模した像が丸太から彫られ、並んで持ち歩けるように細く軽く削られた。[4]

さらに、鉱山で働くためにロンシャンにやってきた男たちの家族が行きやすいように、谷底にも教会が建てられた。一方、丘の上の礼拝堂は、ある時期、競売にかけられ、四〇家族が組成するコンソーシアムが購入して、ノートルダム・デュ・オー協会を結成した。巡礼者たちは、その後も途切れることなく訪れ、その数は一年に三万人にも上り、教会は常勤の司祭を任命した。司祭は、五棟の塔を増築し、中央のもっとも高い塔の上に亜鉛板で被覆したオーク材の大きな聖母マリア像を置いた。一見すると要塞のようで、堅固に見えたが、自然の力にはすべもなく、一九一三年、強烈な雷に打たれて、あとかたもなく燃え尽きた。復興計画が立てられた当初、地元の有力者たちはパリのサクレ・クール聖堂のバシリカを模した壮大な再建を思い立ったが、資金不足もあって控えめなゴシック様式になった。だが、これも一九四四年、フランス解放の際にドイツ軍の砲撃とアメリカ軍の爆撃によって破壊され、再建問題が再び起こった。連合軍がアルザスに向かう中で、この丘の頂を巡り激しい争奪戦が繰り返されたが、そのさなか、聖母マリア像は、ひとりのフランス軍兵士の働きによって救出されたのである。かくして瓦礫の中に、地元の教区と地方政府は再びチャンスを見いだした。

戦後、カトリック教会の指導者たちは、新しい教会建築に刺激を与えようと、モダニズム建築に目を向ける。大胆なデザインは、バルセロナのアントニオ・ガウディによるサグラダ・ファミリア、シカゴのオーク・パークにあるフランク・ロイド・ライトのユニティ・テンプル、伝統的なバジリカ様式にあえて手を加えたドイツやイタリアの「自由形式の教会」など、すでに広がり始めていた。

ル・コルビュジエが、最初にパリで弟子入りしたペレ兄弟もまた、パリ郊外のル・ランシーにあるノートルダム・デュ・ランシー教会の、高層ビルを思わせる工業的な外観で、その常識を覆した。クチュリエ神父は、神聖な芸術を復活させるために腐心し、アンリ・マティスに依頼してヴァンスに簡素な白いロザリオ礼拝堂をデザインしてもらった。ル・コルビュジエはロクブリュヌ・カップ・マルタンに滞在中、この礼拝堂を訪れたこともあったが、ロンシャンでは、本物の力強さと斬新さを備えた、さらに大きなステートメントが必要とされた。そして、それを実現できるのはただひとりの人物だけだった。

パリ国際大学都市のスイス学生館など、ル・コルビュジエが手がけた建物をパリまで出かけて視察した修道士もいて、結局、彼らの熱意が功を奏することになった。依頼を受けてから二か月して、ル・コルビュジエは、ひとり丘の上に立ち、彼の「ビジュアル的な詩歌」の最終幕を頭に浮かべていた。クチュリエ神父は正しかった。この場所には何か特別なものがある、彼はそれを感じ取ることができた。

若い頃から、数多くのカテドラルや聖堂、そしてモスクなどをスケッチしてきた彼ではあったが、それまで教会デザインという崇高な仕事に貢献したいという願望を抱いたことはなかった。とはいえ、教会は建築の究極表現であり、建物内外ともに、人々に語りかけ、感動を伝えることができる場であった。もちろん、住宅や高層アパート、行政府建築などにおいても、同じようなつながりを追求してきたが、礼拝堂は彼流の演出技法を発露できる、またとない機会であった。

古代ギリシャからヴィクトリア朝に至るまで、建築のあらゆる面を研究してきた彼は、霊的な建築デザインについても学んでいた。キリスト教の建築環境は、歴史上、素晴らしい進化を遂げてきた。そもそもの始め、教会は家庭内に存在した。たとえ、家族だけであっても、人が集まりさえすれば、どこでも礼拝が行われていたのだ。そして、宗教がご法度でない時代がやってくると、山の中腹の修道院や、村の中心の集会所など、それぞれの目的に応じた形態の宗教建築の建設が本格的に始まった。やがて、地元の教区の簡素な修道院や、巡礼地など、あちこちで繰り返し使える教会建築の標準的な形式、すなわち、アトリウムと祭壇の上に立ち上がる尖塔が据えられた矩形のバシリカ式の建物が生まれた。そして、中世になると、宗教建築は社会の揺るぎない中枢権力の象徴として、教会の力と権威を誇示するという大きな使命を帯びた。その結果、ヴォールト天井、フライングバットレス、華麗なステンドグラス、彫像、装飾的な小壁、ガーゴイルなどを備えもつ巨大な宗教建造物が、莫大な費用と人手をかけて建設された。もちろん、カテドラルは感嘆に値する驚異的なもので、感銘を受けた彼はノートルダム大聖堂のディティールを図に落とした。しかし、パリ近郊のシャルトルを訪れた時は、その硬直性と強圧性に衝撃を受けた。「シャルトルの大聖堂は、私にとってもっとも恐ろしい戦いのような印象をもたらした」と一九一七年にウィリアム・リッターに書き送っている。「ゴシックは『静穏』などでは決してない。それは、痛烈で壮大な闘争だ……シャルトルは、謀略、悪魔的な楽観主義、握りしめた拳とくいしばった顎の明け暮れである」[5]と。

もしも、彼が教会を建てるのならば、全く違うものをつくり出すであろう。シンプルで、古代回帰、より繊細で力強い、ヨーロッパの華やかな大聖堂とは大きく距離を置くもの。ということで、ロンシャンに先駆けて、彼が初めて設計した神聖な空間は、なんと洞窟の中だった。

フランス南部、マルセイユの北東に位置するサントボームの洞窟は、二〇〇〇フィートの石灰岩の崖にあった。ここは「キリストの復活を見守った人」についての言い伝えがある地で、ル・コルビュジエはその人物に特別の関心を抱いていた。その名は「マグダラのマリア」。イエスの足を自分の長い髪でぬぐった元娼婦だと言われる聖女だ。弟のラザロらとともにパレスチナから、帆も舵もない小舟でやってきたマリアは、アルル近辺のサント・マリー・ド・ラ・メールに上陸する。そこは、野生の白馬が駆けぬける塩水の沼沢地であったが、彼女はやがてプロヴァンス全域を宗旨替えさせ、その後、洞窟に引きこもり、三〇年間、裸で暮らし、天使に支えられて、ひとり祈り続けた。彼女は「もう一人のマリア」であり、女性の力の象徴であった。レオナルド・ダ・ヴィンチの『最後の晩餐』の解読者の中には、彼女をイエスの妻、つまり単なる弟子ではなく、完全な「女性版救世主」として読み解いた人もいた。

この土地を所有していた測量技師兼エンジニアのエドゥアール・トロウアンが、ここを「平安と許し」のマリア信仰の聖地にすると思い立つまで、何世紀にもわたって多くの巡礼者、教皇、そして王が、サントボームの山塊を上り続けた。この崖にバジリカを彫り込めば、ギリシャのデルファイ、エルサレム、そしてローマにも匹敵しうる聖地になるだろうと考えたトロウアンは、一九四五年にパリでル・コルビュジエと巡り合う。戦後、仕事への意欲を燃やしていたル・コルビュジエは大いにそそられた。

サントボームの設計図からは、ル・コルビュジエが初めて宗教を演劇として意識したことがうかがい知れる。それは一連の空間を巡る旅であり、近くの地下窟で発見されたマグダラのマリアの遺体を収めた墓所へと続く迷宮の旅であった。入り口は、セザンヌの筆で描かれたようなまばゆい光にあふれ、はるか遠くには地中海が望めた。岩を穿ち、土で固めた洞窟の中で、参詣人は光と影の宇宙的な戯れの中を進み、昼から夜へ、そしてまた戻ってくる正弦曲線を歩む、いわば自己発見への曲がりくねった旅をする筋書きだった。[6]

トロウアンは、パリの自宅アパートの壁や天井を完成予想図で埋めつくし、肝心の聖廟に加えて美術館、ホテル、劇場などを計画したうえ、その当時、フランスのセックスシンボルであったブリジット・バルドーにマグダラのマリア役を演じさせようと、ハリウッドのプロデューサーまがいの発想を抱いていた。教会関係者がこれに疑念を抱き、すぐさま反対の声が上がった。かくして、洞窟の中に隠された平和と瞑想のバジリカは、日の目を見ることなく挫折した。

むろん、ル・コルビュジエのアトリエの書庫の中には、これに限らず実現しなかったプロジェクトが数多く収蔵されていたが、サントボームの苦い経験から、彼はカトリック教会関係の仕事に対し及び腰になった。

サントボーム計画を支援し、励ましてくれたクチュリエ神父は、この失敗にめげることなく、「ロンシャンの礼拝堂計画なら、間違いなく、あらゆる障害を克服して実現できる」と、あらためて彼に働きかけた。何年か前、イヴォンヌの「ブーブークッション」に腰を下ろして、笑い転げた神父は、今や親しい友人になっていた。神父は市井や、教会関係者の懐疑的な意見を抑えられると誓い、その言葉をル・コルビュジエは信じた。

そして、ロンシャンの依頼を受けるにあたり、ル・コルビュジエもまた、誓いを立てた。二度目のチャレンジとなる「聖なる場所」のデザインを旧来とはまったく違う革新的なものにすると誓ったのだ。しかも、単に教会外見を斬新にするのでなく、彼自身のそれまでの建築スタイルをも大きく変えてみせると。

スッキリした直線と、直角を基調とした彼の「ピュリスム」の邸宅の数々は美しくはあったが、飾り気が全くなかった。ロンシャンの建築を請け負った一九五〇年頃までの彼の建物は、「機能を果たすためにある」という考えが強調され過ぎていた。アイリーン・グレイは、まさに、その実用的な合理性が彼の作品を冷たく見せているのだと指摘した。

だが、ロンシャンのノートルダム・デュ・オー礼拝堂は、うねりながらカーブし、信者は建物の中に入るというよりも、それを「体験」することになった。この礼拝堂は、趣の異なる面でつながり、感情や内省をかきたて、ほとんど幻覚のような旅の中で、別の側面へと入り込むように設計されていた。サヴォワ邸の場合は、住人がゴルフウエアでカクテルを手にするイメージで、ジョージ・ガーシュウィンのポピュラー音楽を連想させたのに対し、ブールモントの丘の礼拝堂にふさわしいサウンドトラックは、グレゴリア聖歌と前衛音楽家のジョン・ケージによる調べであった。

一九五四年に作業員が最後の足場を取り除くと、そこにあったのは、セメントガンで吹きつけられた曲線的な白いコンクリートの塊で、一見無造作な場所に奇妙なサイズの窓が穿たれ、その上に球根状の屋根が、暗色をした船体のように斜めに設置され、目を疑うような、重く、分厚い建物であった。にもかかわらず、それは、まるで中空に浮かんでいるかに見えた。ル・コルビュジエの手による創造物は、宇宙から舞い降りた風情だったが、しばらくすると地元の人は「まるで、もともとここにあったようだ」と口にした。[7]

彼は、現場に何回も出向いた。トレンチコートに身を包んで、工事の瓦礫が散在する丘の上を視察し、生コンの混合状態に目を配り、座席に使用するアフリカ原産の木材や、祭壇用のブルゴーニュ産の白色石の納品を監督する。足場に上り、開口部のガラスに色を塗り、重い門扉の開き戸に鮮やかな色彩の市松模様を施す。

手わざを加えてロンシャンを生み出す作業は、スリル満点だった。それは、建築に色彩を使用する効果を初めて見いだした時の感動を思い起こさせた。赤と青を壁に塗りちりばめ、「血潮の力強さ、大草原のみずみずしさ、陽光の明るさ、海や空の深さ」を表現した時の感動だ。「指先にはさまざまな力が宿っている！　それは純粋なダイナミズムであり、ダイナマイトそのものを描くのと同じといっても過言ではない[8]」。

礼拝堂への旅は、建物が初めて目に入る麓の村を起点として、綿密な演出が施されていた。ル・コルビュジエいわく、建物は「アクロポリスにそっくりで、地中海特有の白いベールが周囲の丘の起伏を映しているかのように見える」のだと。礼拝堂への石段は、質素な女子修道院専用区画の近くから始まり、来訪者は南東からアプローチして、最後に台地への急斜面を進む。そこで目に入ってくるのは、二つの壁面からうねる屋根が、白く細長い柱に支えられた頂に向かって、そり上がる光景。人目を引く演出だった。

ル・コルビュジエは、ロンシャンの屋根はカニの甲羅から思いついたと話している。一九四七年のニューヨークへの旅でロングアイランドに足を延ばした時、甲羅を踏みつけ、その弾力に驚いたことがあった。「製図台の上に乗せたカニの殻が、礼拝堂の屋根になるのだ。突合した二つのコンクリート外壁……。鉛筆と紙をくれ！　すべては、敷地にどう対応するのから始まる。分厚い壁に、カニの甲羅、こうすれば、静的な印象の強い建物に活気を添えることができる。というわけで、甲羅を拾い上げ、壁の頂に据えたのさ[9]」。

しかし工学的には、一九三〇年、ちょうどジェット機の時代が始まろうとした頃に出版した彼の著作『プレシジョン——新世界を拓く建築と都市計画』で詳細に記述されている飛行機の翼に極めて近い形状の屋根であった。上部

1954年に竣工されたロンシャンの礼拝堂

は平らで、下部は弦のような膨らみを持ち、そして内部に隠された強靭な格子に組まれた構造によって支えられていた。一方で、表面皮膜は羽根のように軽やかで繊細だった。その突っ込みや角度、あぶなっかしい緊張感は、工学の一般原理の限界に挑戦しているように見えた。さらに、仕上げの一手として、屋根を壁の上部から四インチほど上げて隙間をつくり、浮揚感を煽《あお》るとともに、館内へ光を導いた。

ロンシャンの屋根は驚くべきもので、見る人にさまざまな連想を起こさせるビジュアルパッケージの重要な要素であった。真っ先に来訪者の目に入る礼拝堂の南東の角は、「船の舳先《へさき》」「修道女の帽子」「ノアの方舟」「風をはらんだ帆」「古代の樹皮」「マッシュルーム」「砕け落ちる波」、そして中には「ペニスの包皮」だという者までいた。このように自由勝手な解釈は、ほとんどの場合、ル・コルビュジエからも、後の時代の建築家たちからも、特段問題視されることはなかった。人は、誰であれ感情の赴くまま、自分が見たいと思うものを見ることができるからだ。

しかし、建物外観は旅の始まりに過ぎない。堂内にはさらなる魔術が仕掛けられていた。洞窟のように静かなアトリウムでは、南側の壁にあちこち穿たれた凹型の窓から入ってくる色とりどりの陽光の束が、水平に交錯する神秘的な光のショーを演じていた。壁の上部と天井の間にある、屋根が浮いているように見える隙間には、細い光の帯が輝いていた。そしてその奥には、塔の最上部にある半円形の窓から、明るい光が差し込んでいた。光のビームは、あたかも物理的な形態と質量を持っているかのようだ。磨かれた床は、丘の輪郭に沿って、予備の祭壇へと流れるように、わずかに傾き、暗色の木製ベンチの列は（ル・コルビュジエは当初ベンチを置くつもりは毛頭なかった。人は立ったまま祈るべきだと信じていたからだ）小さな点の光に囲まれた一つの正方形の窓以外には何もない壁に正面していた。外に溢れた会衆のために設けられた戸外の祭壇へつながるカーブした入り口のアプローチは、館内の横に置かれた主祭壇と同じ高さであり、説教壇とそこへ続く階段は、堅固なコンクリートで一体化された造りだったが、空中に浮揚しているようにも見えた。

演出は、光だけでなく音にも及んでいた。完璧な音響効果によって、祭壇から堂内の最後部まで、ささやきさえも届き、人の声は舞い上がり、渦を巻き、そして空間に漂う。「礼拝堂の中では」とル・コルビュジエは言う。「信じられないような音楽、途方もない音響……教会のために作曲された新しい音楽、決して哀しい音楽ではなく、大きな音、耳障りな音などを奏でることができる」[10]。

形態と光と音への旅であるこのチャペルは、そりを持つ平面とプリミティブな形状輪郭のシンフォニーであり、そのたっぷりとしたボリュームの中に入るすべての人の、心の奥底にある琴線に触れ、魂を突き動かすことを意図していた。それは、従来の要素を一切排除した、バロックの衝撃的な反転だった。彼は、すべての仕様細目を今までにない斬新な方法でやってのけた。まず、鐘は教会裏の離れた場所に枠組みをつくり、そこにつり下げた。また、一年の大半が異常に乾燥している高原に欠かせない雨水収集システムは、滑らかな白い注ぎ口を備えた膨らみのある水盤で、ル・コルビュジエ風の「モダニズム版ガーゴイル」とでもいうべきかたちをしていた。第二次世界大戦のさなか、この丘で命を落としたフランス兵士慰霊碑の制作を頼まれた彼は、東側の芝地の端に、壊された旧い礼拝堂の石くれを積み上げ、ピラミッドをつくった。記念の額も碑もなく、あるのはシンプルな文章だけで、以降の紛争記念碑の先駆けモデルとなった。

ただ、一九世紀につくられた聖母マリア像（フランス人兵士が救出したもの）だけは、東側の壁のアルコーブに安置され、名誉ある地位を占めていた。

ピエールとユージェニー・サヴォワが、カントリーハウスをル・コルビュジエに依頼した時、彼は通常の「カントリーハウス以上」のものを完成させた。それは、今回のロンシャンでも同じだった。完成した礼

ロンシャンの礼拝堂の内部。差し込む外光が別世界に誘う

拝堂には「カトリックとほかの神秘主義」「神と女神」の境界線を曖昧にするパラレルメッセージが込められていた。カトリックの教区の職位者は、こうなることを事前にうすうす察知していたはずだ。というのも、ル・コルビュジエが既存の組織宗教から距離を置いているのは、周知の事実だったからだ。

カルヴァン派の厳しいしつけの下で、子供時代を過ごした彼の信条は「秩序」正しく、「規律」を守り、そして「過剰」を否定するもので、人生のガイドラインとして、それは極めて有意義だった。だが実は、日曜日の礼拝に全く興味を示さず、両親も強要しなかったから、参加したのは特別な安息日の礼拝に限られた。プロテスタントの義務教育は、ある夏の数週間だけ、ポーリン叔母の指導のもとで行われた。

若い頃、フリードリヒ・ニーチェの『ツァラトゥストラはかく語りき』と同時期に、パリで手に入れた宗教史家のエルネスト・ルナン著の『イエス伝』に傾倒し、ナザレの大工職人（イエス）への共感を強く覚えていた。

「イエスは唯心論者ではない。なぜなら彼は、すべては手に触れることができる現実に至ると信じていたから。むしろ彼は、完全な理想主義者《イデアリスト》である。なぜなら彼にとって、物質は思想《イデー》の記号にすぎなかったからだ」（『イエスの生涯』エルネスト・ルナン著、忽那金吾、上村くにこ訳、人文書院、二〇〇〇年）という（ルナンの）文章の余白に、彼はメモを書き込んだ。「そして、私はここにすべてのものを新しく創造する。これこそすべての改革者の特徴である」[11]。彼は、自分の名前を、神の子イエス・

キリスト（Jesus Christ）の頭文字「JC」に似せて「LC」と表記することさえもあった。

彼が共感を抱いた宗教団体は歴史上、異端とされ過酷な迫害を受けた一派であった。中世の南仏のラングドックやプロヴァンス地方でカタリ派と呼ばれた宗派で、質素な生活に徹し、「ローマ風の金ぴか」とはまったく無縁な素朴な教会を信奉していた。別名、アルビジョア派としても知られ、ル・コルビュジエがサントボームで祀ろうとしたマグダラのマリアの熱烈な信者たちであった。彼らは、異端というだけでなく、フランスの南北で内戦が起きかねない大きな脅威となったため、ローマ教皇インノケンティウス三世はこの地域の平定へ向けて十字軍を派遣し、一網打尽にして裸で街中を歩かせ、拷問し、射撃の標的にした。

ある街を包囲した時など、無実のカトリック教徒が異端者と一緒にされ、無差別に殺されるのを憂慮した兵士に対し、指揮官の修道院長は「軍隊は、ただ皆殺しにさえすればいい、あとは神が解決してくれる」と答え、この冷酷非道な言い回しは、その後、長い間、残虐な将軍たちによって好んで使われた。カタル派の最後の生き残りは、スイス北西のジュラ山系に難を逃れ、ル・コルビュジエは、その難民こそがジャンヌレ一族の家系に関わっていると確信していた。南仏や地中海沿岸に惹かれたのは、彼の血筋がそうさせたのかもしれない。であれば、自らを「反逆者」と認めるのも、まさに合点がいく。

そして、むろん、彼の心を捉えたのはイエスよりも、マグダラのマリアであった。彼が信じた神秘の力の場、すなわち音楽、色彩、数学、そしてセックスの「別世界」に内在するのは、ほかならぬ「もうひとりのマリア」なのだ。ロンシャンの設計を、皮肉にも、彼に依頼した二〇世紀のドミニコ会の修道士たちは（すなわちカタリ派を壊滅させたアルビジョア十字軍の後継者たち）、ル・コルビュジエがオカルトに傾倒しているのを知っていながら見て見ぬ振りをしていたようだ。

彼は古代ギリシャのオルフェウスの神話を通じて神秘主義の世界に没入した。音楽で神々を魅了し、プラトンやピタゴラスに、宇宙の基本は「数と幾何学」であると教示し、最終的には男女の融合によって数学的な調和が達成されるとしたオルフェウスの神話だ。ロンシャンの礼拝堂のふっくらしたボリュームは、生命を授かる子宮を想起させ、聖母マリア、マグダラのマリア、彼の妻イヴォンヌ、そして誰よりも彼自身の母への賛辞の記念碑となっている。人目を引くへこんだガラス窓には、「マリー、太陽の輝き」と描かれている。母親マリー・ジャンヌレは、彼にとってかがり火の明かり、神聖なる燭光《しょっこう》、そのような存在だった。

この礼拝堂内で神に近づこうとする巡礼は、当時パリやラ・ショー・ド・フォンで盛んだった秘密結社や、フリーメイソン・ロッジ（支部）の入会儀式に、そうとは気づかず参加させられていたのだ（ル・コルビュジエはこれらの儀式を賛美していた）[12]。ロンシャンの「建築プロムナード」は官能的な旅であると同時にフリーメイソンの「直角定規とコンパス」に見られる神秘的なプロポーションに浸る体験とも捉えることができた。ル・コルビュジエが「直角の詩」と呼んだものの次なる反復である。

彼は「私の心の奥底にある記号への執着は、わずかな言葉に限定された言語への憧れのようなものだ」と、若い頃にトルコ、イタリア、ギリシャを旅したのちに、書き残している。[13] 紛れもない真実だったのは、彼の建築は黄金比に由来する数学と幾何学が基礎となり、それがモデュロールの基礎ともなっていたことだ。礼拝堂には、X線透視でも見られない神秘的なプロポーションの力が隠されていた。

「至る所にモデュロールあり」と彼は言う。「私は、この建物各部分の寸法は、誰にも教えない」。目に見えない青写真が、床の線の中に現れ、傾きのある壁に埋まっているのだ。[14]

「聖母マリアとオルフェウスの神話」「カトリック教会の行列聖歌とフィボナッチ数列」を混ぜ合わせた、なかなかのトリックが仕込まれていた。ル・コルビュジエの暗喩がアトリウムを包み込み、そうとも知らぬ信徒が賛美歌を歌う。まさに伝統秩序の破壊行為、そのものだった。数千人の巡礼者は、寄せる波のように押し寄せては帰っていく。ノートルダム・デュ・オーの礼拝堂は、丘の上に、決して完全な答えを見つけることがない、何かの記念のパズルのようにそびえていた。

目に余るほどのル・コルビュジエへの肩入れに、周囲から何か下心があるのではと疑われるのにもひるまず、クチュリエ神父はさらに次を求め、ロンシャンの完成を待たずして、リヨン郊外の小村、エヴー・スール・ラルブレルのサント・マリー・デ・ラ・トゥーレット修道院建設を、ル・コルビュジエに要請した。「一〇〇の体と心が、静穏に過ごせる宿舎」すなわち、教育、隠遁、そして瞑想の場となる複合施設を望んだ高齢の神父は、最初に雇った建築家の保守的なデザイン案に納得できなかった。[15]ル・コルビュジエは、この誘いに大いにそそられる。「元来、自分には修道士の気質がある」と、ル・コルビュジエは別の聖職者にそう述べたことがあった。[16]

ロンシャンの礼拝堂は、丘の頂の平らな場所にあったが、ラ・トゥーレット修道院の敷地は、丘の斜面で、背後は森、そして前面には、開けた平原の素晴らしい眺めが望めた。ル・コルビュジエは、ロンシャンの曲線やうねりに代えて、巨大な長方形の箱型建物を中庭の周囲に配置し、その一端に聖堂を設けることにした。入り口は勾配地に置かれていたが、構造物の残りの部分は下向きの斜面の上に突き出て、ピロティがそれを支えていた。建物全体のサイズは、上部が大きく下部が小さい逆転構造だ。

ラ・トゥーレット修道院外観。ボストンの市庁舎にもこのデザインは影響を与えた

「ここにきて、いつものように小さなスケッチブックを取り出した」と彼は、一九五三年の五月、初めて現地を訪れて書き記している。「水平線を描き入れ、太陽の方角を割り出す。地形を嗅ぎ分け、建物の位置を確定させた。この選択をすることで、私は犯罪的行為か英雄的行為のどちらかを行ったことになった。真っ先にするべきがこの選択であり、敷地の特徴、そしてその条件の中でどのような建物をつくるのかということである。ここの環境は、とても融通無碍で、極めて流動的、変化し、急降下し、傾いている。そこで私は言った。『地面からは位置を確定するつもりはない、なぜならそれは逃げるからだ』と[17]」。

彼が絶対の信頼をおく打ち放しの鉄筋コンクリートに包まれた外観は、むき出しの石材の荒々しい質感が際立ち、田園風景を眼下にするファサードに並置された大きな窓が印象的であった。

室内には、教室、図書館、会議室、そして何よりも修道士のための一〇〇の独房を設ける必要があった。ユニテ・ダビタシオンの設計図、さらにはイタリアで感銘を受けたヴァルデマの修道院、そして南仏、ル・トロネのシトー修道会の修道院のスケッチなどを参考に、最上階二層に神聖なる宿泊所を設けた。各房は極めて効率的につくられ、おおむね幅六フィート、奥行き二〇フィートのスペースにベッド、チェスト、シンク、そして鏡と机が置かれていた。それぞれにバルコニーがあり、修道士たちは深い森に囲まれた敷地をうち眺めることができた。

丁寧にレイアウトされた廊下や屋上庭園への斜路など、こだわりは細部にまで及んでいた。洞窟のようなチャペルは、円筒形の天窓から色鮮やかな光が降り注いでいた。インテリアに十字架を架けることさえ許されないほど、雑多なものは一切禁止されていたので、十字架は壁の中に嵌《は》め込まれ、彫刻がいたるところに施されていた。そのうえで、彼は欠陥もまたあらわにすべきだと考え、職人が窓ガラスを上下逆さに嵌めたのを、「そのままにしておけ」と言い張った。この「神の家」が、不完全な「人」の手でつくられたことを明示するのだと。

修道院の内部装飾は「絶対的な清貧を表現している」と述べた。[18] しかし、彼はここでもまたシンプルなものと複雑なものとを束ねることに成功した。すなわち、モデュロールをベースにした建築的な遊びの場であるカップ・マルタンのミニマムな小屋、キャバノンを「一〇〇倍規模」に拡大するとともに、ユニテ・ダビタシオンの「宗教的バージョン」と言うべき霊的特性を備えた修道院を完成させたのである。

また、「簡素」「清貧」「真実」は、彼が最後に手がけることになるフィルミニのサン・ピエール教区教会の発注依頼書にも明記されていた。この教会は戦後の大規模再開発計画の一部で、計画にはスタジアム、文化センター、学校、ユニテ・ダビタシオンの最終版となった集合住宅などが含まれていた。中でも珠玉となる存在のサン・ピエール教会は巨大なコンクリート製の四角錐で周りは開口部がまったくなかったが、よく見ると小さな穴が開けられていて、荘厳な館内に光が差し込むように工夫されていた。採光孔からの光の筒に加え、光の束、帯、そして点が、まるで水が投げ込まれるような神秘的な効果を上げていた。

この案は、長い間、実現されなかった。というのも、最大の支援者だったウジェーヌ・クラウディアス・プティが、フィルミニの市長職を辞任し、建設工期に大幅な遅延が生じたからで、完成にこぎ着けたのはル・コルビュジエの死から四一年後であった。

ラ・トゥーレットは、劣化したコンクリートからの雨漏りや配線の不具合に悩まされながらも、実用に耐えうる修道院として現在も存続している。今やここは、建築に携わる人たちの聖地で、世界中からやってきた学生が廊下や正面玄関アーチで、腕を「モデュロール・マン」のように上げて、互いに写真を撮り合っている。

しかし、やはり最高峰の座にあるのはロンシャンであることは疑うべきもなかった。

完成直後、ロンシャンの礼拝堂は酷評され、あざけりの的になった。あまりにも斬新、革新的、そして他に類を見ないモダン建築の先駆的な作品であったため、あっという間に巷の晒《さら》し者となったのだ。ある者は「石炭貯蔵庫」とか「防空壕」、またある者は「教会のガレージ」と呼んだ。鉱業が衰退し、失業者が増加していく最中だったから、地元の役人は、資金は経済改善のために回すべきだったと、建築許可を与えた直後に早くも後悔する始末だった。知名度を上げようと辺境の街が大博打《ばくち》を打ったものの、大失敗に終わる可能性があると憂慮された。

カトリック教会の伝統主義者たちは恐れおののいた。ドイツのある大司教は、この教会が「ひとりよがりの革新、気まぐれ、無秩序の最たるもの」であるにもかかわらず、「ロンシャンがマスコミから、好意的な反応を受けていることに失望している」と指摘した。「ル・コルビュジエは、前例のない過激さでカトリック教会建築の伝統を破壊し、多くの点で建築の標準的なルールさえ侵した。この教会は、まったくもって、本来の神聖さ、尊厳に欠けている」[19]。ル・コルビュジエを選んだことを支持し、ロンシャンの建物を好意的に受け止めようとした人たちでさえも、どこか不穏な感じを抱かざるをえない仕上がりとなった。「建築家は混乱と不安に駆られているようだ」とあるイエズス会の司祭は言った。「すべては未解決の不協和音で、座標軸が見あたらない」[20]。

仲間のモダニストたちの多くも同じく失望したが、それはまったく違う理由によるものだった。巡礼者にとって、ロンシャンは頭ではなく心で感じとるべきものであった。ところが、モダニズムの熱烈な信奉者たちは、ル・コルビュジエの機械的で機能的なアプローチ、すなわち「機械としての家」や、より知的な関与を必要とする気押されるような建物を好んだ。その観点からすれば、ここはあまりにもお手軽だ。確かにこれは劇場だろう。だが、お堅いまじめな舞台ではなく、ブロードウェイ・ミュージカルに過ぎないのではないか。

かくして彼は、首尾よく、うるさい宗教界の保守派連中と盟友とみなされた前衛仲間、双方を遠ざけることに成功した。初めて教会を建てた男にしては、なんとも都合のいい絶妙な展開であった。よほど、日頃から善行を積んだに違いない。

一九五五年、ロンシャンの開所式でバンドが『ラ・マルセイエーズ』を高らかに奏で、彼が挨拶の言葉を述べる頃には、もはや非難の声は、小さくなり消えていた。「礼拝堂を建てるにあたり、私は静寂、祈り、平和、そして心のうちの喜びの場を創造しようと考えました」と彼は述べ、職人、資材業者、技術者たち、そして行政管理者たち、すべての人への感謝を表し、その後、祝賀用の鍵を地元の大司教に手交し、次のように続けた。

聖なるものへの強い意識が、私たちの努力を支えてくれました。宗教的なものかどうかは別にしても、神聖なものもあれば、そうでないものもあります。この難しい作品を完成したのは、われわれ仲間の労働者であり、名状しがたい空間の完全な創造的数学に駆り立てられて、緻密で、荒々しく、強力な手段を用いながらも、繊細な作品を仕上げたのであります。ちりばめられたいくつかのサインと、刻まれたいくつかの言葉が、聖母への賛美を語っています。このアーチには、十字架――まことの苦難の十字架が設置されており、キリスト教のドラマがこの場所を支配しております。

猊下、向こうみずのそしりを覚悟のうえで、蛮勇を奮いつくり上げた、この忠実なコンクリートの礼拝堂を、お引き渡しします。そして猊下におかれても、また、この先、丘を上ってくる人たちにも、われわれがここに刻み入れた思いへの共感を覚えてくださらんことを祈念いたします。[21]

その後、ロンシャンのノートルダム・デュ・オー礼拝堂は、モダニズム建築の教科書の表紙にもなり、聖母マリアをたたえる巡礼者たちに勝るとも劣らぬ「建築巡礼者たち」が目指す場所となった。

フランク・O・ゲーリーは、ビルバオのグッゲンハイム美術館の曲線美で世界をあっといわせた。だが、それよりずっと以前に、ル・コルビュジエは、斬新的な形態領域を切り開いていたのである。ロンシャンを「ポストモダニズム建築の第一号」だと評価する人もいるほどだ。ポストモダン運動はモダニズム建築に対する強い反動として出現し、ル・コルビュジエが確立した直角や直線を否定するなど、より遊び心に富んでいた。その結果、（彼の時代にはまだ存在していなかった）コンピューターによる設計とソフトウエアの助けを借りて、自然界の生物構造を反映する荒々しい起伏や膨らみのあるボリュームを持つバイオモーフィックな建築の波が押し寄せてきた。いわば、動物学《ズーオロジー》としての建築である。

ロンシャン、ラ・トゥーレット修道院、そしてフィルミニでのサン・ピエール教会など、彼の手による神聖な空間は、のちになってオスカー・ニーマイヤーのブラジリアの大聖堂、リチャード・マイヤーのイタリアのジュビリー教会などサイケデリックな教会デザインの流行を促した。あちこちの教会関係者が、ロンシャンの礼拝堂が引き起こした注目や興奮を彼らの地元に求めた（ゲーリーのビルバオのグッゲンハイム美術館も地元市民の熱意で実現したものだ）。だが、まもなく、その反動で教会の伝統主義者たちが過度なデザイン競争を非難し、基本に立ち返るべきだと声を上げ始めた。

けれども、ロンシャンの開所式は、この偉業を掛け値なしに慶び、祝う催しとなった。祝賀に参集した群衆は、彼を肩に担ぎ上げ、昼食会で彼がサインした絵葉書は、その後長い間、ギフトショップやビジターセンターで売られた。名声は、聖なる空間の創造者として、新たな段階、新たな次元へと移行した。「あなたのコルブは、みんなに愛されています」、そして、一九五五年六月のオープニングで、すべてが見事に展開されたと母親宛てに書き送った。六七歳の男とは思えないほど、誇り高く胸を張り、母親の褒め言葉をねだった。「すべての喜び、美しさ、そして精神的な素晴らしさ……霊的な輝き……あなたの息子は、名誉ある場所、頂点にいました。高く評価され、愛され、何よりも尊敬されたのです。これはなかなか骨の折れる大仕事でした。建築物としては、久々の画期的な作品なのですから」[22]。

太陽のように輝くマリーは、一〇〇歳近くになっても、いまだに彼がもっとも感動させたい人であり続けた。彼女には、欠かさず状況を説明していた。手紙で、最近の珍しい出来事やラジオ、テレビ番組への出演をそのつど報告した。さらに、ロンシャンの開所式へは、マリーと兄アルベールのふたりを招待したが、偉大な成功をなし遂げた彼の努力を認めてくれるような芳しい返事をもらうことはついぞなかった。

旅行に出るたび、必ず携行したのは一冊の本『ドン・キホーテ』だった。

第8章

念願叶って「都市を丸ごと」

チャンディーガル

エア・インディアのジェット機が、平原上空を旋回し、傾いたファーストクラスのキャビンからは、麓の丘陵地帯や、かつて大英帝国統治下の夏の都であったシムラーまで、はるか北方へ広がる景色を一望することができた。河川は、泥のリボンのようで、川床の中央には細い水の流れが見えた。黄土色の平坦な大地が続き、ところどころに緑の茂みや木々が群生し、小屋が点在していた。ル・コルビュジエは、地上に目をやり、その昔二〇年も前に飛行船グラーフ・ツェッペリン号の機上から、ブラジルを眺めたことを思い出した。あの時見た河川は、ジャングルの中を荒々しく蛇行し、ここは違うたぐいのカオス状態だった。そして、今、地球の裏側のインド上空で、ジェット機の楕円の窓に寄りかかりながら、彼が心に思い描いていたのは、人々を整然と定住させるグリッド、人口増加で過密化する一方の国家に課せられる秩序や規律、そして新しい共和国にふさわしい壮大なモニュメントの建造であった。目の前にあるのは真っさらなキャンバス。大量の土を動かす必要があった。

デリーの空港へ向けて降下中、客室乗務員が、熱いタオルを配った。ジュネーヴからボンベイ経由の長旅で、実に丸一日を空飛ぶアルミチューブの中で過ごしていた。とはいえ、機内で過ごす時間は嫌いではなかった。彼は、それまでロッキード、フォッカー、ボーイングなど、新型機の初乗りに何回も搭乗してきた。銀色にうねる機体は光り輝き、キャビンの中は整理整頓されていて、実に効率的であった。魅入られた彼はスケッチの筆を走らせ、エアコンや読書灯のコンソール、引き下げ式の荷物入れなどを、詳細に写生した。[1] 内装の配置構成は造りつけの造作をはじめ、空間を極限まで利用するために知恵を絞るという点で、彼の提案する集合住宅やキャバノンと通じるものがあった。それは、外国行きの大型客船から、さまざまなヒントを得たのと同じだった。そのうえ、機内では電話やクライアントとの打ち合わせ、アトリエの喧騒などから解放され、本を読み、考えにふけり、絵を描く時間がたっぷりあった。そして何より、究極の展望台から窓の外を眺め、空や雲に向かって上昇するにつれ、地上のしわやひだが遠ざかるのを楽しむことができた。

インド亜大陸への旅は、ことさら時間がかかったが、それだけの価値はあった。彼の一生の夢「ゼロからの街づくり」を実現するための旅だったからだ。

着陸すれば、インドの初代首相の賓客として、手厚いもてなしを受けるとわかっていた。ジャワハルラール・ネルーは、なんという先見の明の持ち主だったのだろうか。インド軍の兵士だった彼は、一九四七年に祖国が大英帝国から独立した機を捉え、政治権力のトップに躍り出た。二〇〇年に及ぶ植民地支配の後、生まれたばかりの民主主義国家を近代世界へと導くのがネルーの使命だった。デリーやムンバイなどの大都市や地方に住む総人口三億五〇〇〇万人（当時）の国民の大部分は驚くほど貧しかった。ヒマラヤ山脈の麓に広がる平原で、ネルーは国家の明るい未来を全世界にアピールするチャンスを手にし、ル・コルビュジエを起用した。

インド北部のパンジャーブと呼ばれる地方は、緊張感が色濃く残る場所だった。独立とともに国の分割が行われ、紛争状態にあったムスリムとヒンズー教徒、そしてシーク教徒を引き離すために、国境の引き直しが大胆に実行された。一九五五年に西パキスタン（現在のパキスタン）と東パキスタン（一九七一年にバングラデシュとなった）がつくられ、パンジャーブ地方はその間に挟まれた。何百万人もの人々の再配置は、暴力的で悲惨な状態を招き、今日では単なる「分離」ではなく、「分離の悲劇」として知られている。長年、この地で暮らしてきた人々は、突然、宗教的少数派となり、逃げ出さなければならなかった。インドにとって、もっとも過酷な試練は、ラホールで起こった。そこは、一九四七年以前は州都であったが、以降はパキスタンに領土替えされ、何十万人もの家族が家から引きはがされ、再定住を余儀なくされた。かくして、パンジャーブ州のどこかに新しい州都を定め、都市を建造することが急務となったのだ。

この大仕事は、すべての面での「仕切り直し」を約束するもので、州都の候補地として、ヴィクトリア朝時代の都市シムラーを推す向きもあったが、ネルーは却下した。シムラーは大英帝国政権と極めて緊密であったことに加え（ラドヤード・キップリングの『ジャングル・ブック』はこの地で書かれた）、新しく引かれたパキスタンと中国との曖昧な国境線に近すぎるという問題もあったからだ。ネルーの頭にあったのは、「独立国インドが、英国植民地から解放され、近代化への道を突き進む」、それを象徴する州都の建設だった。「古い街、古いくびきから逃れた」、新しい都市の建設だと彼は宣告した。「われら民族の創造的才能が、新たに勝ち取った自由のうえに、咲き誇るのを世界中に見せつけようではないか！[2]」。

ネルーは、機上調査で、別の場所に目を向けていた。デリーから一五〇マイルの北方、二本の痩せた河川によって育まれた肥沃な平原である。農村とさえもいえない、みすぼらしい小屋の集落に、ヒンズー教の「力」の女神、チャンディーを祀った寺院があった。ネルーは、新しい近代都市、パンジャーブの州都をそこに定めると布告し、チャンディーガルと命名する。そして、「新古典様式でも、仰々しいボザールでもない、モダニズム建築、都市デザインの粋を集めた、植民地時代の過去と決別する都市であるべきだ」と彼の意図を明確に宣告した。

ローラー付きのタラップから、地面に足を下ろしたル・コルビュジエは、旅慣れた様子で時差を物ともせず、さっそく任務にとりかかった。生暖かい空気、霧、匂い、煙、あらゆるものが別世界に足を踏み入れたことを物語っていた。彼は黒のスーツ、蝶ネクタイ、中折れ帽を脱ぎ捨て、膝丈のカーキのショートパンツとシャツ姿となって待機するジープの後部席に乗り込んだ。運転手はデリーから北に向かい、警笛を鳴らしっぱなしにして人や家畜を追い払った。インド国内の自動車旅行には欠かせない習慣だった。

やがて、一行は街外れの灌木の林にやってきた。ターバンを巻いた上半身裸の男たちが、ヤギやウシの群れをアシが茂る浅い水路に沿って追い立てていた。鋭い目つきをした彼らは、黒枠の丸眼鏡をかけた白髪の外国人を睨《にら》みつけた。だが、ジープの前輪が轍《わだち》に取られるや、すぐさま大勢の男たちが現れ、車をみんなで押してくれた。

到着したのは、低木やマンゴーの木、インドローズウッド、レモンユーカリなどが点在する空き地で、キャンバス地のテントが張られていた。ル・コルビュジエは身を乗り出し、周囲を歩き回り、遥かな水平線を凝視した。空は穏やかで、あたりには高原や砂漠に咲く花々の甘い香りが漂っていた。かなたにはヒマラヤの山々がどっしりと力強く、不動の姿勢で平原を見下ろしていた。

キャンプ生活は、植民地的な快適さにあふれていて、彼を喜ばせた。テントにはがっちりした寝台が備わり、毎朝パンジーの花束が飾られ、上着のボタンホールにはシダの葉が挿されていた。ホストが彼の重責を考慮し、できるだけ心地よく過ごせるように最大限気を配ってくれていた。

チャンディーガルは、間違いなくル・コルビュジエの作品だが、最初からそうだったわけではない。ネルーのファーストチョイスは、アメリカ人に率いられたチームだった。

アルバート・マイヤーは米国陸軍所属の技術者として第一次世界大戦中インドに駐在し、その折にインド陸軍所属のネルーに面識を得た。ふたりは居住問題について議論を交わし、戦後になってネルーは、彼を新生インドの街づくり計画へと招き入れた。首相になった彼が、チャンディーガル建造を決意した際、プロジェクトリーダーとしてマイヤーを選んだのは、当然の成り行きだった。

コロンビア大学とMITで学んだマイヤーは、社会良識派の都市計画家として頭角を現していた。世界の都市は急速に発展しており、より良い生活を求めて地方から都心に移住してきた人々は、適切な住宅を必要としていた。彼は、建築・都市評論家のルイス・マンフォードとともに、二〇世紀の急速な都市化への対応に取り組む専門家集団「アメリカ地域計画協会」を設立した。ル・コルビュジエと同様に、彼は大規模アパート建築を設計し、ニューヨーク市の公共住宅問題解決に向けて奔走し、自ら企画会社の創立パートナーにもなった。「住宅供給」、そして「さらに多くの住宅供給」という喫緊の課題に挑戦した。しかし、都市インフラの枠組みという大きな絵は、とらえどころのないもので、ニューヨーク市内の交通渋滞を目の当たりにして、力の限界を落胆するほかなかった。理想的な都市づくりを実現するには、マスタープランによる、真っさらな「ニュータウン」で、すべての構成要素をうまく調和させ、意図せざるネガティブな結果を最小限にとどめる必要がある、いわば、全体のコマンドとコントロールこそが大切なのだ。

（チャンディーガルの仕事で）マイヤーと組んだのがマチェイ・ノヴィツキで、彼もまたマンフォードの弟子だった。ノヴィツキは、米国のスポーツアリーナのサドル・ドーム・デザインを普及させた人物だ。ロシア生まれのポーランド人で、電撃戦の間、一時的に対空高射砲の任務に就き、その後地下に潜んで活動を続け、都市計画や建築のクラスを教えていたが、ナチスへは、レンガ積みの授業だと説明していた。彼がマイヤーとチームを組んだ頃には、もっぱらスポーツセンターやカジノの設計に携わっていた。

このふたりに加えて、ロンドンからマックスウェル・フライとジェーン・ドリューが参加した。彼らはモダニスト建築家で、学校や住宅の建設にも関心を寄せていた。チームはインドで何週間ものキャンプ生活を通じ現地の文化を吸収、理解して、それに合わせた建築を目指し基本的なプランを決めた。まず、州政府の施設を構想し、それから住居地区の中を蛇行する曲線の道路網を描いた。全体的には、当時アメリカ全土（カリフォルニア州のボールドウィン・ヒルズ・グリーンからメリーランド州のグリーンベルトに至るまで）ではやっていた「ガーデンシティ」に似た都市計画案が姿を現した。英国の都市計画家、エベネザー・ハワードとレイモンド・アンウィンに強い影響を受けた彼らは、目標として理想的な人口規模、三万二〇〇〇人程度を包容し、都市と田園の長所を兼ね備えた、低コストのサテライトコミュニティを創設することにした。ガーデンシティは、一か所に人が集まると活気があり、かつ分散しているので個人のスペースが広く感じられるような都市を目指していた。フレドリック・ロー・オルムステッド伝来のランドスケープデザインが、のどかな田園の雰囲気を醸し出すのに大層役立った。こうして、チャンディーガルは、はなから「インドにおける『アメリカ郊外のガーデンシティ』」となることが、決定されていたのであった。

崇高な実験が繰り広げられようとしているのを目のあたりにして、マイヤーは意気揚々としていた。彼はネルーに向かって「これがインドの都市建設や再開発計画に大きな刺激を与えることになるのですから、厳粛な気持ちでいっぱいです」と語るとともに、「今までのこの三〇年間、都市計画の分野で学ばれ、語られてきたにもかかわらず、誰も実際に実現することを許されなかったものが完全なかたちで、合成、統合されて、ここに実現するのだと確信しています。しかも、感覚的にも機能的にも極めてインド的で、かつモダンなものにすることができると思っています」と述べた。[3]

だが、予想だにしないことが起こった。一九五〇年の夏、工事現場からの帰りにノヴィツキが搭乗していたトランス・ワールド航空の航空機がカイロ近辺で墜落したのである。この結果、プロジェクトの全面見直しが決定され、新たな主任建築家を探すこととなって、政府の使命でふたりの使者が、ヨーロッパに派遣された。フランスの建設大臣、そしてのちにフィルミニ市長となったウジェーヌ・クラウディウス・プティは、ル・コルビュジエを推薦した。問題は引き続きプロジェクトに携わる、マックスウェル・フライとジェーン・ドリューとの相性だった。「このフランス人を雇うことをどう思うか？」との問いかけに、彼らの返答は「あなたがたには名誉と栄光が、そして私どもには考えもできないほどの悲惨が降りかかるだろう」だった。[4] それを聞いて、インド政府派遣のふたりは、パリのセーヴル通り三五番地に足を向けた。

打診を受けたル・コルビュジエは、自分はインドに長く滞在できない、とぶっきらぼうな対応をした。仮に受けたとしても、「仕事は、パリでこなすことになる」と。気難しい人間だということはよく知られていたが、彼の革新性、そして豊かな想像力には抗えなかった。彼は、まずはともあれ、もったいぶって振る舞うのが常で、ロンシャンさえ、最初は断った人物なのだ。だが、真っさらな土地に都市を丸ごとつくり上げるその魅力は、礼拝堂一つつくるのと次元が違うのは明白だった。最終的に受諾するにあたり、彼はさまざまな条件をつけた。まずは、完璧なコントロールを自分が握ること。そして、いとこのピエール・ジャンヌレがプロジェクトチームの指揮を執ることだった。契約は、とある朝パリで結ばれた。ル・コルビュジエはすぐさま「新しい独立インドの国民は、週七日勤勉に働く」とお追従を言った。[5] ネルーは、ことのほか喜んだ。そしてその翌年一九五一年の初め、ル・コルビュジエはインドへの旅に出立した。

キャンプ生活には、穏やかさと熱狂ムードとが同時に漂っていた。ボゴタやリオデジャネイロ、そしてアルジェで実現を夢見た都市を、ようやくここで建設することができるのである。彼一流のモダニズムに基づいて、都市を丸ごとつくり上げるのを許してくれた人物は、それまで誰もいなかった。そう、ネルーに出会うまでは。

それは、素晴らしい真っさらな大空間だった。既存の建物を壊すこともなく、都市の構造を壊すこともなく、ヴォワザン計画のように、その実現のためにブルドーザーで壊さなければならない「マレ地区」も存在しなかった。大火や地震、あるいは戦争で壊滅した都市の残骸が横たわっているでもない。要するに、そこには何もなく彼は完全に自由だった。目的は「行政府センターと、とりあえずは人口一五万人、次に三〇万人、そして最終的には五〇万人を許容できる都市をつくること。そして、ここは極貧の民も含め、すべての階層の人々が、誇りを持って生活できる手立てを備えた都市でなければならない」。これさえル・コルビュジエが守るなら、他は彼の好き放題だった。四〇年にわたって、思索し、修正を加えて、磨き上げた彼の「都市環境における人間の最適な機能に関する考察」を、ヒマラヤの平原で一挙に解き放す絶好の機会が巡ってきた。

計画案は頭の中で、すでに完成していた。彼はそれを紙の上に、あたかも、白日夢を見ているかのように描き落とした。ポワシーの空き地やロンシャンの丘の上など、これまでに何度もやってきたことだったが、チャンディーガルでは、スケッチブックのページがいくらあっても足りないぐらいの勢いで、都市全体のあらゆる構成要素を描き込んでいった。二月のしのぎやすく快適な暑さの中で、考えなければならないことは急増するばかりであった。あらゆるものをどこに配すべきか、それを考える時の彼は、白紙のページを前にした小説家そっくりで、始める前から、そのストーリーがどう終わるのか、頭に入っていた。

マイヤーを始めとする米国人建築家チームの考えは、おおむね正しかった。新しい都市の最高地点に議事堂関連の施設を置くことは理にかなっていたが、カーブした街路や点在するオープンスペースの構想は、いささか賛成しかねた。マイヤーとノヴィッキの案は、伝統的なインドの建築様式を採り入れた結果、とりとめもない都市になっていた。とにかく、マンハッタンより規模の大きいこの都市は二万一〇〇〇エーカー、言い換えれば三三平方マイルの広がりを持っているのである。彼らの計画は、修正されなければならない。ル・コルビュジエは、都市の境界を厳しく定め、米国人チームが提唱した曲線をやめ、厳格な格子状の道路網に変えた。亜大陸でもっとも規則正しく合理的な、直角と直線の大通りに変えたのだ。グリッドは、四七のブロックで構成され、それぞれのブロックの横幅が九つのフットボール球場分、長さは四分の三マイルで、横に九、縦に五の盤上に配備されていた。まさに人の住まいのチェス盤で、彼が今までつくった黄金比の中でも最大級の規模だった。その高度な構造を反映して、ブロックはセクターと呼ばれ、それぞれに番号が振られた。それまでは、自分の住居は「〇〇公園のそばです」とか、「大きなカシの木の付近です」とか、あるいは歴史上の偉人の名前にちなんだ「〇〇広場の近所です」と説明するのが常だったが、将来この新州都に住む人々は「私の住まいはセクター一六です」と説明すれば事足りるのだ。

　生活機能も同様に、政府の建物、学校や病院などの施設、商業施設や住宅地など、グリッド上のそれぞれのゾーンに分けられていた。公園はグリッド網全体に散在するが、主たるレクリエーション地域は州議事堂に隣接して設けられ、そばには大きな人工のスクナ湖があった。この人工湖にル・コルビュジエは設計段階から特別な思いを抱いていて、セーリングパビリオンやビーチクラブ、散策路、それに手入れの行き届いた広場などを盛り込んだ。

　しかし、彼本来の想像力が惜しみなく発揮されたのは、州議会議事堂の複合施設だった。

　ここには三棟の主要な建物を建てる必要があった——政府職員のための事務局・行政棟（合同庁舎）、立法府の集会場、そして司法府の建物だ。これらを、グリッドの北東の端に位置する広大な敷地内に収める計画で、彼は、この施設が城塞のように高くそびえ立ち、街の他の部分とは切り離され、何マイル先からも見えるようにと胸算用していた。調和のとれた堂々たる建物群は、記念碑的な彼の代表作であり、内も外も、隅から隅まで彼自身が手がけた作品となるのである。彼はすでにリフレクティングプール、広場正面に置くコンクリート製の彫刻、高い天井を持つ州議会議事堂、そして自身がデザインしたタペストリーで飾られる権力の殿堂などに思いを馳せていた。国連ビルを「委員会」ベースで設計したあの時から、実に長い道のりであった。

　あるべきところに、あるべきものを。彼はグリッド中央部にマーケットプレイスを想定し、住民が必要とするすべての商店やサービス、ショップをアーケードの中に並べる考えをもっていた。

大学や医療センターなどの公共施設は、グリッドの南西部に配置され、セクターの残りの部分には、基本的に小規模な三階建てアパートが構想された。このアパートは、彼がかつてペサックでアンリ・フリュジェの製糖工場の労働者に供給した住宅を彷彿とさせた。ほとんどの住居には、小さな私道と裏庭があった。住宅地はマーケットの喧騒や、新州都の行政ビジネスから意図的に切り離され、ムンバイ市内にみられるような雑然としたむさくるしさとは、まったく無縁だった。すべてが幾何学的に、手際よく整然と配列されていた。彼は、多くの人口を効率よく、かつ調和して収容することを決意し、その秩序正しさがまた一種の神秘的な力を生むことになった。同時に、ヒンズー教の寺院や農民の生活の素朴さを尊重し、ヨーロッパでもアメリカでもない、全体としてインド的な建築を創造したいと考えていた。そして、この街に最後の「飾り」をつけることを思いついた。それは、巨大な手のひらが空に向けて広げられた「開いた手」と呼ばれるパブリックアートのモニュメントで、優しさ、もてなし、自由な民主主義を象徴していた。

白いキャンバスにこれほど興味を覚えるのは、彼としては初めてのことで、ズボンのポケットに入れた大きなブラジルのコインを転がしながら、スケッチしたり、砂地や潅木の中を歩き回ったりした。また、いつもポケットサイズに切り抜いたモデュロール・マンを持ち歩いていた。ポーズをとった数多くの写真の中には、太陽の光を浴びてモデュロール・マンを高く掲げている写真もあって、その手にはチャンディーガルのマスタープランが描かれた大判サイズの紙が握られていた。

かくも大変な大仕事だったが、チャンディーガルのプロジェクトは彼に心のやすらぎを与えた。この仕事を始めた時に彼はすでに六〇歳を超えていたが、ここ数年感じたことのないほどの活力と静穏を享受していた。

「自然が綴る詩歌や、詩そのものの虜《とりこ》になって、今までになく落ち着いて、孤独を楽しんでいる」と彼はイヴォンヌ宛てに書き送った。「今、われわれ皆で、この素晴らしい空の下、時の流れを忘れる田舎の真っただ中、新しい都市の建設現場にいる……すべてが静謐《せいひつ》に調和し、愛おしい。ここでは誰もが、低く抑揚のある声で会話する[6]」。

この現場を視察するたびに、インドの人々や国土は、壮大な体験をするためにつくられたのだと確信を強くした。インド滞在は、この上なく魅力的だった。パティアーラー大王の宮庭を訪ね、インドのアートに熱を上げ、さらには街角に群れをなすサルたちとさえ戯れた。シカゴを訪れた時と同じように道化て、ゴツゴツした顔面がある頭のような形をした岩に自分の眼鏡をかけた。「みんな、まるで取り憑かれたように働いている」とイヴォンヌに宛てた。「聞いてくれ、ヴォン。私はついに、ここで私の最高傑作を創作しているのだよ。インドの人々、信じられないほど洗練された教養を持つ文化人と一緒になって[7]」。

当然ながら、イヴォンヌはパリを離れなかった。彼は彼女に手紙を書くことだけは忠実に守ったが、いつものように旅先でアバンチュールを楽しんだ。ニューヨークにはマーガレット・ハリスがいた。そしてもう一人のアメリカ人女性、豊満なブロンドのジャーナリスト、ヘドウィグ・ローバーもいた。彼はチューリヒで彼女のアパートに忍び込み、ソーセージ、ハム、そしてワインを楽しんだ。[8] 女性たちは、「親密なことを書きたいという誘惑に負けてはいけない」「秘書に手紙を開けられないように、封筒には必ず『親展』と書くように」と、彼から厳命されていた。

そして今、旅先のインドでは、英国で催されたCIAMの集会で会った魅力的な建築専攻の女子学生、ミネット・デ・シルヴァと再会を果たすチャンスに恵まれた。好都合にも、彼女は現場から遠くないスリランカ（当時はセイロン）の人だった。[9] 彼女は年の離れたル・コルビュジエを崇拝するあまり、フランス語を習得し、彼を感激させた。彼にとって、彼女は「東方」を

1964年竣工のチャンディガール市議会議事堂

象徴する理想の存在であった。[10] 恋に目がないことも含め、加齢による衰えは全く見られなかった。

彼は、仕事の合間のわずかな空き時間をデ・シルヴァと楽しむ一方で、他にもさまざまエキゾチックな体験をし、新たな建築依頼が入ってきたことも相まって、インドに深くのめり込んでいった。国の繊維産業の中心地グジャラート州アーメダバード（アフマダーバード）にも招かれた。ここはマハトマ・ガンジーの故郷であり、モダニズムに傾倒する芸術家や裕福なパトロンが多かった。かつてセーヴル通り三五番地で彼に弟子入りし、チャンディーガルでは建築家仲間として連絡係を務めていた有能な人材、バルクリシュナ・ドーシの手助けを得て、デリーとムンバイの間に位置するグジャラート州の都市への旅はようやく実現した。

この地で、手厚いもてなしを受け、四件の新規受注が取れた。まずは美術館で、ピロティの上に置かれた巨大な箱型をした地味な赤レンガ造だった。そして二件の住宅建設。現代アート収集家だったマノラマ・サラバイの私邸は赤粘土タイルで丸天井が張られ、息子の部屋から下の水泳プールまでの滑り台がコンクリートでつくられた。施主が代わって、最終的にアーメダバードの有力者、シャムバイ・ショーダンの週末の別荘となったこの建物は、幾何学的なデザインのコンクリート造で、室内とトロピカルガーデンが切れ目なくつながっていた。ル・コルビュジエはこの建物に限りない愛着を感じ、「宮殿」、そして「機能的」だと称賛し、次のように述べた。「彼の富、そして粗いコンクリートと色彩を使って、私は、夏の日陰、冬の陽光、四季を通じての新鮮な空気、そして涼しさを実現した」。[11]

アーメダバードでの最後の案件は、繊維業者協会から発注された。協会は、裕福な木綿織物工場のオーナーたちによって組織されていたが、職人との間で相互補助的なパートナーシップ関係を築いていて、協会本部建物と職人集会スペースを必要としていた。彼は、スロープとコンクリートの階段が設けられた四階建て建物に、角度のついたフィンを用いて彼の売り物、ブリーズソレイユを設置した。内部は風通しのために伝統的なドアや窓をなくし、周囲の田園風景が一望できる優雅なパビリオンを完成させた。インドで人気急浮上したル・コルビュジエは、「アオサギ、牛、水牛、ロバと一緒に砂の上で綿布を洗い、乾かしている労働者たちが、涼をとるために水に浸かる姿」を絵にした。「このようなパノラマ展望を見て、建物各階からの眺望を縁取るような設計をしてみたいという誘惑にかられた。毎日、仕事をこなしてくれるスタッフたちのために、そしてお祭りの夜のために、はたまた集会所のステージから夜景をめでるために、そして、屋上からの眺めを楽しむためにも[12]」。

それは魂を揺さぶる建築であり、壮大な環境の中で日々の生活に活力を与える、まさに彼がチャンディーガルにふさわしいと思い描いたものであった。

新州都建造の指揮を執るのにパリを離れることはできないと難癖をつけた割には、ル・コルビュジエはインドへ何度も足を運んだ。もちろん、現場監督には、彼が信頼するいとこ、ピエール・ジャンヌレを充てていた。ピエールは、ヴィシー時代のル・コルビュジエの行動を決して許しはしなかったが、それでも過去は水に流し前に進んだ。そして、彼もまたインドの虜になった。マックスウェル・フライとジェーン夫妻とともに、チームは街の中央部、セクター一九に建築本部を移して仕事をこなした。当初のテント張りの野営からシムラーの建物に移ったのだが、建設現場への往復に耐えかね、街の中央部へ移転したのだ。これをきっかけにチームにある種の高揚感が生まれ、新しい州都の骨格もまた姿を見せはじめた。
ル・コルビュジエの夢の実現のために五〇〇〇人もの男性、女性そして子供たちが加わり、まるでピラミッド建設のような風情だった。重い建築材料は籠で運ばれ、消防隊がするように手渡しリレーされた。また、頭に載せても運ばれた。鉄筋が余すところなく林立し、足場は遠くから見るとまるで細い小枝のようで危険きわまりなかった。熱狂に沸く現場は高揚感にあふれると同時に、めったにお目にかからない不思議な光景を醸していた。夜に、彼はイヴォンヌに宛てて手紙を書いた。「二つの低い壁に支えられた葦葺きの屋根の下で皆が寝て、夜になると子供や男たちで満員状態だ。埃だらけ、セメント袋、レンガが散らばる建築現場でこの有様なのだ。しかも裸の子供たちが所狭しと走り回っているのだよ。女たちは身の置き場さえない。この人たちは、遊牧の民なのだ[13]」。

　全くのゼロからつくられたこの都市は、一九五三年から六五年にかけて段階的に完成されていった。照明からドアのハンドル、そしてこの街のグリッドのレリーフがあしらわれたマンホールの蓋に至るまで、あらゆるディテールがつぶさに検証された。ピエールは住居や行政府のオフィス家具を、滑らかな木材や、籐編み、竹などを使って自らデザインし、テーブル、椅子それに机や本棚まで製作した。そのうえ、なんと人工湖に浮かべるペダル漕ぎボートまで自作した。ル・コルビュジエもまた、色彩豊かな抽象、具象の巨大なタペストリーをつくり、州議会議事堂と司法ビルに飾った。ほぼすべての街路グリッドのロータリー交差点に、案内地図を掲げ、セクター番号を明示した。植栽へのこだわりもまた格別で、樹木の傘のアーチが、強い日差しを遮って快適な日陰が生まれるように配慮された。

各建物が完成するたびに行われたオープニングセレモニーでは、お茶が振るまわれる本格的な祝宴となった。ネルーはトレードマークの白い帽子と、彼の名を冠したジャケット、シャルワニ姿（立ち襟のロングジャケット）で登場した。一方のル・コルビュジエは、ダブルのスーツに、濃い色の蝶ネクタイ姿。ふたりはあちこち見て回り、あたりの景観や、ディテールに感動した。ネルーはことのほか喜んで、報道陣が「建物が奇異で建築意図が不明だ」などと疑問を口にするのに、自ら反論した。「プロの建築家なら、思いっきり自己発露して構わない。彼はまさにそうしたのだ。州議会の複合施設は、とりわけ際立って美しく仕上がっている」。

八階建ての事務室、会議室、食堂がある合同庁舎ビルは、約三〇〇ヤードの長さがあった。ちょうど国連ビルのコンクリート建物を横にした形だ。ビル正面は、ユニテ・ダビタシオンと同様に四角のブリーズソレイユで覆われ、屋上は展望台とゼラニウムの庭園になっていた。州議会ビルは、珠玉ともいえるほどの素晴らしい完成度を誇り、前面には牛の角のようなカーブを持つ滑らかなコンクリートのパラソル型大屋根が設けられていた。屋上中央には、切り口が斜めの放物線を描く煙突が、そびえ立っていた。この形状は、工業用の冷却塔やラ・ショー・ド・フォンの農家の煙突から着想を得たものだ。[14] 正面のリフレクティングプールは、遠景にある偉大な山並みにも似たこのモニュメント建物を水面に映し出した。

高等裁判所ビルは、祭りや市民集会のための大広場と芝地を横切ったところにあり、その出栄えに、ル・コルビュジエは自己陶酔していた。ここには、八つの裁判所とオフィスがあり、長いコンクリートの傘型大屋根のカバーで縁取られ、入り口には緑色、黄色そしてサフラン色に塗られた三本の彫刻柱が立っていた。インド国旗の三色だ。張り出した大屋根下のファサードは、まるで幻覚の中で建物が傾いているかのようにそり返っていた。モニュメンタルな州議会複合施設の中では真っ先にオープンしたこの高等裁判所の式典に、ネルーも満足げに臨み、「まったくもって、並外れて美しい」と称賛した。ル・コルビュジエは、母親への手紙に、「私が望んだものをはるかに超えた、これぞ建築におけるシンフォニーとなりました。光の中でまばゆいばかりに輝き、形になっていくのは想像を絶するものがあります。近くから見ても、遠くから見ても、驚くばかりで、人を圧倒するのです。それもセメントガンを使った打ち放しのコンクリートなのですから」と誇らしげに綴った。[15]

最初に、行政府の建物から入居が始まり、政府職員たちも、住居ブロックへの入居を開始した。都市が「計画」されたように、ここでは、市民生活もまた綿密に「計画」された。ル・コルビュジエは「ユーザーズガイド」を作成し、のちに「シティ・ビューティフル」と呼ばれることになるこの都市の基本規則を宣告した。『チャンディーガル布告』の趣旨は、現在、そして将来のチャンディーガル市民たちに、都市計画の基本的概念を啓蒙し、彼らがこの都市の守護者となって、個人の気まぐれからこの都市が毀損《きそん》されるのを防ぐことにある」。この都市は、「ヒューマン・スケールにのっとって計画され、無限の宇宙や自然と触れ会うことができる。市民が豊かで調和のとれた生活を送ることができるように、あらゆる活動のためのスペースと建物を提供する場である。ここでは、『自然と心の輝き』を手にすることができる」。幹線道路と交差道路の網羅的な区分や、使用が許容される「正当な」建築材料（コンクリート、レンガ、石）のリスト、さらに加えて、次のような条例もあった。「緑地帯では車の通行は厳に禁止され、静寂が保たれねばならず、騒音が害を及ぼしてはならない」。そしてさらには、「個人の銅像はチャンディーガルの街、並びに公園内には立ててはならない。この都市は、新しく純粋な芸術精神の息吹を吸収するために計画されたのであって、個人への追憶などはどこか適当な場所に銅板を置けば十分だ[16]」。

　これで、彼は市民をコントロールできると思っていたが、建設の最終段階に至って不吉な兆しが現れた。インド人プロジェクトチームの面々との複雑な交渉事に次第に気難しくなっていき、さまざまな不手際やばかげた修正提案などへの怒りをあらわに、何通もの手紙を書いた。実際のところ、彼のアーティスティックな意図に反するような大騒動があったわけではなく、ただ単に委員会のアポイント取りや、小道の配置案とか、受け取り手数料の遅延など、些事に過ぎなかったのだが……。

要するに、全力を傾けたこの都市創造への強い思い入れが、そのようなもめごとを引き起こしたのだ。彼はネルーに速達電報を送りつけ、構想が台なしになったと苦情を申し立てた。閉口したネルーはついに彼と会話を交わさなくなってしまった。

他にも、コントロールできないことが多々あった。広場は放置され草が伸び放題となった。裁判所の判事たちは干上がったリフレクティングプールを駐車場代わりに使った。というのも水不足のこの国で、一年中、水を張るのは不可能だったからだ。壮大なモニュメント建物群は、敵対的な隣国、パキスタンの襲撃から住民を守るためマシンガンの銃台に囲まれた。チャンディーガルの街は、他のインドの都市同様、物乞いや貧民街だらけとなり、つくった当初、ガラ空きだった道路は、交通渋滞に見舞われることとなった。

「モダンな生活には、住まいにも都市にも新たな計画が必要とされ、その到来が待たれている」と彼はかれこれ四〇年も前に、著作『建築をめざして』で喝破していた。とはいっても、急膨張する人口の現実や、「チャンディーガル布告」で警告していた「個人の気まぐれ」などに対応できる計画など、どうあがいてもありそうになかった。そのうえ、計画自体の欠陥も多かった。家から店舗や職場への距離の長いブロックを、灼熱の夏に歩くことはおよそ不可能であったし、合同庁舎ビルのオフィスは、応急措置として扇風機を取りつけ、なんとか働ける環境に仕立てなければならなかった。

しかし、当時もそして今も変わらず、混沌としたこの国の中で、「秩序」が礎となっているのが、この都市の最大の特徴だ。植民地のルールに縛られた状態から脱け出したこの国インドのチャンディーガル、すなわち「モダニズム建築のアクロポリス」において、民主主義はしっかりと根づいた。一九五六年、ル・コルビュジエが最後にインドに別れを告げた時、彼はその「贈り物」を与えたのは自分だとの思いを嚙み締めながら飛行機に乗った。

第9章

米国唯一の建築作品

カーペンターセンター

ル・コルビュジエを再びアメリカに招くかどうかは、ハーバード大学の決断にかかっていた。しかし、彼がこの大学のキャンパスに、モダニズムの建物を設計するなどとは、一九五〇年代には到底考えられなかった。一六三六年に設立されたキャンパスは、レンガ、石、下見板張りの建築が圧倒的で、この伝統を変えることには極めて慎重だった。ラテン語で「真理」を意味する「VERITAS」という大学のモットーは、使命の重さを物語っていた。急激な変化など、あってはならないのだ。

二〇世紀半ばになって初めて、男子寮の朝の部屋掃除に女性が採用されたが、いまだにファカルティ・クラブは男性専用だった。長い木製のテーブルにシャンデリアの光が降り注ぐ大食堂での正餐は、ドレスコードが厳しく決められていた。スーツ、ネクタイなしで、教壇に立つなどは想像することさえできなかった。ビジネス、経済学、人文科学、法律の分野で、抜きんでたこの大学は、MBAや一流法律事務所のパートナー、社長やCEO、ノーベル賞受賞者を多く輩出してきた。

学長のネイサン・M・プセイ（任期一九五三―一九七二）は、古典的な歴史学の教育を受け、温和かつ厳格な人物であったから、一九五三年に就任した時には、現状維持に徹するだろうと思われた。アイオワ州で生まれ育ち、大学始まって以来の初のニューイングランド出身でない学長であったが、落ち着いた雰囲気は、それまでの北東部出身の学長たちと変わることはなかった。

しかし、小刻みではあるにせよ、変化は確実に訪れていた。評議会は、彼の前任者であるジェームズ・ブライアント・コナントが大学院プログラムを重視していたのを受けて、リベラルアーツと学部教育に注力することを求めた。プセイは教職員の数をほぼ三倍に増やし、給料を上げ、最終的に三〇棟の新しいビルを建ち上げ、あまり知られていないマイナーな課程、および神学部門に資源を注いだ。また、女性にも門戸を開き、男女共学寮生活の初の実験を開始した。これを聞いたある同窓生は「文明は死んだ」と、すぐさま反応した[1]。

彼はまた、アートの分野にもっと力を入れるべきだと考えた。むろん、この分野にも誇り高き伝統がなかったわけではない。美術史の初代教授は、国中の大学から嘱望されたチャールズ・エリオット・ノートンだ。風景画家のチャールズ・ハーヴァート・ムーアが、ファインアートI（絵画、彫刻、水彩画、素描）を教えていたことはつとに有名だった。一八九五年に設立されたフォッグ美術館は、学内でも重要な座を占め、中世から現代に至るまでの絵画、彫刻、写真ならびにその他メディアの膨大なコレクションを保有している。一時は、ピカソの『ゲルニカ』も展示されていた。

しかし、学生にアートを創作させることに重点を置いた取り組みは、ほぼ皆無であった。ここでは、大学傘下の各スクールが自らの発展、成功、失敗に全責任を持つ「自己責任原則」の伝統があり、その結果、ファインアーツスクールが設立されたこともなければ、その構想さえもなく、アートやデザインはその道の名門、ロードアイランド・スクール・オブ・デザインや、パーソンズ・スクール・オブ・デザインの後塵を拝していた。

プセイは、アートスクール設立の可能性を探るべく、包括的な調査を行う準備委員会を組織した。一九五六年に、委員会は「ビジュアルアーツスクール設立委員会報告」をまとめた。真紅の装丁の報告書によれば数百万ドルの予算規模で、美術史、理論、そして実習を併合するカリキュラムを持つデザイン部門の新設と、将来を見据えたプログラムの提案などが提言されていた。「印刷技術が発明されて以来の歴史において、今日のように人のコミュニケーションが視覚的なメディアに大きく支配された時代はなかったのではなかろうか」。報告書には、そう記述されていた。[2]

このためには、本拠地となる建物が必要だった。十分な照度を備えたスタジオ、劇場、そして展示のための施設などを備えた建物だ。

こうして、全学にサービスを提供する新しいデザインセンターは、フォッグ美術館や、当時建築学科があったロビンソン・ホールの近くに設置し、キャンパス内に「アート・クォーター」を創設するのが最適だと判断された。準備委員会は、フォッグ美術館とファカルティ・クラブの間の古い木造のファーロー・ハウスが建っている場所を鉛筆で囲んだ。裕福な同窓生グループが支援を寄せ、一九〇五年卒でオレゴン州のトップサイド梨農場で成功を遂げたアルフレッド・セント・ヴライン・カーペンターが一七五万ドルを提供して、この建物には彼のファミリー名がつけられた。

それから、どのような建物にするべきか、そして誰がデザインをするのかという大きな問題が検討された。ル・コルビュジエが幸運だったのは、古くからの知り合いが決定権者のひとりだったことだ。

当時、バルセロナに住んでいたホセ・ルイ・セルトは若い頃に叔母を訪ねてパリに行き、ル・コルビュジエの著書を数冊手に入れた。すっかり魅了された彼は、ファンクラブを結成し、一九二九年にはル・コルビュジエをスペインに招いた。アントニオ・ガウディの曲りくねって渦巻く傑作の数々を目にした実り多い旅であった。セルトは、結局、セーヴル通り三五番地で仕事をし、いくつかのプロジェクトをル・コルビュジエと共に手がけた。彼はＣＩＡＭの会員であり、一時会長の座にも就いた。ボゴタのアーバンデザインに手を染め、マルセイユのユニテ・ダビタシオンにピカソを連れ出したのも彼だった。その後、マサチューセッツ州ケンブリッジに居を構え、建築家としての仕事に従事するとともに、ハーバードの建築学部の学長に就任した。ちょうど大学が新しいアートセンターのデザインを決めるタイミングで、セルトはプセイと、このプロジェクトの監修に招来された教養学部の学長マクジョージ・バンディに、有望な候補者がいると伝えた。

一九五八年の六月、セルトは行動を開始した。ル・コルビュジエはヨーロッパで最も評判の高い建築家で、たぶん世界最高クラスだろう。にもかかわらず、北米では全く実績がない。「こんな奇妙なことは考えられない」と彼は力説した。「美術館にピカソの作品がないようなものではありませんか[3]」。

プセイも、バンディも興味をかき立てられた。考えてみればみるほど、今はまさに何か革新的なことをするいい機会ではなかろうか。MITでは、アルヴァ・アアルト設計の波状にうねる学生用宿舎、ベーカー・ハウスがオープンし、チャールズ川を見下ろしていた。また、ジョン・F・ケネディ空港のTWAフライトセンター（現TWAホテル）や、セントルイスのゲートウェイアーチの生みの親エーロ・サーリネンが、キャンパス内に多くある重厚なドームや新古典主義的な列柱の中に、印象的な礼拝堂と講堂を設計し、MITのモダン建築への積極的な取り組み姿勢を世に広めた。さらに懸念されたのは、最強のライバル、ニューヘイブンのイェール大学が、モダニズムとゴシックの融合を図って注目を集めていたことだ。ル・コルビジュエと同時代の建築家ルイス・カーンが手がけたアートギャラリーは、インターナショナルスタイルの傑作として、瞬く間に最高位の評価を得て不動の地位を築いた。また当時、ポール・ルドルフは、やがてブルータリズムとして知られることとなる複雑な形状を持つスタイルの建物やコンクリートの建築をさまざま実験中だったが、その彼がちょうどイェールの建築芸術学部棟の設計に取りかかっていた最中だった。

「話を進めて、ル・コルビュジエが、乗り気かどうか、確かめてください」。バンディは「うまくいけば、うちも時流に乗れるのだから」とセルトに指示した。セルトは、間違いなく襲ってくる波瀾万丈なドラマやうるさい指示、最後通告などを予想して、一瞬おじけづいたが、同僚たちは、そんな事情はまったくわかっていなかった。かくして、セルトは古くからの知己で、また師匠でもあるル・コルビュジエに話をつないだ。

巨匠はすんなり「うん」とは言わないだろうと、セルトは考えた。何せ、一九五三年、彼は超多忙だった。ユニテ・ダビタシオン、ロンシャンのノートルダム・デュ・オー礼拝堂、エヴー・スール・ラルブレルのラ・トゥーレット修道院、そしてチャンディーガルの大成功を受けて、彼の人気は絶頂に達していた。さらにまずかったのは、この話が米国発だったことだ。古くからの弟子、セルトに対する信頼は揺るがないにせよ、アメリカは一九三五年に彼を「笑い者」扱いしたうえ、その一〇年後には国連ビルのプロジェクトで「のけ者」として排除したではないか。依頼人が最高学府であるという事実は、多少の慰めだったにしても、屈辱の上塗りなどごめんこうむるという気持ちが強いに違いなかった。

ハーバードのレターヘッドに書かれた正式な招待状は、礼儀正しく、かつ要領を得ていた。「本学が求めているのは、芸術と社会をよりよく融合させるための国際的な出会いの場を、一つの特別な建物の中で実現しようとする意欲的なものであります」。そして、それは「建築家、画家、彫刻家が等しく関心を抱くもの」でなければならないと。[4]

予算は、きっかり、二〇万ドル。規模は五万七〇〇〇スクエアフィート。近隣住宅や、風格あるファカルティ・クラブからの反発を招かぬように高さ制限がつけられた。資金提供者のカーペンター一族は、逐一報告を受け、建築家がル・コルビュジエとなることを了解し、「樹木、低灌木、そして花々をかなりたくさんの範囲に植えること」だけを条件とした。牧歌的な手法で、若い世代の芸術家の心を和ませ、かつ鼓舞するためだ。スタジオは融通の利くスペースとし、——充分な照度と換気効率を保つ。展示用のスペースは開放感にあふれるものとする。[5] だが、総じて詳細事項については、ほとんど自由裁量を認め、ル・コルビュジエが仕事を引き受けやすいように仕組んだ。制約なしに、気ままにやるのが彼の流儀だからだ。

パリの街で、コーヒーを飲みながらセルトとプロジェクトを論議して、いくつか質問が浮かんだ。大学は、このモダニズムの重要な建築に実に多くの機能をあれこれ詰め込もうとしているのに、周囲を新古典主義の建物に囲まれた、たった一エーカーちょっとの小さな空間に、それを落とし込もうとするのか？　もっと何かはるかに大きなことができる絶好のチャンスを、あたら無駄にするのか？「かくも広大な国にしては、なんとちっぽけな注文ではないか」と彼の思いを吐露した。[6]

停戦交渉にあたる外交官のように、セルトは我慢強く説得を続けた。「カーペンターセンター」は、ハーバードにとって、とてつもなく重要なものになりうる、と彼は主張した。華々しいイェールやMITの後塵を拝しながらも、「ロンシャンの礼拝堂のアメリカ版ともなり、限りなく刺激的な建築となるでしょう」。

ル・コルビュジエは生涯を通じてそうであったように、ここでも金にこだわった。「救世主だの、贖《あなが》い主だの、知ったことかね」。彼は言い返す。「雇ったからには、存分に払ってもらわないと」[7]。

とはいえ、カーペンターセンター・フォー・ビジュアル・アーツとして知られることになったこの建物が、大学の枢要な地位を占めるであろう兆候は、その時すでに見え隠れしていた。あまり知られていなかったが、大学のキャンパスを東方に、このカーペンターセンターの予定地裏隣にある住宅地まで延ばす計画がひそかに練られていて、実現すればケンブリッジの街のアーバンリニューアルへの起爆剤となる可能性があった。その場合、センターは、「古今の変遷」を象徴する地点、ゲートウェイとなりうるのである。

この依頼には、本来的に断りきれないわけがあった。センターは、知性の砦《とりで》であると同時に若者たちがその場で、ものをつくり出す場所でもある。つまり「頭と手とが統合する場」なのだ。[8] 彼のお気に入りの仕事である絵画やドローイング、そしてデザインは、彫刻、写真、映画と並んで、この場で大きく開花することだろう。さらにはこの先、どのような研究や伝統的価値を超える思考が起こりうるのか、見当もつかない。そこは、学生と教授陣がさまざまな事物を混交させ、革新のアイデアを生み出す場所なのだから。もしかしたら、シャルル・レプラトニエのような師が、ここで次のル・コルビュジエを育て上げる、そんな学校になりうるかもしれない。

一九五九年の八月をロクブリュヌ・カップ・マルタンで過ごすためにパリを出立する直前になって、ル・コルビュジエは、セーヴル通り三五番地の事務所のプロジェクトリストに「ボストン／VAC(ビジュアルアーツセンター)」を加え、チリ人の優秀な製図工、ギレルモ・ジュリアン・デ・ラ・フェンテを担当者として任命した。また、CIAM創設の結成メンバーで、ハーバードとMITで教鞭を執ったジークフリート・ギーディオンにも声をかけ、プロジェクト遂行の管理を依頼した。「キャプテン・ギーディオン」とル・コルビュジエがあだ名をつけたジークフリートは、師匠が面白半分に「アメリカ問題」と揶揄《やゆ》した「大西洋をまたいだ複雑な関係」への対応を辛抱強くやり遂げた。最後にデザイン料を一方的に五万ドルに引き上げ、受け取り銀行口座番号を知らせた。そして大学側が「巨匠ル・コルビュジエがわれわれに素晴らしい建物をつくり出してくれるのだから、彼の気が変わる前に快諾しなくては」とひれ伏してくるのを待った。「ハーバードにはあなたの本当の友人たちがいるのですよ」とセルトは念を押した。「たとえあなたが、彼らや、この大陸のことなど知ったことかと、全く関心がないにしても！」[9]。

ル・コルビュジエとセルトがふたりそろってアーチ型のゲートをくぐり、ハーバード・ヤードに入ると、マサチューセッツ通りの喧騒は遠のいた。中庭を十字に横切る歩道に、スカーレットオークとアメリカニレの木が立ち並び、ジョン・ハーバードの像が置かれていた。幸運を求めて何千人もの学生が触れるので、像の靴先はピカピカに輝いていた。ふたりは、ワイドナー記念図書館の広い階段、赤レンガのメモリアルチャーチと真っ白な尖塔、そして歴代学長が住むローブ・ハウスを通り過ぎ、赤レンガの壁とクインシー通りに抜ける黒い鉄門の前にやってきた。そこには、ダークスーツに細身のネクタイを締めた学部長と評議員の代表が、一一月の寒さの中、身を寄せ合ってふたりを待っていた。プセイが握手の手を差し伸べ、礼儀正しい自己紹介の儀式が行われた。だが、ル・コルビュジエはうわの空で、周りの光景に見入っていた[10]。

左手のフォッグ美術館は、道路突き当たりの巨大なボザール様式の建築で、アメリカ建築の巨匠チャールズ・ブルフィンチの曽孫と関係のある建築事務所（Coolidge, Shepley, Bulfinch and Abbott of Boston）がデザインした。右手には、文学の巨人ヘンリー・ジェームズがかつて住んでいた場所に建てられた赤レンガと白の柱、八面窓のネオジョージアンスタイルのファカルティ・クラブがあった。クインシー通りを挟んで向かい側は、セヴァ・ホールで、一九世紀のアメリカで最も高く評価された建築家、ヘンリー・ホブソン・リチャードソンが設計した。そして、ロビンソン・ホール。この建物は都市美運動の先導者でボストン公共図書館を設計したマッキム・ミード＆ホワイトの作品である。真正面は、取り壊しが予定されていた一九世紀のヴィクトリアンスタイルの木造の事務所、ファーロー・ハウスで、やはり職員たちが寒さを物ともせず外でたむろしていた。

パリからやってきた客人は、おもむろに敷地を調べ回った。プセイの人柄を品定めして、それからやおら肩をすくめて何やら言いたそうな顔をした。「ここに建ててくれと言うのなら、建てますがね」。そのうえで、彼は黒いノートを取り出し、何かを書き始めた[11]。

狭隘な敷地スペースだったから、建物は対角線上に斜めに配置されなければならなかった。そうすることで、彼が思い描いていたオウムガイの殻のように優しくカーブを描いて膨らむふたつのボリュームを持つ建物に多少の余裕が生まれた。このふたつの肺臓のような膨らみの間に、スムーズな人の流れをさばくスロープを設け、それがクインシー通りから緩やかに上昇し、上層階を通ってプレスコット通りへと下降し、さらに拡張が予定されたキャンパスの端まで続く様子を思い描いた。スロープの頂部で立ち止まると、まるで水族館のトンネルの中にいるように、芸術的創造物の洞穴や洞窟の中を左右にのぞき込んでいるような感覚に陥ることだろう。

彼は、サヴォワ邸からモスクワ、そしてアーメダバードの作品に至るまで、長い間にわたって、スロープを機能的、象徴的な仕掛けとして好んで採用してきた。ここ、ケンブリッジのスロープは、正弦曲線のようにねじれ、夕暮れと夜明けという二四時間のサイクルを反映していた。この「天空ルート」の採用は、彼が魅了されたキャンパス内の「歩道」に敬意を表す意味合いもあった。ハーバード・ヤードは彼の「輝く都市」のミニチュア版とも見てとれた。学生たちは戸外のオープンスペースを往来し、似た形状の建物の間を、あたかも高速道路を走る車のように、動き回っていたからだ。その後、キャンパス内で行われた打ち合わせで、大学のプロジェクトチームはル・コルビュジエが視線を窓の外に向け、気もそぞろなのに気づいた。彼は人影がない中庭が、次の瞬間に、次の教室を目指して、さまざまな方角へ向かう学生たちであふれんばかりの活況を呈する素晴らしい光景に目を凝らしていたのだ。カーペンターセンターのスロープは彼ら学生たちを地面から解放し、新たな次元に導くことだろう。若者たちの心は、今まで以上の高みへと引き上げられるのだ。

建材は、砂色をしたコンクリートで、周囲の赤レンガや花崗岩と、対照的だった。ル・コルビュジエがそれ以外の建材を使うとは、とても考えられなかった。といっても、当時のアメリカが、彼の好みの粗い打ち放しコンクリートを、すんなり受け入れるとは思っていなかったから、コンクリート表面（四角く、直線的であったり、日の光を反射して影を集めるように曲がっている部分もある）は

「赤ん坊の尻」のように滑らかにすると約束した。彼は、フィルムのコマにように等間隔で連なる床から天井までの狭い縦長の窓と、アーメダバードの繊維業者協会会館で使用したものと同じような、角度のついたコンクリート製の連続するフィンをデザインした。また、コンクリートの脚柱、高い頑丈なピロティで建物全体を浮揚させ、スタジオ空間を木立の中にある穏やかな空き地のように考慮してつくり出した。学生や教職員たちは、高架上のガーデンテラスから、クインシー通りを挟んで伝統様式のキャンパスをじっくり眺めることで、「モダニズムの高台」からの見晴らしを実感するだろう。

彼は、この建築体験が好ましいものになるはずはないと覚悟していたのだが、ケンブリッジの知識人たちが、狭いエリアの中に密をなす状態は、サンジェルマン・デ・プレを思わせ快適

北米では、この建物一棟しか建築していない。1963年竣工のカーペンターセンター（ハーバード大学）

な気分になった。セルトの家で開かれたパーティで、人気の的となった彼は、ダークスーツに青と赤の花の蝶ネクタイで輝きを放ち、ゲストは彼の一言一句に釘づけとなった。

ギーディオンともうひとり、CIAM関係の女性も参加していた。そのような催しで、みんながパティオに出てペルノを嗜んでいると、ひとりの女性が回転するドアに閉じ込められるはめとなり、彼はその場のモデュロールの状態を調べるために巻尺を持ってこさせた。やがて、ゲストは彼らの足から背中に至るまで、すべてを測定するのに夢中になった。[12]

ハーバードの学生たちは彼に好感を抱いた。一九三五年の米国旅行でもそうだったように、周りに若者が群がった。建築学の学生たちはロビンソン・ホールで彼のためにパーティを開き、モデュロール・マンの絵を壁に描き込み、その横に大きな黒縁の丸眼鏡を描き添えて彼を称えた。彼は、集まった学生相手に、屋内バルコニーから演説した。フランス語とブロークンな英語で、「諸君、勇気を持て!」「気力だ! 勇みたつ精神だ!」[13]。浮かれて、有頂天の彼は、女性といちゃつき、男性を小突いたりした。帰り際、画家の友人、フェルナン・レジェに似たあごのとがった顔の生徒のひげを引っ張って「さようなら、レジェ」と声をかけ、派手に退場した。[14]

彼のすべての感覚は相も変わらず生き生きとしていた。パリとボストン間のフライトでは、窓の外を眺めて大西洋の荒々しい海岸線をスケッチし、ケンブリッジの地に着けば、青空に広がる飛行機雲の軌跡に心奪われた。

模型で検分する時がやってきて、プセイをはじめ関係者がマサチューセッツ・ホールに集合した。セルトが思うに、この模型はかなり稚拙なもので、当時の建築学科のほとんどの学生がこれ以上のレベルのものをつくれるに違いなかった。セルトはル・コルビュジエのコメントを通訳し、この突拍子もない建物がやがて日常風景の一部になるのだと、皆が納得した様子を見て、礼儀正しい笑みを浮かべた。

スロープは、プセイにしてみれば純粋に実用上の問題として、受け入れ難いものだった。「ニューイングランド地方の冬場を考えると、危険ではなかろうか？」。ならばと、ル・コルビュジエは、雨水や積雪を流すための溝を鋳込むことを約束した。また、学長は主だった行事や催しが行われるのは一階のロビーだと考えていたが、ル・コルビュジエは主たる展示スペースとカフェは三階に設け、かかるにぎわいの場は高みに上げた。質疑応答は、比較的穏やかな雰囲気の中で無事終わった。プセイがあえて言及しなかったのは、彼の同僚から多く寄せられた、「なぜこの建物は、キャンパスの他の建物のように赤レンガ張りでないのか」という質問だった。

いずれにせよ、デザインプランは研究者やアート部門のタスクフォースメンバーから、温かく迎えられた。彼らは、何か本当に歴史的なことが起こるとわかっていた。「あの『老練な人物』は、予想以上の仕事をしてくれたではないか。ケンブリッジの人間は幸せの絶頂にある」とひとりが言った。「なんと言っていいのか。期待していたのは、繊細な素描だったのか、あるいは複雑な図面だったのか。とにかくあのプロジェクトの息をのむほどの美しさには仰天したね」と言ったのは、ジョン・クーリッジ・アダムスで、彼はファインアーツ学部の建築史家であった。[15]

プロジェクトの開始から完成までの五年に、ル・コルビュジエがケンブリッジに足を運んだのは、二回だけ。それもそれぞれ、数日滞在しただけだった。予算やスケジュールの詳細を決めた後、彼はセルトとハーバードのプロジェクトマネジャーたちに建築工事を任せてしまい、それが、かえっていい結果をもたらした。セルトはケンブリッジとパリの間を取り持つ重要な役割を果たし、大西洋の向こうからやってくる速達便をさばいた。「建物内装に軽量コンクリートブロックを採用するのは絶対反対だ。あれは、あまりにもひどすぎる」。師匠は、アメリカ側が修正した計画案に走り書きしてきた。[16] 一度などは、彼の好みとしては機械類があまりにも目につきすぎる場所に置かれていると提案に反対した。「この建物は……車にあらず」と。セルトはル・コルビュジエと交信して、彼からの指示を咀嚼《そしゃく》するとともに、建物をより現実的なものに仕立て上げることに注力した。[17]

一九六二年に開始された建築工事では、窓から空調ダクトに至るまで大幅な現場調整が必要となった。のちに超高層ビル設計の第一人者となるウィリアム・ルメシュリエが、複雑なカンチレバーや、テラスガーデンの土や石、植栽を支えるための構造的なサポートについて、請負業者のチームを指導した。メーター表示は、フィート、インチ表示に換算しなければならなかったし、わずかな間違いも許されなかった。コンクリートは、ちょうどその頃ボストン周辺のモダニズム建築に好んで採用され始めていたが、職人たちが扱うのはなかなか厳しかった。ノバスコシアから漁船の造船職人のチームが招かれ、難しい曲線の型枠づくりを指導した。カンティレバーは、支えの重い不恰好な梁を巧みに隠して、ピロティが平らな面とぴったりと接するようにしなければならなかった。ほとんどのコンクリートはたいがい鉄筋を入れたベニヤ板の型枠に注入できたが、重量負荷が大きい支柱の場合は手作業で行われた。[18]

窓の革新的なデザインと相まって機能する空調システムもまた、質素な三階建てアパートに住んでいたボストンの職人たちにはチンプンカンプンだった。ル・コルビュジェは、スタジオ空間を光に満ちあふれたものにしたいと思い、スカイライトと床から天井までの細長いガラス窓を効果的に使用することを考えていた。そして、自然の対流換気を狙ってドアの形状をした小窓もつけて、スタジオにいる学生が開けられるようにした。彼が米国側のチーム宛てに書いた手紙によれば、空調は「長く鼻腔の問題に悩むアメリカ人のために企てたものだ」そうだが、同じ問題を生涯抱えていた人物（ル・コルビュジエも悩んでいた）からのコメントとしては、えらく相手を見くびった言い草だった。だがHVAC、すなわち暖房、換気、そして空調装置は、一年中運転させる必要はなかった。建物は寒い季節は暖房されるが、春や秋になれば窓が開け放され、夏の酷暑の時期に限って密閉されるからである、「親愛なる皆さんが、この季節、素っ裸になってケープコッドで過ごすのでない限り……」。[19]

セルトは、大学側からのこまごまとした微調整の要請や、注文内容の修正などをパリに連絡したが、ナンジェセール・エ・コリ通り二四番地で絵を描くことにもっぱら時間を割いていたル・

コルビュジエは、ほとんど無視を決め込んだ。彼が手がける建物としてはさほど珍しくもないが、このプロジェクトのコストも二〇〇万ドルを超え、さらに増大した。現場のチームはフォッグ美術館へつながるトンネル案を取りやめ、外側の窓ガラスを違うタイプに替えるなど、ひそかにコスト削減を画策しなければならなかった。裕福な大学にとって細かいコストカットなど必要ないだろうと思っていたル・コルビュジエは、チャンディーガルのインド側チームとの交渉でもそうだったように、妥協を一切許さなかった。「この点は、断固として譲らない」と、彼はセーヴル通り三五番地のオフィスから信書をしたためた。「ボストン側はこの建物をどうするか決めるのは、私の手によるスケッチであることを認めなければならない[20]」。

一九六三年までには、建物はほぼ完成し、残ったのはランドスケーピングだけだったが、これまた頭痛の種だった。彼は野生のラズベリーの茂みにしたいと言い張り、一方の大学側は、さっぱりした芝とイチイの低木を望んだ。そして最後の問題は、彼がリボンカットのために戻ってくるかどうかだった。大学側は建物竣工にあたり、それなりの儀式を予定していて、当然のことながら、ル・コルビュジエはそれに参列するだろうと考えていた。

熟慮の挙げ句、彼は、彼の栄誉を称えるパーティへの参加を断った。「体調不良の上、先約もある」と述べ、アメリカまでの旅に伴うつらさについても言及した。実は、以前の渡米時、パリの米国領事館で「共産主義者だったことがあるか」と聞かれ、回答を拒んだ苦い思い出もあった。

結局、開所式は「創造主」抜きで、一九六三年の秋、催された。カーペンター一族は、シャンパングラスを手に、スロープを歩いて下りた。後援者たちは、この建物が「未来への扉を開き、軽やかに通り抜ける人々に歓びを与えてくれる」として感動を隠せなかった。[21]

だが、はっきり言って、評判は賛否両論であった。完成した建物は衝撃的で、あたりの建物とあまりにも異なっていたから、一部の人にはクインシー通りの他の建物を見下しているように映った。「正当なるボストン人にとって、これは行儀正しいとは言えない」とニューヨーク・タイムズの建築評論家、エイダ・ルイーズ・ハクスタブルは評した。[22] ある教授は、これは二台のグランドピアノが愛を交わしている姿に見えると鼻であしらった。[23] フォッグ美術館の館長は、「白鯨が高床の上で座礁している」といら立ちを隠せなかった。[24]

それでも、カーペンターセンターは、「なぜか周囲にうまく溶け込んでいる」と考える人もいた。ただ単に異質だということで、たとえていえば音楽アルバムのバラードの前のロカビリー曲のようなものではないか。北側にある建物の頂はフォッグ美術館のコーニスと折り合いが良かったし、南側は建物基部にあるピロティがまばらに、そして繊細に配置され、傾斜のある芝生とファカルティ・クラブの伝統的な建築へと続いていた。日中は斜路が人目を引き、夜になると角度あるフィンに組み込まれた窓が神秘的な輝きを見せた。

この建物は頻繁に使われた。学生たちは、光があふれるスタジオに群がり、作業に励んだ。彼らは、建物の中でも外でも会話を交わし、カフェやテラスでくつろぎ、まさにル・コルビュジエの狙いどおりだった。その大胆な建築の主張が、教授陣の創造力を刺激し、ここでの授業は他の授業とは一線を画していた。たとえば、デッサンの講座で、「観察すること」と「視点」について学んだ受講生は、作品に自分の名前をサインした後に、逆からサインし、さらに上下逆さにサインするようにと指示された。

写真、映画、そしてテレビ関係や音響の研究もあった。デザインにおける色彩の革新的な使用例の展示、市場やバザーで売っているかごのような「作者不詳の芸術」、洗練されたトーネットの椅子、ソ連邦の都市計画の展示もあった。センターは、機関誌『コネクション』を発行していたが、これは『レスプリ・ヌーヴォー』をしのばせるものであった。すべての記事がフェアに扱われ、ある学生などはル・コルビュジエのペサックの労働者用住宅を酷評する論文を書いた。何よりだったのは、学生が手を動かして作業し、絵の具や石膏、スタジオに置かれた工具台からのおがくずなどで、その手を汚していたことだ。彼らは、制作作業の楽しさを味わったのだ。

カーペンターセンターは、ハーバードの建築がより大胆になる足がかりとなった。ここにおける、モダニズム建築の初物は、ル・コルビュジエと同じくペーター・ベーレンスのスタジオで修業し、のちにこの大学の建築学部長に就任したヴァルター・グロピウスの手によるハークネス・コモンズだった。だが、その後のさらなる試みのきっかけとなったのは、ほかならぬカーペンターセンターだった。まず、セルトが追随し、重量感のある、色彩豊かなホリヨーク・センター（今は学生センターのスミス・キャンパス・センター）、そしてチャールズリバー川岸のメモリアル・ドライブに建つピーバディ・テラスの設計を行った。さらに、一九六〇年代から七〇年代になると、クインシー通りは、独特の「建築プロムナード」となった。街路の行き止まりにはウィリアム・ジェームズ・ホール。これはハーバードで一番高い建物で、かつての世界貿易センタービルのツインタワーをデザインした建築家、ミノル・ヤマサキの設計によるもので、心理学、社会学、考古学の教室が入っていた。その隣には、オーストラリア人建築家、ジョン・アンドリューがガンド・ホールをデザインした。これは、デザイン大学院の建物で、最上階はサヴォワ邸のように水平窓の長いリボンで飾られ、高いピロティで支えられていた。この大学院は、それまでの新古典主義的なロビンソン・ホールから新たにこの「逆さコンクリート造」といえる建物に移転し、そこで研修生が何世代にもわたり、製図テーブルに向かい、ル・コルビュジエの手法を研究し、模倣することとなった。

ボストンの建築家たちもル・コルビュジエに倣った。特に、目立ったのは、ボストン市庁舎建物で、ラ・トゥーレット修道院に酷似していた。四〇年も前にMITで、ル・コルビュジエと出会ったI・M・ペイは、ジョン・ハンコック・タワーをデザインし、国連ビルを模しながらも、一段上のレベルにまで引き上げてみせた。

ル・コルビュジエが北米に唯一残した作品、カーペンターセンターのその後は、いいことずくめではなかった。それどころか、漏水、湿気の問題や、コンクリートの色あせで、頻繁な修繕が必要となったし、時代が変わって利用頻度が薄れたスペースもあった。学生の創作は、手作業が主流で変わりはなかったが、デザインそのものは、デジタルの世界に突入し、コンピュータースクリーンに、天井からの採光は不要となった。映画制作は、カーペンター・センターのプログラムの中で、最も成功を収めたものだったが、制作も観賞も共に暗所で行われるから、建築がどうこうという話とは無関係だった。[25]カフェに至っては、ハーバード・ヤードの素晴らしい眺めがあったにせよ、維持することができずに、やがて閉鎖された。

一九六〇年代の混乱の中、さまざまな計画が不首尾に終わった。プセイは、キャンパス内のプロテストや、マサチューセッツ・ホールの学生占拠事件などに巻き込まれ、その後、間もなく引退を余儀なくされた。彼が心に抱いた、強化されたアートプログラムにおける革新性や、創造性は、果たされることなく、怒りに満ちた学生暴動へと変わってしまった。

ル・コルビュジエに示されたキャンパス東への拡張計画は、実現しなかった。大学は、やがて違う方角（川を越えてボストンのオルストン地区）への拡張に力を注ぐこととなったからだ。

これに限らず、ハーバードでは全体的にコンテンポラリーデザインに対する意欲が衰えてしまった。二一世紀初頭、学長を務めたローレンス・サマーズは、伝統様式の建築物以外、ほとんど禁止する措置をとった。彼はカーペンター・センターを、「醜悪極まりない」と非難した。しかし、そんな逆況の時を経ても、「アメリカへの贈り物」はなんとか持ちこたえた。ル・コルビュジエの作品のなかでは、B級の出来だったかもしれないが、彼の手による合衆国内での唯一の建物として、カーペンターセンターは建築史の中で燦然《さんぜん》と輝いている。フランク・ロイド・ライトの

「落水荘」ほどの人気はないにしても、この建物を擁護する支持者は数多い（ともすれば、彼らは、ウォーホルの絵画にとてつもない高額を払うような特定ブランド志向のエリートだとみられがちではあったが）。

完成して数十年ののち、建物の一部が切り取られかねない危機が訪れ、擁護者たちが果敢に行動を起こす事態が起こった。その頃、大学は方針を見直して、再びアートを強化すると決め、セルトの傑作、ピーバディ・テラスのそばのメモリアル・ドライブ沿いに新しい美術館建設を計画した。だが、近隣の反対でそれが潰えたため、結局、既存のフォッグ美術館を拡張、改修すると決めた。ケンブリッジ市は、この新しい計画（二〇〇六－二〇一四）に採用された建築家レンゾ・ピアノに対し、美術館のジョージアン復古様式の正面だけはそのまま手つかずに残すことを条件づけしたが、それ以外の部分は、完全に解体されることとなった。そのため、フォッグ美術館の裏手、つまりル・コルビュジエのスロープから下りてきて、プレスコット街に出ていくところで大がかりな工事が必要となった。

最善の技術的解決策は、スロープの下降部分の約四分の三を切り取り、それを梱包、保管し、改造が完了したら再び取りつけるというものであった。だが、ル・コルビュジエ信奉者が大半を占めたプロジェクトアドバイザリー委員会は、カーペンターセンターへの一切の冒瀆《ぼうとく》を許さなかった。そのため、スロープはすっぽり覆い包まれて、フォッグ美術館の建設作業員は、そこを避けながら工事を進めなければならず、コストは大幅に嵩んだ。レンゾ・ピアノは、ロンシャンの丘の中腹に礼拝堂のためのビジターセンターを設計した人物だから、カーペンターセンターに手を出すのは、はなから無理だとわかっていたのではなかろうか。一九六三年竣工の築年数が浅いカーペンターセンターにもかかわらず、（より歴史の長い建物が解体されるのを尻目に）無傷で保全されたのだ。ある意味、「歴史的建造物保全」の常識を覆した例証といえるだろう。

レンゾ・ピアノが手がけたハーバード・アート・ミュージアムのプロジェクトは、クインシー通り沿いの多様な建築オンパレードを飾る最後の一棟となった。ウィリアム・ジェイムズ・ホール、メモリアル・ホール、ガンド・ホール、改修されたフォッグ美術館、ヘンリー・ホブソン・リチャードソンのセヴァ・ホール、カーペンター・センター、それにファカルティ・クラブ。四分の一マイルほどの中に、コンテンポラリーと伝統様式と、さらにその混合様式とが並んでいるのだ。

だが、その口火を切った人物、ル・コルビュジエは、この建物がのちの世代の創造性をかき立てたことも、キャンパスやボストン市中におけるモダン建築の普及に貢献したことも、あるいはカーペンター・センター五〇周年記念式典がにぎにぎしく開催されたことなどが物語るように、人々がこの建物に抱いた敬愛の念、高い評価など……何も知る由はなかった。もっとも、たとえ、その事実を知ったところで、この人物は、さほど驚きはしなかっただろうと断言できるが……。

「創造とは、飽くなき追求だ」。彼は好んでこう表現し、自分の著書の表題にしたほどだ。[26]

彼はすでに自分なりの役目を果たし終わっていた。テープカット式典への出席を拒んだのは、アカデミーでオスカー受賞者が授与式への出席を拒むのと同じで、究極の優越感の発露だった。そして、復讐心もあった。ハーバードには好意を抱いていたが、彼を鼻であしらった国に喰らわせる究極のひじ鉄砲であったのだ。

でも、もうそんなことはどうでもよかった。その頃、彼の長旅はパリとロクブリュヌ・カップ・マルタンの往復に限られていた。質素なアトリエ、キャバノンでひとり過ごす時間が増え、エトワール・ド・メールでは、小屋の外に腰を下ろして、岩場のかなたの海を眺める毎日だった。

第10章

旅立ち

一九五七年、イヴォンヌが先立った。肉体は衰え、やつれ果てていたが、けなげにも最後まで耐え抜いた。まだマスカラをきちんとつけていたが、すでに両眼は、くぼみ落ちていた。ル・コルビュジエや友人たちと打ち解けて過ごす時には、みんなにタバコを勧めて歩いた。[1] 自分と同じく、みんなが肺の中にタバコを吸い込む必要があると思い込んでいる風情で、カクテルグラスを手に談笑する客の間を泳ぎ回っていた。

モデル出身の彼女は、ヴィシー時代に体の衰えを感じ始め、杖の助けを借りていた。リウマチ性疾患、骨粗しょう症、胃炎など彼女を衰弱させた病の進行が、アニス酒への依存症によってさらに加速した。ル・コルビュジエは彼女の依存症を面と向かって諫《いさ》めはしなかったが、規則正しい食事、そして毎日二〇〇〇歩ほどの散歩を勧めた。だが、彼女は聞く耳を持たなかった。酔って何回も転倒し、栄養不足で危険なほど痩せ細り、ついには両脚の感覚を失った。命尽きる最後の数年間、自分の容貌を恥じ入り、部屋を暗くして過ごした。夫が自身と人類のために希求してきた「光と空気」の対極に閉じこもってしまったのだ。

結婚生活では諍《いさか》いも多く、時に彼は彼女を手荒く扱うこともあった。「おまえには、ここに来る権利などない！」と怒鳴ったのは、イヴォンヌがナンジェセール・エ・コリ通り二四番地のアパートの部屋にやってきた時のことで、彼は建築家仲間と議論の真っ最中だった。[2] 普段の彼女は穏やかに受け流すのだが、時には人目もはばからず卑猥な言葉を投げ返した。そんな反撃を浴びると、彼は呆然となり殻に引きこもってしまうことが多かった。

彼は、ふたりが出会った頃の甘い記憶に浸るのが好きだった。若きイヴォンヌは、パリの暮らしをこよなく愛し、ル・ピケへの旅では、ヴォワザン車を駆ってのどかな田舎の大樹の木陰でピクニックを楽しんだ。「モナコ生まれのファッションモデル」は、申し分なく最高だった。彼女の口紅の塗り方ときたら、なんとハート形だ。若い頃のル・コルビュジエは女性に対して心を開くことができなかったが、彼女とは素直に話し合うことができた。イヴォンヌとのデートは、娼婦たちとの付き合いしかなかった彼にとって、大きな進歩だった。とはいえ、そもそも、ふたりの出会いは娼館だったという巷の噂もあったが、モナコのロマ出身の彼女は、打ち消そうともせず平然としていた。[3]

だが、手中に小鳥を収めた後、彼の関心は他の女性たちに移った。彼の女たらしぶりは、直接話し合われることはなかったにせよ、ふたりの関係における最大のテーマだった。背徳行為は、一夜のアバンチュールから、マーガレット・ハリスとの長きにわたる特別な関係までさまざまだった。愛人を囲う二重生活は、ヨーロッパでは特に珍しくはないにしても、エネルギーと根気を必要とした。秘密裏に連絡し、逢瀬の日付や時間を打ち合わせなければならなかった。それでも、ル・コルビュジエはマーガレットとイヴォンヌは彼の人生に欠かせない存在で、文字どおり、「妻妾、隣り合わせに暮らす」ことができるのではと考えたことすらあった。ロクブリュヌ・カップ・マルタンのトマ・レブタートの所有地にキャビンを建て、そこにマーガレットが住むという案を思いつき、彼女は出資の算段を始めた。だが、この企みは唐突にキャンセルされた。小さな村のことだ、妻と愛人が同じ海辺に住むのはあまりにひどい話であることは、いかに奔放なル・コルビュジエといえども、明らかだった。

イヴォンヌが、こうした背徳のすべて、あるいは一部を知っていたかどうかについて、はっきりとした証拠はない。だが、うすうす気づくことさえなかったとは言い難い。彼の不在が長引けば、アパートをきれいに片付けて気を紛らしたとはいえ、彼女の心は深く傷ついた。

彼女の薬物依存は、耐え抜くためにやむをえなかったのだろう。あまりにも多くの夜をひとりきりで過ごさなければならなかったからだ。「彼女は、なぜ三〇年も、この私と一緒に人生を歩んだのか」と彼は自問したかもしれない。あふれんばかりの明るい採光、殺風景な白い壁、ティーポットカバーでさえも許されない何も飾ってはいけない部屋、キャバノンでの厳しく簡素なスパルタ的間取り……こうした状況下で、心が折れそうになったことを、彼女は隠そうとしなかった。共通する趣味があるわけでなく、早い時期から彼女は家では仕事の話を聞きたくないと宣告していた。夫婦の間に子供がなかったのも、共通の目標がなかった原因のひとつだった。彼女は家族を欲しかったが、彼は無関心で、実質「養子」扱いのマーガレットの息子ヒラリーや、レプタートの息子ロベールがいるので、それで十分だった。この「息子たち」に、彼は責任を持つ必要がなかった。

であれば、何がふたりをつなぎ止めたのだろうか。結局のところ、ふたりの相性が良かったからだ。ボロボロになった六五歳の身体が、パリのクリニックで朝四時に息絶える最後の瞬間まで、彼女は彼の手をしっかりと握り締め、永遠の旅路に就いた。ル・コルビュジエが抱いていたイヴォンヌへの愛情は、葬儀の際に誰の目にも明らかに、しかも不気味なかたちで表れた。遺体を家に連れ帰った彼は、ナンジェセール・エ・コリ通り二四番地で亡骸《なきがら》を披露し、驚きを隠しきれない弔問客に「見てくれ、すごくきれいだろう」と促した。その中のひとりに、シャルロット・ペリアンもいた。[5] 火葬場で、彼がカーテンの陰に行き、遺灰の中から骨を拾い出すのを見た弔問客は、仰天した。焼けずに残ったのは硬い頸部脊柱部分で、丸めた新聞紙に包まれたその骨は、全員に披露された後、彼のポケットにしまわれ、最終的に仕事机の上に収まった。[6] イヴォンヌのこととなると、ことのほか、感傷的だった。ふたりは片時も離れはしなかったのだ。

永遠の眠りの場は、ロクブリュヌ・カップ・マルタンの墓地で、キャバノンよりもさらに高所にあった。ココ・シャネルの別荘を見下ろすことができるこの場所へは、地域のトレードマークである危険なつづら折りの坂を上って、ようやくたどり着くことができた。親しい石工職人が、コンクリートで墓石を制作し、険しい傾斜の中程に据えた。そこでは、生前のイヴォンヌを慕うレブタートや地元の人々が、無言のまま立ち尽くし、安らかな眠りを見守った。時にル・コルビュジエ、七〇歳。厳粛な埋葬に参列した人々は、イヴォンヌの墓の前に小さな空き地があるのに気がついた。高齢の建築家が自身の眠りのために、確保したスペースだった。[7]

キャバノンに戻った彼は、気を取り直し、何事もなかったかのように母、マリーと兄のアルベール宛てに、実務的な用向きの手紙をしたためた。その中で、一九五八年のブリュッセル万国博覧会のために彼が設計した前衛的なテント型のフィリップス・パビリオンで展示される「電気的な詩」を見に来るよう、兄に勧めている。

母親より妻に先立たれるのは異例だが、それにしても、彼の母、マリーはまるで永遠に生き続けるように見えた。年のせいか小太りし、肌は革のように硬くシミも多く、髪は真っ白で艶があった。日頃、決して手放すことがない眼鏡姿で口を尖らせ、やや驚いたような表情をしている彼女は、誰が見ても次男のル・コルビュジエにそっくりだった。一方、長兄のアルベールは三〇年も前に亡くなった彼女の夫、ゲオルグに似た風貌をしていた。一九五九年の九月、兄弟はふたりしてマリーの一〇〇歳の誕生祝いをした。ル・ラック邸で開かれたそのお祝いの席は、スイスの有力新聞で報道された。実際は、九九歳だったが、ル・コルビュジエは一〇〇周年のお祝いを早めに催そうと気を回し、誕生年を一年ごまかしてしまった。彼らは歌い、笑い、マリーも長年愛したピアノを弾いた。[8] 実は、ル・コルビュジエはこの時、インドから寝ずの旅で、駆けつけたのだった。

その翌年の冬、一九六〇年に彼女は逝った。マリーは一世紀にわたる人生を、最初はラ・ショー・ド・フォンで、それからレマン湖のほとりで過ごした。豪奢なスイスのリビエラ風景が、周辺に続々と姿を現すのには目もくれず、質実剛健な人生を貫いた。台所に立てば、息子がデザインした横長の窓越しに湖の景色が望めた。彼女はストイックな家長で、貧しかった時期には得意のピアノレッスンで、一家の家計を支えた。だが、一世紀にもわたる忍耐生活を堅持したことに加え、終始、無関心を装って息子を苦しめたことで、ふたりの心はついぞ和解することはなかった。ル・コルビュジエが、世界を股に名声を築いていた間、兄のアルベールは年中家にいて、母親の最期もそばで看取った。知らせを受けたル・コルビュジエはスイスから駆けつけ、降り続く雪の中を、黒のリムジンが棺を乗せて走り去るのを見守った。

母親と息子の関係は、終生、不思議なものだった。彼は自分の業績を母親に自慢しただけでなく、女性関係までも得意げに報告した。ジョセフィン・ベーカーと過ごした時間の詳細も、母への手紙にすべて詳らかに記されていたから、今や世界が知るところとなった。彼は、母親に自分のヌードを描き送った。葬儀の後、兄に宛てた手紙の中で、全身ピンクをまとった母親が駅のホームで待っている夢を見たと語り、その姿をスケッチに落とした。[9]「太陽のように輝くマリー」は、彼がロンシャンで祀ったセクシーな女神、その人だった。

父親が数年前に亡くなった際、ル・コルビュジエはひどく動揺した。嬉しい時も悲しい時も、絵を描くのが常だった彼は、死の床にあったゲオルグの姿をスケッチした。悲しみが霧のように彼を包み、振り払うことのできない寒さを感じた。これまで万事をコントロールすることに心血を注いできた男が、抑えきれない感情に翻弄される不快感に襲われた。だが、母親の死に面して、彼女は天寿を全うしたのだと納得できた。「死」を受け入れることができたのである。そして、自身の「死」と向き合うことも、また、受け入れたのだ。

こうして、たったひとりになってしまった彼は、毎朝、ナンジェセール・エ・コリ通り二四番地で絵を描くことに精を出した。愛用の白黒のチェックのシャツ姿で、右腕を左腕で支えながら、次から次へとキャンバスに描く。ピカソやレジェと同じ名声を得られるかもしれないと期待してやっていたから、一番幸せな時間だった。もちろん、そんなわけにはいかなかったが……。午後は、判を押したようにほぼ毎日、セーヴル通り三五番地のアトリエに出向いた。彼の建築は、その頃でも引っ張りだこで、かつてないほどの発注依頼があった。

チャンディーガルでは、次々に新規公開された都市区画が、称賛をもって迎えられた。東京の国立西洋美術館は、日本人に刺激を与えた。この建物は、国連本部の縮小版を思わせる場所に建てられ、窓が少ない大きな箱型で、室内はアート作品の展示のために絶妙にしつらえてあった。[10]東京からの要請で、数十年前にパリ郊外に提案した「無限成長美術館」のコンセプトに基づいて建てられたこの建物は、きわめて満足のいく作品となった。[11]

フランスでは、フィルミニの街が彼の「虜」になっていた。そこでは、ロンシャンの礼拝堂やラ・トゥーレット修道院のようなドラマティックな教会をデザインしただけでなく、ユニテ・ダビタシオン型の集合住宅の最終版、さらには船の舳先を思わせるような角度のファサードが特徴の小学校の設計も行った。

キャリアの後半、彼は新しい建築形態を次々に考案する。従来の殻を破ったロンシャンに続き、チャンディーガルやフィリップス・パビリオンでも、曲線やうねりを採り入れ、ヌイイ・シュル・

セーヌでは、二棟がペアになった個人住宅のジャウル邸で、タイル張りのヴォールト天井のデザインを採用した。

第二次世界大戦後の長期にわたる復興の中で、這い上がろうともがくイタリアでは、巨匠の革新的発想が絶賛された。ル・コルビジュエはその昔、ムッソリーニへ懇願したものの、戦争のために中断していた仕事に再び関心を寄せ、働きかけを行った。タイプライターから電卓、コンピューターという新分野に軸足を移したオリベッティ社は、新しい本社を必要としていた。ル・コルビュジエは、ユニテ・ダビタシオンの直方体をさらに引き伸ばした本社建物に、パラボラ塔、アメーバ状の構築物、そして基底部を取り巻く斜路などを添えて、それらすべてをピロティの上に据えた。技術研究と改革の促進を目的とするこの近未来的複合施設の用地は、ミラノ郊外の街、ローにあった。[12]

ヴェネツィアは、サン・ジョッベ地区の救急患者用の大規模病院の建築に彼を起用した。海際と海上に建てられる、他に類を見ない挑戦だった。彼の提案は鉄とコンクリートが水平に広がるパッチワークの建築で、ドミノ倒しのように四角い中庭を直角に囲む、内部に回廊を採用したプランであった。信頼のおける弟子、ギレルモ・ジュリアン・デ・ラ・フェンテが、このプロジェクトの陣頭指揮にあたった。ル・コルビュジエが現場を訪れると、スーツにサングラス姿のイタリア政府高官や財界人らが、セレブ建築家と一緒の写真に収まりたいと群がってきて、おおいにもてはやされた。

設計依頼は、世界中から殺到した。世界を動かす大立者たちは、さまざまな問題で激しく意見をぶつけ合うが、ル・コルビュジエに関してだけは、みんな異口同音に、賛辞の言葉を惜しまなかった。フィデル・カストロは、キューバの建築の設計を彼にと望んだ。バグダードでは、スタジアムとスポーツ複合施設であった。

その頃、ジョン・F・ケネディはニューヨーク市で大規模復興事業を始めようとしていた。マンハッタンのウェストサイドの五七丁目から七二丁目まで、三五エーカーにも上る未開発地が対象で、ル・コルビュジエが最初に米国を訪れた際に構想した大規模都市計画に匹敵する規模だった。撤去すべきものなど何もない、ハドソン川沿いのこの広大な未開発地は、マンハッタン島の市街地の端にあって、ちょうど島の反対側にある国連本部ビルと対座していた。この貴重な不動産は、アマルガメーテッド・リトグラファーズ・オブ・アメリカ・ユニオンが所有していて、彼らは、住宅、商業、オフィス図書館、公園、そして運動場を擁する巨大なミクスドユース施設の建設を希望していた。ヒラリー・ハリスがル・コルビュジエを設計者にと推薦した。ヒラリーは、その昔、ル・コルビュジエとマーガレット・ハリスが、ニューヨーク市フェアフィールド郡のパークウェイを走り回っていた頃、狭い後部座席に同乗していたマーガレットの息子で、セーヴル通り三五番地に弟子入りしたのち、映画製作者となり、大規模都市開発事業をドキュメンタリーにしたいと願っていた。ケネディ大統領はモダニズム建築の信奉者だったが、伝統的な様式を好んだジャクリーン夫人への配慮からやや遠慮がちであった。しかし、この事業の命名は自分がやると決意していて、設計者がル・コルビュジエなら望むところだった。だが、高齢となった建築家は首を縦に振らなかった。米国での発注絡みの厄介ごとに、金輪際、関わり合いたくなかったからだ。[14]

彼にとって、もはや、注文の多寡は気にならなかった。相当前から、勝利を手にしてウィニングランに入っていたからだ。シャルル・ド・ゴール大統領は、彼にレジオン・ドヌール勲章を授与し、その式典で、「世界一の偉大なる建築家」だと褒めたたえた。アルメニア人の写真家ユーサフ・カーシュの手で、彼は二〇世紀の殿堂入りを果たした。ウィンストン・チャーチル、ヘミングウェイ、ヘレン・ケラー、そしてエリザベス・テイラーと肩を並べたのだ。カーシュが撮影した建築家は、他にフランク・ロイド・ライトただひとりだ。ナンジェセール・エ・コリ通り二四番地のアトリエで、撮影用の椅子に座り、彼はこの集合住宅のさまざまな特徴について誇らしげに話した。「そこにある螺旋階段はたったの二〇〇ドルでできた」。だがその後、厳粛な面持ちになって、貝のように口を閉じた。ダブルのスリーピースのツイードの上下に身を包み、蝶ネクタイ、白のポケットチーフ、そして額に眼鏡をかけた。カーシュは、被写体の緊張をほぐし、気分を楽にさせるためにいろいろ試みるのが常だったが、ル・コルビュジエのかたくなな態度は崩れなかった。それまであまりにも多くの方面から挑発されてきたので、これ以上の無用な誤解は避けたいと防御するかのようだった。[15]

ル・コルビュジエを、晩年になっても手放しで歓迎してくれなかったのは、他ならぬパリだ。彼は、セーヌ河畔にあって廃墟と化した郊外行き電車のグランドターミナル、オルセー駅の再開発コンペに意気込んで参加した。旧駅のそびえ立つガラスのファサードは割れ、破れ、ゴミだらけのメインコンコースは駐車場になっていた。象徴ともいえるマーキュリー神の顔彫刻が、隣のレジオン・ドヌール勲章博物館を見下ろしていたが、何やら寂しげだった。この場所の再開発コンペに招かれたル・コルビュジエが提出したデザイン案は、三三〇フィートの横長のビルで、国連本部ビルや、アルジェの街に提案した巨大な建築案を彷彿とさせた。基底部にある低層建物に加え、この複合施設は大会議場、ホテル、展示空間、そしていくつもの会議場を擁していた。[16]

競合作も負けず劣らず大胆で、中には巨大なコーンの形をした回転するトーチもあった。入選したルネ・クーロンとギョーム・ジレのデザインは、ル・コルビュジエの高層タワーの横置きバージョンで、長さは数ブロックに及んでいた。施設は、川の対岸にあるルーヴル美術館や、チュイルリー公園を見下ろす計画だったが、パリ市は再開発構想そのものをあらためて見直すと決め、結局、オルセー駅は、修築され美術館に生まれ変わることになった。解体を免れた廃駅は、セザンヌやモネの作品に長蛇の列ができる素晴らしい美術館となり、今や期待どおりパリ一番の観光スポットとなっている。しかし、ル・コルビュジエは、彼の提案が却下されたのは「ヴォワザン計画以来、自分の名前が故郷の街、パリに恐怖を呼び起こしている証しだ」と考えていた。

いずれにしてもスローダウンの時期だった。そしてそのためには、ロクブリュヌ・カップ・マルタン以上に適した場所はなかった。こぢんまりしたこの村で、彼の動静は人目を引いた。丸い

ヘミングウェイも、ジャクリーヌ・ケネディも、肖像写真家カーシュに撮影された。
いつになく厳粛な面持ちのル・コルビュジエ

1965年夏、キャバノンの前庭でひとり海を見つめる最晩年のル・コルビュジエ

黒縁眼鏡をかけた彼が、神秘の黒鳥というよりは、シャープな顔立ちの年老いた賢いミミズクのように、浜辺をふらふらと歩き回っているのを見て、若い村娘たちはクスクス笑いをこらえることができなかった。[17]「私みたいなブサイクなじいさんを相手にしないでくれ」と、暇を持て余していたカメラマンを諭した。「あの岩山の向こうのグレース公妃だの、サントロペのブリジット・バルドーを撮ったらどうかね。そのほうがよっぽどましだとは思わないかい」[18]。

キャバノンの周りでは、自分をドン・キホーテだと思っていたらしいが、ロビンソン・クルーソーのようでもあった。イヴォンヌ亡き後、まるでH・D・ソローの『森の生活』のように、理想的なひとり暮らしをしているのである。小屋の前にあつらえられたテーブルに、レブタートから の食事が届いている日もあった。彼はベンチに座り、胸をはだけて、白い帽子を頭に、じっと海を眺めていた。そこでは、自分のキャリアを振り返ってみる時間もふんだんにあった。彼の設計案はほとんど暴力的と言っても過言ではないほどの反応を巻き起こしてきた。「狂人」と呼ばれたり、「レーニンの手先」だとも、そして「不動産開発業者の下僕」だとも蔑《さげす》まれたし、あるいは同じ年に「共産主義者」であり「資本主義者」だとの烙印《らくいん》も押された。

建築の世界は驚くほど過酷な競争に直面していた。サヴォワ邸やロンシャンの礼拝堂は実現したが、その一方で、国際連盟、ソヴィエトパレス、リオデジャネイロ、ボゴタ、アルジェの計画は実現できなかった。手がけた三〇〇件の設計案のうち、実現したのは七八件である。有力な建築家としてはパッとしない記録で、ライバルの米国人建築家フランク・ロイド・ライトがものにした数よりもはるかに少なかった。

ル・コルビュジエはあらゆる事物を心で深くとらえていた。勝利も、そして失望も。彼のようにダイヤルを目いっぱい回して、最大音量で人生を生きるということがどういうことなのか、凡人には想像もできなかった。まるで、雲や太陽だけでなく、気圧や空気量も見ることができる気象学者のように、彼は常に世界をX線透視で分析していたのだ。

周りの人々は、すさまじい彼の勢いにたじたじだった。スタッフが寝る間も惜しんで描き上げた図面に、かまわず罵声を浴びせたかと思うと、父親になったばかりの別の男性スタッフには、クリスマスイブに匿名でギフトバスケットを届けた。どちらにしても、彼は周囲の空気が読めず、共感することもできないようだった。散々やり合った挙げ句に、まるで何事もなかったかのようにリングのコーナーに戻る。彼が何かの機会に何回も、自身をボクサーにたとえたのも、まんざら偶然とはいえない。バスケットボールの愛好者でもあったから、選手が最高の働きを見せるのは、怒りの感情を持ってプレーする時だということもわかっていた。

アトリエの同僚だったアンドレ・ヴォジャンスキーの記憶によればル・コルビュジエを自宅に招いた時、「パック」という名のジャーマンシェパードに引き合わせた。ル・コルビュジエは、初めはその犬を撫でたりしていたが、やがて首をつかんで強く締め上げた。そしてさらに強く。驚愕したアンドレは、諌めるとともに「噛まれますよ」と警告した。「どこまでやれるか、限界を探るのが好きでね」。それが、ル・コルビュジエの返事だった[19]。

仮に自身の人生を通じての行動を彼が悔いていたとしても、決してそのような弱みは見せなかった。一回だけ、それに近いそぶりを見せたのは、一九六一年にニューヨーク市を最後に訪れた際の、車中だった。コロンビア大学での講演を引き受け、そこで名誉学位を授与される段取りが、謝礼の額やら、旅行費用などの交渉に何か月も費やした挙げ句、やっと決まった。空港で学生の群れに歓迎され、リムジンで荷物をホテルに届け、それからブロードウェイの一一六番へと向かうと、学生数千人、そして誇らしげな父兄たちが、どしゃぶりの雨を押して、ロタンダ（円形建物）の前に集まっていた。ル・コルビュジエは、房飾りの式帽なしでは学位は拒絶すると言い張ったが、結局、羊皮の名誉学位証書を受け取り、広げて傘代わりに頭に載せて豪雨を防いだ。案ずるとおり、インクが滲んでシミだらけとなった。モーニングサイド・ハイツからの帰りの車中で、なぜあのようなつむじ曲がりの行動を取ったのか言い訳を始めた。「みんな、なぜ私がこんなに気難しいのか、戸惑っているだろうな」。雨の降りしきる窓の外に広がるマンハッタンの雑踏を見つめながら、つぶやいた。「建築の世界ではこんな具合にやることが、とっても重要だからだよ」[20]。

確かだったのは、彼の「一〇〇〇万人といえども、我行かん」という態度は、彼の人生にとって極めて不利に働いたことだ。他人と触れ合えば、いつかきっと傷つけられる、もしくは、自分の天与の才と、権威とがなんらか疑惑を持って迎えられるであろうと思う彼の予断は、時が流れるにつれ他人を遠ざけることとなった。熱烈な支持者であっても、彼と対面する際には硬い態度で臨んだ。絶対に必要だと思われることしか質問せず、しかも決して彼の感情を損なうことのないように言葉を慎重に選んだ。何人か、たとえば、ネルーのように、彼を全く忌避する人もいた。こうして、彼は多くの人間関係をダメにしてきた。他人行儀で、気まぐれな性格、ひらめきの才能は、ある伝記作家に言わせれば、「軽い自閉症」かもしれないとのことだ。[21]

一九六五年の夏、人との交わりは、もはや絶望的となった。アトリエの中心的存在で、のちにハーバードやMITで強い指導力を発揮した、ジャージー・ソウタンが、その七月に師匠のル・コルビュジエを訪れた際のことを次のように追憶している。

恒例の八月の休暇で、パリを出立する前の晩だった。もう彼のワイフは亡くなっていた。アトリエを訪ねたところ、彼の「侵すべからざる」一日のリズムは、大きく変わっていた。実のところ、全く逆になっていた。毎朝、コルブはセーヴル通りで過ごし、午後になると疲労のせいで動きが鈍かった。だが、生活が大きく変化したと認めるのは、彼の望むところではないことをみんな知っていた。心臓の調子がよくないのも、周知の事実だった。アトリエから、タクシーでナンジェセール・エ・コリ通りの自宅に行き、そこで昼食を取った。テラスには太陽の光が燦々《さんさん》と降り注ぎ、さまざまな花であふれていた。遥か彼方には、モン・ヴァレリアンの山並みが真夏の熱気に揺らいで見え、あたりにはミツバチやコバエが忙しく飛び回っていた。「飲み物はどうする?・」「そうですね、何か軽いもの。デュボネかな。で、コルブ、あなたは？」彼は私を無視してダブルのパスタスを、水なしで飲み干した。「それは危険な飲み物じゃありませんか」と私は穏やかに抗議したが、コルブはほほ笑みを返してきたものの、真剣な面持ちだった。生きている限り、妥協はしない。生きている限り、貫いて生きる。しかし、昼食を終えると、目に見えて弱々しくなった。「そう、少し横になりたい。地中海につきものの昼寝の時間だ。大騒ぎするようなことではないよ」と、優しく、だが、きっぱりと私を追い払った。[22]

この翌日、ル・コルビュジエはサンジェルマン地区に行き、長年の主治医、ジャッキー・ヒンダーマイヤーのアパートで、昼食を共にした。休暇でパリを離れる前に、恒例となった行事だった。ふたりは、さまざまなことを話し込んだ。お互いの職業を取り替えたらどうなっていただろうかという他愛のない話もした。ル・コルビュジエは、自分が医者だったら尊厳死を認めるだろうと、それとなくほのめかした。中座した電話を終えてヒンダーマイヤーが席に戻ると、ル・コルビュジエはシャツを脱ぎ捨てていて「気分がすぐれないんだ」と言った。「まるで配管の中にネズミがいるみたいだ」。聴診器を手に取った医師は、彼の心臓がひどい不整脈を起こしているのを見て取った。

ヒンダーマイヤーは懸命に説き伏せたが、ル・コルビュジエのロクブリュヌ・カップ・マルタン行きを止めることもできなかったし、水泳をやめさせることもできなかった。それでも、泳ぎは昼間の一回だけ、そして激しい運動は控えると約束させた。翌日、彼はパリからニースに飛び、そこから隠れ家まで車を走らせた。

当時書いた手紙の中で、彼は誰もがいつかは死ななければならないことや、活動的な人生を送っていれば、死は美しいものであると語っていた。疲れはしたが、高齢者が感じる疲労感ではなく、五〇代の人が感じる疲労感だとも。兄のアルベールは、心配しっぱなしだったが、八月の末にル・コルビュジエが彼宛てに出した手紙には、レブタート一家が自分に合った健康的な食事、十分な休息、そして息抜きに気を配ってくれるから何も心配はないと書いてあった。「あの家族は、私をまるで砂糖菓子のように大事に扱ってくれているよ[24]」。

だが、一九六五年の夏も遅くなって、ロベール・レブタートが妙に思ったある出来事があった。第二の父とも慕うル・コルビュジエが、ある文書をパリに届けてくれと手渡したのだ。当時、レブタートはアトリエの一員となっていて、師にならって将来の大建築家を夢見て修業に励んでいた。「もちろん喜んでお届けしますが、おかしくはないですか」と彼は尋ねた。というのも、レブタートがお使いをやり遂げるよりも、ル・コルビュジエがパリに帰る予定のほうがずっと早かったからだ。だが、年老いた師匠は言い張った。別の思惑があったのだと、レブタートはのちになって思い当たる[25]。

いつも、彼はレストラン「エトワール・ド・メール」に隣接するテラスから直接海辺へ歩き出す。水際にあるギザギザの岩の露頭を目指してゴツゴツした道をたどり、そこから果敢なジャンプを試み、逆波が打ちつける中、また岩場へと戻る。ある日のこと、えらく苦労して這い上がるのを心配した友人が見守っていると、ル・コルビュジエは胸を張って、「神が『私のようなプレイボーイ』をもてあそんでおられるだけさ」と言った。「あとどのくらい、力が残っているのかとね」[26]。

一九六五年の八月二五日、戸口を出た彼は地中海に目を向けた。花や樹々が風に揺れなびいていた。彼は、この夏から、それまでとは別のルートで、海を目指していた。線路に平行に走る道をたどって、小石と黒砂が三日月状に広がるロクブリュヌ・カップ・マルタンの大きな浜辺に足を運ぶ。そこは、砂利、砕かれた貝殻、シーグラスでぬかるんだ浜地で、足を取られた。デコボコした石や砂利、そして打ちつける波をかき分け歩くのは結構な挑戦だ。腰まで水に浸かると、深く息を吸って泳ぎ始める。クロールは、ル・ピケで四〇年も前に習った自己流だったが、右に左に、正確でリズム正しく、ひじを曲げ、手は銛《もり》先のような角度で入水した。

波は、彼を上へ下へと揺り動かす。ちょうど、三五年前の客船ルテシア号で大西洋上で揺られたように。海水の浮力で体が浮くとはいえ、海原を泳ぐのは臆病者には無理だ。田舎道のジョギングとは違い、海の中では止まってひと休みとはいかない。

最初の一撃が彼を襲ったのは、沖合に一〇〇ヤードほど出たところで、腕も脚も動かすことができなくなった。頭が水中に沈んだから、目に海底のウニの姿が焼きついたかもしれない。何年も前に、まだ元気だったイヴォンヌのために、ロベール・レブタートがエトワール・ド・メールに持ち帰ったあのウニの姿。ひっそりと岩陰に隠れ、暗紫色のトゲを生やしたウニ。最後の瞬間、それは突然、トレーシングペーパーに滲み広がる墨のようにぼやけ、暗黒がすべてを覆った。

パリから休暇でロクブリュヌ・カップ・マルタンにやってきたふたりの若者が、夏の光にあふれた朝の一〇時、水面に力なくうつぶせに浮く身体を見つけた。シモン・オジーブロとジャン・ドゥシャンが、ふたりして岸から二五ヤードほど泳ぎ、砂利の浜に連れ戻した。まだ弱いながらも脈があると感じ、口移しに人工呼吸を施したが、手遅れだった。ほんのひと筋、ル・コルビュジエの口の端から血が流れていた。地元の救急隊が到着し、酸素吸入を試み、ソルカムプレ薬を打ったが、虚しかった。[27]

「ル・コルビュジエ、逝く」。フランス全国に大見出しが流れた。一部の新聞がレブタートの飼い犬、ジャーマンシェパードの写真を掲載し、ル・コルビュジエの愛犬だと間違った説明文をつけた。なかなかの出来栄えで、忠犬が帰らぬご主人を待ち続ける素晴らしい写真になっていた。

検視の結果、死因は循環器系の不全と判明した。まさにジャッキー・ヒンダーマイヤーの警告どおりだった。医師の指示を無視したこと、さらには一九六五年の夏以前にもいくつかの変調が起こったことを考え合わせると、海辺への歩行は彼自身が仕組んだ自死ではないかという疑いを多くの人が抱いた。この日でなかったとしても、翌日、あるいは翌々日を期しての覚悟だと。

自らの職業、そして個人的な生活のすべての面をコントロールするのが彼のやり方だったから、どんな死を迎えるかについても振り付けをしていたと考えるのはことさらおかしいことではあるまい。普段の健康状態は、イヴォンヌよりずっとましだった。しかし、彼女がパリからロクブリュヌ・カップ・マルタンまでの列車で、特別なコンパートメント内で世話をされ、駅からキャバノンまで車椅子で運ばれなければならなかった時には、彼の顔も苦痛にゆがんだ。彼は何回か、「老衰して動けなくなるのはごめんだ」とコメントしている。

建築史家のケネス・フランプトンの説によれば、アルビ派（ル・コルビュジエが、その子孫だと固く信じていたカタリ派）には「聖なる自死」の伝統があり、人は死の床にあって、最後の秘蹟を授かり来世への旅支度をし、そのうえで断食、断水によって死への歩みを進めるとのことだ。「太陽に向かって泳ぎ、死ねるなら、なんと気持ちがいいことか」と、アトリエの同僚、ジャージー・ソウタンに語ったことがあった。[28] ヘミングウェイと同じで、もう十分に悟りきっていた。人生をロクブリュヌ・カップ・マルタンで終わらせると決めていたのだ。間違いなくそう言い切れる。

彼は、大仰な葬儀を望んでいなかった。実際、何かの機会に言葉にして、そのような儀式は「お笑い種」に過ぎないとまで言い切っていた。[29] だがフランス政府は、この「帰化した息子」に対して大規模な葬儀を用意し、亡骸は大統領にもふさわしい扱いで搬送された。正装をまとい、ロクブリュヌ・カップ・マルタンから隣町のマントンの市役所前へ、それから彼が設計した聖なる場、リヨン郊外のラ・トゥーレット修道院に運ばれ、ひと晩を過ごした。修道士たちが、彼らの瞑想と祈りのための特別な空間を創造してくれた人物へ沈黙の称賛を捧げた。

棺は黒のリムジンでセーヴル通り三五番地に到着し、それをひと目見ようと群衆が取り巻いた。

一九六五年の九月二日の闇夜、二〇人の兵隊がサイドキャップを頭にルーブルの中庭に集結し、あかあかと灯《とも》るトーチを手に、棺を守って行進した。棺は、金色の房飾りで縁取りされたフランスの国旗に覆われていた。美術館のクールカレ庭内外には、三〇〇〇人の人々が参集し、シャル・ド・ゴール内閣の文化相、アンドレ・マルローが世界で最も偉大な建築家を、現状膠着に挑戦した革新者、建築界の革命児として褒めたたえた。それだけでなく、ル・コルビュジエの言葉を引用し、「今、人類が最も必要としている『静穏と平和』のために奮闘した」と述べた。パリの新聞は「太陽の制御に成功した男」と持ち上げ、「われわれを、専制から解放してくれた」とも報じた。パリ中心部の取り壊しを提案した人物であったにもかかわらず……。30

華やかな儀式がひと段落すると、遺骨はロクブリュヌ・カップ・マルタンに運ばれ、彼が設計し、イヴォンヌと共に眠るつもりだった墓所に安置された。墓地は階段のように急な丘の中腹にあり、それぞれの段に墓が並んでいた。墓石は内陸に向いていて、地中海の青を背景に、刻まれた名前がよく見えるようにしつらえてあった。イヴォンヌの葬儀の時と同様、墓標の横に立ったレブタートは、一五年前から親交が始まったこの並外れた人物に敬意を表して式を仕切っていた。

それから間もなく、国民的英雄にふさわしい叙勲のたぐいが殺到した。彼の顔は一〇スイスフラン硬貨となり、首都ベルンでは名前が広場に、ジュネーブやロクブリュヌ・カップ・マルタンでは街路につけられた。サンジェルマンのラスパイユ大通りと、セーヴル通り、そしてバビロン通りが交差する三角の広場が、ル・コルビュジエ広場と名づけられた。それにしても、現在、ホテル・ルテシアだのボン・マルシェ百貨店などの脇を慌ただしく通り過ぎる人たちは、パリ六区のこのコーナーに、その昔、偉大な建築家が仕事場を持っていたことなど気に留めていそうもない。彼の偉大な業績は、今や完全に今日の文化と一体になっているのだ。彼の思惑どおり「モダン」は、今日、この惑星にあふれている。

終章

この惑星に残したレガシー

二〇一三年の一一月のある日の午後遅く、ハーバード大学大学院デザイン科の学生たちが、厳しい「作品レビュー」に向けてスタジオで模型製作や図面引きの準備に励んでいると、マルチ・プラチナム・レコーディング・アーティストのカニエ・ウェスト（Ye）が「トレイ」と呼ばれる五つのレベルに分かれた作業スペースの下に姿を現した。あたりには人の群れができて、この希代のラッパーが何を発信するのか製図台周辺は騒然となった。「僕が言いたいのは『デザインこそが世界を救う、と信じている』ということだよ」と彼は叫んだ。そしてさらに「保守的な連中は、素晴らしい考えをけなし、職場にはクリエーティブな人の足を引っ張る連中もいる……だから君らが懸命に学び、技を磨き、創作に励む姿を見て、感銘を受けているよ。おおいに刺激を受けた」と続けた。[1] その数か月前、この高い人気を誇るパフォーマーは、ニューヨーク・タイムズ紙のインタビューに応じて、デザインの制作過程や、ある建築家から受けたインスピレーションについて、より具体的に語っていた。「ル・コルビュジエこそ、現状に挑戦し、斬新さと端正さ、そして簡素さをもって、過去と決別した人物だ」。そして、自分の音楽もまた、大胆なシンプルさを擁していて「ラッパーの身体に宿る本当の僕は、ミニマリストなのだ」と。[2]

ハーバードの格式高い建築学科の本拠地ガンド・ホールに、ル・コルビュジエのファンがいるのは当然のことだ。何世代にわたる建築家が彼に触発され、デザインを模倣し、さまざまな結果を残してきた。建築家のオフィスに行けば、たいてい本棚に彼の「全作品集」が鎮座しているが、カニエ・ウェストのような人気のあるエンタテイナーさえもが彼を高く評価したことは、そこに、何かより普遍的なものがあることを示唆している。

ル・コルビュジエは、世に知れた知識人として、また大義のリーダーとして、その職業をセレブリティの域にまで高めた元祖スター建築家であり、自らのPRや広報活動を行い、自分のアイデアをプロデュースするパイオニアでもあった。近代建築の五原則は、地面の開放からオープンプランに至るまで、複雑なテーマを極めてシンプルなものに置き換えた典型例だ。また、建築環境に対する彼のアプローチは、単なる建築スタイルへのこだわりではなく、交通、経済、政治、家庭の機能、人々の幸福、公衆衛生、低廉住宅などを網羅する幅広い信念と規範の体系であり、より包括的なものであった。さらに、人間の居住に関する彼の処方箋は、「個々」の家の設計基準であるモデュロールから始まり、シームレスにスケールアップして、住居、職場、商業の集合体である「都市全体像」へと展開する。その間、彼は著作家、画家、彫刻家、製図工、講演者として、それら、すべてを演じきった。

しかし、時の流れは非情だ。ファンもいれば、声高に批判する人もいる。既存のパリ中心部を取り壊すという彼の構想は、荒唐無稽と酷評され、都市の破壊者として今も悪名が高い。彼の特性はコンテンポラリーデザインの最悪の側面を体現していると考えている人もいる。人が実際に建物とどのように関わるのか、家の中でどう過ごすのか、あるいはエントランスをどう探し当てるのかなどについて、全く見当違いの考えにとらわれた結果、形態に固執しすぎているというのだ。悪くすれば、彼が完全に忘れ去られ、無名の存在になる危険性さえある。米国では、フランク・ロイド・ライトこそモダン建築のパイオニアであり、建築家の典型的イメージとして、より多くの人に知られている。率直にいって、米国では限られた研究者を除けば、ル・コルビュジエの存在はほとんど知られていないから、彼に関する本を書く際には、まずはル・コルビュジエという人物を少しでも知ってもらうために、四苦八苦しなければならない。オフィス、公園、そしてダウンタウンと、アメリカ全土にわたり、その都市景観へ多大な影響を与えた人物であるのに、彼が何者なのか知る人はごくわずかなのだ。カニエ・ウェストのファンは、ウェストがなぜにル・コルビュジエを特別扱いするのか不思議に思ったことだろう。

ル・コルビュジエのレガシー、つまり彼の影響力、善と悪、そして彼がどのような人間であったかを語れるのは、ル・コルビュジエその人をおいていない。生前から、綿密に自身への振り付けを考えてきたからだ。広報に気を配り、デザインに対する彼の包括的なアプローチが、死後も狙いどおりに特色づけられるよう計らっていたのだ。大統領選の候補が、将来、自分の「大統領図書館」に何が入るかを考えるのに似ているが、彼も早くから先を見据えて、図面、論文、手紙、書類などのコレクションをどのように集めておくべきかに考えを巡らせていた。

一九四九年、友人へ宛てて彼はこう書き送った。

人は予期せず命を落とす……私は妻の同意を得て、自分の財産を貧しい人たちに遺すことにした。と言っても、せいぜい火つけ紙程度にすぎないのだがね……ここ、ナンジェセール・エ・コリ通り二四番地に、そしてまたセーヴル通り三五番地の倉庫にも、あらゆる種類の、おびただしい文書、資料が保管されている。図面、書面、メモ、旅日記、アルバムなどだ。まとまっていなければ価値が失われるシリーズ物を、わけのわからない輩《やから》が手に入れ、台無しにするのを許すわけにはいかない。この書簡を書いたのは、ぜひ貴兄にそのことに考えを巡らせてもらい……いざとなったら、私のアーカイブが不当に散逸しないように、すぐさますべて取りまとめ、文書類を管理してほしいと願うからだ。[3]

直接の相続人がいなかった彼は、人生最後の一五年を費やして、自分の名前を冠した財団設立プロジェクトを細かく計画し、実行に移した。「私はここに、あらゆる事態を想定して、私が所有するすべてのものを、『ル・コルビュジエ財団』という管理団体（もしくは、それが他の組織形態をとるにせよ）に委ね、そこが精神的な主体となって、私が生涯をかけて追求した努力を継続することを宣言する」と、一九六〇年の一月に書き残した。[4]

ル・コルビュジエ財団は、一九六八年ラ・ロッシュ邸内に正式に発足した。この邸宅はスイス生まれのアートコレクター、ラウル・ラ・ロッシュのために一九二三年から二五年にかけて建築されたもので、ジャンヌレ邸と隣り合わせだった。ラ・ロッシュ家が移り住んだ頃、あたりはパリのひなびた近郊にすぎなかったが、今や、細い路地奥にあるこの邸宅の角のビストロでは、ランチのステーキが七二ユーロもしている高級街だ。ラ・ロッシュ邸は、美術館に改築され建物全館を見学できるほか、ル・コルビュジエの作品の一部を鑑賞することができる。所蔵品は、八〇〇〇点にも上る図面、絵画四五〇点、数百枚の資料、そして計画図面である。ル・コルビュジエは、このほかに、四四体の彫刻、タペストリーの下絵二七枚、加えて個人が保管していたハガキや、チラシ、学生が捨てずにおいた講演用の長いメモや、女性の水彩ポートレートなど、衝動的に描きなぐったものまで遺してある。

現在、財団はジャンヌレ邸の中に所在し、ル・コルビュジエに関して書かれたすべての書籍、そして彼自身が手がけた書き物すべてを所蔵している。特に、書き物は膨大な量に上る。生前の著作三四冊に加え、死後に発刊されたものもあり、その中には、自伝的な『Le Corbusier lui-memo（ル・コルビュジエ・ルイ・メモ）』（海へ向かう最後の日を前にして、彼がロベール・レブタートに頼んでパリのウジェーヌ・クラウディウス・プティに届けてもらった編集原稿）も含まれている。彼は、私信も数多く書き送った。母親宛てのものはよく知られているが、ウィリアム・リッターをはじめ、他の友人たちにも本心を吐露し、人生の節目に起こったさまざまなことについて回想している。建築のプロとしても、プライベートなものとしても、膨大な記録である。

表向きには彼は、極論家にふさわしく自信を誇示し、決して妥協しないことを常に実践していた。一方、プライベートでは、特に若い頃は、うつ病に近く、自己不信に悩まされていた。順調な時の彼は、高く舞い上がり人生や建築を楽しんだが、どん底では深い絶望に襲われ、長年の鬱《うつ》憤《ぷん》を抱え込んでもいた。頑固一徹の彼に反感を抱く人は少なからずいたし、特にヴィシー時代の彼の行動への疑惑は深刻であった。彼がその頃の交流関係を矮小化し、あからさまに記録から抹消しようと試みたのは、恥ずべき行為であった。と言うのも、伝記作家ニコラス・フォックス・ウェーバーが暴露した詳細事実に照らせば、彼自らの意思でヴィシー政権への接近を画策したことは歴然だからだ。ヒトラーやユダヤ人に関する彼の発言、ファシストや優生学的考えに傾倒する極右勢力との親交が、彼の信頼性を損なうのは当然のことだ。ちなみに、スイス最大の銀行であるUBS銀行は、二〇一〇年に彼に焦点をあてた広報宣伝活動から手を引いたし、チューリヒ市は、中央駅に隣接する広場に彼の名前をつけることを断念した。[6]

だが、三〇〇件提案し、うち一二か国七八か所で実現したル・コルビュジエの建物は、いま、着実に修復作業が進んでいて観光の目玉になっている。[7] ロンシャンの礼拝堂下の丘にあるレンゾ・ピアノが設計したビジターセンターは、年間八万人の来訪者でごった返しているし、次いで人気のサヴォワ邸は、第二次世界大戦後、学校をここに建てるというポワシー市の計画案が撤回されて、取り壊しを免れた結果、年間四万五〇〇〇人の来訪者でにぎわっている。さらに、ル・コルビュジエ財団によれば、ラ・ロッシュ邸には年に二万人が来訪するという。また、フランス政府は最近ラ・トゥーレット修道院の保全に、数百万ユーロを投資した。そして、マルセイユのユニテ・ダビタシオンは二〇一二年の火災から完全復旧し、一〇〇〇人以上の住人を擁している。ここを訪れる人は、Airbnb を通じて一室を借りるか、もしくは「ホテル ル コルビュジエ」に宿泊することで、住人の暮らしぶりを体験することができる。ホテルには一九五〇年代風の気取ったバーや、九つのコースが用意されたフランス料理を供するレストランもある。支配人の女性が言うには、一番小さい部屋を希望するペア客には、「おふたりは、アツアツの仲ですよね？」とまず確認するのだそうだ。最近開いたアートギャラリーは、もともとはル・コルビュジエが屋上にデザインした体育館を再利用したものだ。

ナント・ルゼのユニテ・ダビタシオンのガイド付きツアーは毎週土曜になると満員になり、モデルルームは見学者の行列ができている。

彼の死後、二〇〇六年にようやく完成したサンピエール教会を擁すフィルミニの複合施設も、ル・コルビュジエの足跡をなぞるにふさわしい場所であるが、南仏、ロクブリュヌ・カップ・マルタンでは、村役場がキャバノンとアトリエのガイド付きツアーを催行している。ここは長らく完全オープン状態になっていたが、最近、破壊行為が見つかり、以来、金網の柵で囲われ門扉も施錠された。隣り合わせのエトワール・ド・メールはいまだに健在で、休暇を楽しむ人々は、史跡認定された五戸のモダニズム様式のキャビンを賃借することができる。

そして、かのアイリーン・グレイのヴィラE-1027では、ル・コルビュジエが描いた例の「罪深い壁画」が修復され公開されている。アイリーン・グレイ、ジャン・バドヴィッチ、そしてル・コルビュジエとの三角関係を描いた映画（『ル・コルビュジエとアイリーン 追憶のヴィラ』二〇一五年）の撮影は、修復済みの建物と庭で行われた。

彼の生まれ故郷、スイスに目を転じると、両親のために愛を込めた「白い家」は、現在はNPOによって管理され、内も外も手入れが十分に行き届いている。ラ・ショー・ド・フォンに建てたその他の邸宅は、いずれも個人住宅として、現在も立派に役目を果たしている。彼が産声を上げた建物には、史跡銘板がつけられているだけで、一家が住んでいた部屋は他人が入居中だ。建物一階には、ジョーク・グッズ店（ビックリ玩具店）が店を開けている。人里離れたこの街の大きなテーマは、「ル・コルビュジエ」「建築」、そして「まちづくり」で、それ以外に呼び物といえるのは、時計博物館ぐらいしかない。

そこから、鉄道ならさほど遠くないヴヴェイにある「ル・ラック邸」、またの名を「（レマン湖の）小さな家」は、ネスレの旧本社からひと筋下った、豪華リゾートホテルが建ち並ぶ丘の麓にあって、週末には一般公開されている。ル・コルビュジエの母親、そしてのちには兄が住んだこのモダニズムのトレーラーハウスは、今でも壁の色や裏庭（湖を見下ろすためにル・コルビュジエがあけた例の「ピクチャーフレーム」がある）を時間をかけ丹念に調査分析して、修復作業が続けられている。

チューリヒでは、ハイディ・ウェバー美術館（ル・コルビュジエ展示館）が一九六七年に完成した。この美術館は、インテリアデザイナー兼アートコレクター、そしてル・コルビュジエのライフワークをこよなく愛する友人、ハイディ・ウェバーの依頼によって実現した。ふたりはロクブリュヌ・カップ・マルタンで一九五八年に出会い、彼女はル・コルビュジエの彫刻、タペストリー、家具、本などを収める展示館とギャラリーを彼に発注した。彼はそれに応えて、洗練された逆さ屋根を持つ、スチールとガラスのカラフルなパビリオンを建造した。ウェーバーは、このプロジェクトを無事完工させるために、私財、家屋敷を投げうったとのことだが、約束どおり、写真展示や都市デザインに関する講演会をここで催行した。

そして、チャンディーガル。ここはインドへの旅行者にとって特にお目当ての場所ではない。現在、州議会施設は、周囲をマシンガンの台座によって守られ、訪れるためには少なくとも三か所の役所から許可証明を取得しなければならない。「シティ・ビューティフル」は、ル・コルビュジエが意図したとおりの成長を遂げたが、人口は当初ネルーが想定した倍にもなり、今もなお膨らみ続けている。そのような状態では、どんなに堅固で長大な胸壁をつくったにせよ、不法移住者や、スラムがはびこるのを防ぐことは不可能だし、加えて交通事情はアジア大陸のどこにもひけをとらぬほど劣悪だ。

ル・コルビュジエ財団は、他の建築作品とともに、チャンディーガルをユネスコ世界文化遺産に出願申請した。だが、その間にも、ドアの取っ手や、家具さらにはマンホールの蓋などが、主要なオークションハウスやeBayに、チャンディーガルから出品された。例えば、二〇一一年、ライト・オークションハウスに布張りのチーク製ソファが二万五〇〇〇ドルで登場したほか、行政府事務棟のローズウッドのファイル棚が一万五〇〇〇ドルで売られた。[8] こうしたチャンディーガルの「バラ売り」に対して、インドの政府や、ル・コルビュジエの崇拝者たちから非難の声が上がっている。偉大な建築家の作品がバラバラにされ、売り払われてしまうのだから、これ以上の屈辱はありようもない。

アメリカ合衆国ではル・コルビュジエの知名度が極めて低く、かつ一九三〇年代、四〇年代にかけて、彼が疎外されたという思いを強く抱いた国でありながら、実は、最も顕著に彼の影響を受けている国であるのは、極めて皮肉なことではあるまいか。一九二五年の「ヴォワザン計画」は、公園空地の中の高層タワー、ダウンタウンを貫くハイウェイなど、第二次世界大戦後のアメリカ都市再開発のひな形となった。ニューヨークのブロンクスからシカゴのサウスサイドまで、米国全土の都市でユニテ・ダビタシオンを模倣した集合住宅や、広い敷地にそびえる公営住宅タワーが数多く出現した(かなりできの悪い複製であったにせよ)。

都市を貫く高速道路、ダウンタウンのコンクリート造の駐車場ビル、都市再生の最盛期に誕生した官庁施設、これらのすべてがル・コルビュジエの功績に帰するところが大なのだ。ニューヨークの「マスタービルダー」と称されるロバート・モーゼスは、ル・コルビュジエの構想を基に数多くの公共住宅タワーや、大規模なワシントン・スクエア・サウスイースト集合住宅などを建設したほか、クロス・ブロンクス・エクスプレスウェイを完成させ、さらにはマンハッタンを二分するミッド・マンハッタン・エクスプレスウェイ計画を提唱した。なかでも、ミッド・マンハッタン・エクスプレスウェイは、まさにル・コルビュジエの構想そのものをモデルとしたもので、高架の高速道路はビルの最上階をかすめ、時にはビルを貫通して滑らかに走り、デリバリーの配送車や歩行者は別道路に振り分けられた。都市の大小を問わず、古いまち並みは一掃され、高速道路や幅員のある幹線道路、そして広大な空き地に十字断面の高層住宅タワーが続々と出現した。これぞ、まさにル・コルビュジエがパリ中心部で提案した都市構想と寸分たがわない。郊外に見られる高速道路と幹線道路システムも、またル・コルビュジエ案そのものであった。合衆国の交通技術者たちは、補助幹線道路や高速道路システムの構築にあたり、チャンディーガルのグリッド網をすっかりそのまま採用し、これが都市の郊外スプロールの基本的枠組みとなったのだ。

ル・コルビュジエが切り開いたモダニズムは、米国で広く模倣されてきた。モダンな建物外観を求める企業や自治体政府は、ル・コルビュジエに心酔する建築学科の卒業生が描いた模倣的デザインに飛びついた。装飾を排し、コンクリートを使用するこの様式は、高層集合住宅でも、高速道路脇の本社ビルであっても、比較的安価に建設できることから、開発業者にも歓迎された。さらには、全米各地の都市がル・コルビュジエからヒントを得てきた。ワシントンD・C・のダウンタウンのとある交差点では、角地に建つ建物すべてにル・コルビュジエ風の要素を見てとることができる。コンクリートの柱、ピロティ、滑らかで飾り気のないファサード、ユニテ・ダビタシオンやチャンディーガルの州議会堂に見られる角度のついた、あるいはくぼみのある窓などがそれだ。そして、郊外のオフィスパークにある数多くの箱型ビルは、サヴォワ邸にならい、着色された窓枠を持つ水平連続窓を採り入れている。

もちろん、モダニズムの担い手は彼だけではない。ミース・ファン・デル・ローエの平面ガラスで構成した摩天楼はダウンタウンの象徴となったし、フランク・ロイド・ライトは郊外の袋小路に建つ平屋住宅の流布に大きな力を発揮した。ル・コルビュジエとライトの間には、時折ライバル関係が生まれ、ライトはル・コルビュジエに厳しい批判を浴びせたが、ル・コルビュジエは決して反撃に出なかった。ふたりはアプローチの仕方は異なっていたものの（ロマンスへの憧れもさることながら）、「型破りの革新性」の持ち主として共通する資質があった。パリ育ちの男にはやや大陸的なひらめきがあり、仮にフランク・ロイド・ライトをビル・ゲイツだとするなら、ル・コルビュジエはスティーブ・ジョブス、サヴォワ邸はさしずめiPhoneだ。あまり知られていないことだが、ライトが受注したマンハッタンのグッゲンハイム美術館の設計入札には、ル・コルビュジエも参加していた。彼の案は、直角に配置されたスロープで展示スペースの中を上下移動するものであった。

ル・コルビュジエのデザインがアメリカに与えた影響の大きさは、一般市民にはわかりにくいかもしれない。しかし、彼を厳しく批判する批評家たちは、彼の影響力の大きさをよく理解しており、モダニズムの行きすぎや失敗の全責任を彼に押しつけている側面がある。一九三〇年代にペンシルヴァニア州スクラントンからニューヨークのグリニッジ・ヴィレッジに移り住んだ都市評論家のジェイン・ジェイコブズは、ル・コルビュジエの都市構想に強く反発した。一九五八年、ビジネス誌『フォーチュン』のエッセイで、彼女はル・コルビュジエの「輝く都市」は、アメリカのダウンタウンの再生には全くの的外れだと、現実に則した手厳しい評価を下した（そして、これが一九六一年の名著『アメリカ大都市の死と生』の礎となった）。「（「輝く都市」は）広々と公園のようで、混雑もありません」「そして、たっぷり緑の眺めも楽しめます。安定した、シンメトリーの、整然とした都市になるでしょう。清潔で印象的で、記念碑的です。それは、手入れの行き届いた、威厳のある『墓地』そっくりだと言ってよいでしょう。これらのプロジェクトは、ダウンタウンを活性化するのではなく、死滅させるのです」と彼女は説いた。[9]

イースト・ハーレムやフィラデルフィア中心部などの高層集合住宅タワーや、吹きさらしの広場を調べたジェイコブズは、不都合な真実を暴露した。要するに、都市計画家が製図台の上に描いた開発計画は、現実の生活感とは無縁なのだ。住民たちは、撤去されてしまった「角の雑貨屋」を懐かしんでいた。人々は広々とした公園空間に不安を抱いた。よきアーバニズムの構成要素は、ル・コルビュジエが処方したものと、「真逆だ」と彼女は主張する。アーバンライフのための機能は、それが商店だろうが、住居だろうが、あるいは職場だろうが、混在されるべきで、決して分離されるべきではないのだと。理想的な住居密度は六〇階建てのタワーではなく、グリニッチ・ヴィレッジによく見られる五階建てブラウンストーンテラスハウスブロックなのだ。そこでは玄関前の小階段で、住民が「通りや、歩道で演じられるバレエ」に目を配ることができる。幅広い道路や高速道はアーバンライフを台なしにしてしまった。道路は歩行者や自転車に優しくなくてはならないし、都会のコミュニティはバスや地下鉄、あるいはライトレールなど公共交通機関の周辺につくられるべきである。ル・コルビュジエ案の大きな広場や記念碑的な無装飾壁などは、人間の活動を葬り去ってしまう。グリニッジ・ヴィレッジのように、あるいは、パリのマレ地区のように、多様な用途が短いブロックに詰め込まれていることが、健全な都市に不可欠の構成要素なのである。要するに、マスタービルダーが一方的に街にブルドーザーを入れ、彼らが最善と考える建設を行う上位下達は、決してあってはならず、市民は彼ら自身のコミュニティづくりに計画段階から参画しなければならない。

このような、ジェイン・ジェイコブズの教義は、今日のアーバンプランニングの支配的考えとなっている。そして、『アメリカ大都市の死と生』はこの分野のバイブルとなった。ヒューマンスケールで、ミクスドユースや公共の交通手段を指向するコミュニティの育成は、「スマートグロース」として広く知られる枠組みであり、環境保全の礎にもなる。ル・コルビュジエや彼の同志たちが理想とした自動車への依存度を、下げることができるからだ。気象変動への危機感が増す中、CO^2排出削減を目指す「持続可能な都市」こそが、今の時代のアーバンプランニングの目標なのである。

一九五〇年代後半にブルドーザーで破壊された、マンハッタンのアッパー・ウエスト・サイド（現在のリンカーン・センター）や、ボストンの行政府センター施設があるウエスト・エンドなど、当時のアーバンリニューアル事業による物理的、心理的破壊は、まちづくりの暗黒時代をもたらした。そして、これらの再開発事業はル・コルビュジエが一世紀も前にパリの中心部に対して提唱した破壊と寸分たがわなかった。皮肉なことに今日の主要なアーバンプランニングのプロジェクトは、その当時に被った傷痕の修復を目指しているのだ。広大な広場を埋め戻し、ボストンの大動脈道や、ミルウォーキーのパーク・イースト・エクスプレスウェイ、サンフランシスコのエンバカデロ、シアトルのアラスカン・ウェイ高架橋など都市を横切る高架高速道路や、大規模な公共住宅タワーを撤去して、小規模で、より精緻な都市空間の創造を推進する。公園空地の中に建つ集合住宅タワーは、侮蔑を込めて「例のプロジェクト」と称され、次々に引き倒されていった。シカゴのキャブリニ＝グリーン、そして最も有名なミズーリ州セントルイスのプルーイット・アイゴーなどだ。のちにニューヨークの世界貿易センタービルを設計したミノル・ヤマサキによって、一九五四年に建てられた三三棟の大規模集合住宅ビル団地、プルーイット・アイゴーは、凋落する工業都市の活性化を理想に掲げ、公営住宅として広大な空き地に建築された。だが、ここは、犯罪、麻薬の巣窟となり果て、一九七二年には解体撤去が決まる。その崩壊の様子はフィルムに記録され、失敗したアーバンプラニングの象徴として、現実に住む人々の暮らしぶりが、建築家の意図といかにかけ離れたものかを物語る典型事例となった。上空から見ると、プルーイット・アイゴーは「輝く都市」と寸分違わず、アパート建物群は余分なものがそぎ落とされ、ル・コルビュジエが構想したアメニティはなかったものの、紛れもなくユニテ・ダビタシオンから発想を得た箱型をしていた。著名な建築家の都市構想が、かくもあからさまに非難されたことはかつてなかった。そして、全国の都市計画家は「もう、二度とごめんだ」と宣告した。

人間中心のデザインを象徴する「モデュロール・マン」にしてもそうだが、ル・コルビュジエの作品は、実際には人間に不向きなものが多いという苦情がある。廊下やドア枠の幅が狭すぎる。寝室は窮屈。シンクが浅すぎて、蛇口をひねると水が跳ねかかる。彼の得意なブリーズソレイユもうまくいかないことが多く、灼熱に耐えかねた住民は、扇風機や防護シートでアパートや事務所に応急処置を施さなければならなかった。屋根と壁の接面防水はほとんどの場合、完璧でなかった。ただ、問題なのは人々の不満が、建築工法の欠陥に向けられたものではなく、モダニズムのデザインそのものに対して向けられたことである。履き慣れたスニーカーがハイヒールよりも好ましいのと同じで、高級なソファのほうが、セーブル通りから出荷されたクラブチェアよりも結局のところ快適だった。水平横長の帯状窓は、まるで絵画のように外の景色を縁取るが、往々にして眺めが限られ、煩わしさを感じることが多かった。人は、直立した人間の体に合わせた昔ながらの縦長窓から外を眺めるほうが好きなのかもしれない。一九世紀の建築物、インテリア、調度品の寸法を批判したル・コルビュジエだったが、今では逆に彼の発案の欠陥が指摘されている。未来への旅路において、彼の革新の多くの要素は「脇道にそれた道草食い」だととらえられている。フランス語のベトン・ブリュットと、美的表現を掛け合わせた造語、「ブルータリズム」の殺風景な壁から、横長の水平窓に至るまで、モダニズムのプロジェクトは、不幸にも行きづまり、多くの都市に傷痕を残した失敗作として片づけられるべきだと考えている専門家も多い。

そして、かかる激しいアンチモダニズムの反動は、現代のコンテンポラリーデザインにも及んでいる。新古典派スタイルのまちづくりや建築が台頭し、あら探しのにわか批評家が勢いを増しているのだ。ル・コビュジエは、サヴォワ邸やロンシャンの礼拝堂など、画期的なデザインで話題をさらったが、当時、いずれも奇抜すぎると酷評された。礼拝堂は「教会のガレージ」とレッテルを貼られ、カーペンターセンターは二台のグランドピアノがセックスしているとたとえられた。だが、コンテンポラリー建築への風当たりは、こんな程度ではなく、さらに厳しく辛辣《しんらつ》だ。ノーマン・フォースターのスイス・リ本社ビルは「ガーキン（巨大ピクルス）」にたとえられ、レム・コールハースのシアトル中央図書館は高速道路の「陸橋」、さらには、ザハ・ハディドのカタールのサッカースタジアム、アル・ジャヌーブスタジアムに至っては、「女性器」とまで言われた。終末論者のジェームズ・ハワード・クンストラーは、「今月の目障り」という人気ブログを運営しているが、ル・コルビュジエの後継者たちのコンテンポラリー建築は、醜悪で機能不全だとこき下ろしている。このあいにくの流れの中では、帝王ル・コルビュジエといえども、かたなしの「裸の王様」だ。

　ル・コルビュジエは構造工学や新素材、そして新工法の採用などを極限まで追求した。しかも、当時は、現代の建築家が当たり前に駆使するコンピューターもなかったから、建物に欠陥があるのは、さほど不思議でなかった。フランク・ロイド・ライトの「落水荘」も、ル・コルビュジエのサヴォワ邸と同様に、施主から苦情を申し立てられつつも、なんとか乗り切っている。それに、今日、建築家のデザイン上の欠陥は、むしろ珍重される面もある。興味をそそられる革新的な外形が、実用にはまったく適さないと見つけることには、ある種の喜びさえあるのだ。水漏れする壁や窓。積雪に耐えられず崩壊する平屋根の建物。隙間風や、灼熱に悩まされる集会場。かと思えば、エントランスがわからない利用者のために、ビル管理人が手書きの看板を掲げねばならぬことさえある。ロンドンのフェンチャーチ・ストリート二〇番地にある（ラファエル・ヴィニオリの）摩天楼は「殺人光線」とあだ名をつけられた。ガラスの立面が日の光を反射して駐車中の車を灼熱地獄に陥れるからだ。ル・コルビュジエに若い頃会ったことのあるI・M・ペイが設計した、ボストンで一番背の高いジョン・ハンコック・タワーは、窓枠が落下して以来、嘲笑の的となった。今でも建物直下の歩道は、耐えられないほど強い風の通り道で、よく見かけるのは特注のハンドセイルを手にしたスケートボーダーたちだ。フランク・O・ゲーリー設計のMITステイタ・センターの、ノーム・チョムスキーのオフィスは斜めに傾き、つんのめるようなデザインで、机に座るだけでめまいがするそうだ。超知性の持ち主である彼は、第二次世界大戦中に建てられた古いチルトアップ工法の二〇号ビルから転居させられたのだが、このビルのほうがよほど快適だったという。

このような皮肉な見方の根底にあるのは、ゲーリー、コールハース、ダニエル・リベスキンドなど「今日のスター建築家」たちが、過激なデザインを売り物にデッドヒートを演じているように見えることにある。建物がうねる塊のような、いわゆるバイオモーフィズム建築（例えばオランダの、ラース・スパイブルックの「Son-O-House」）に比べれば、ロンシャンの建物は古風でおとなしい。建築学校や多くのコンテンポラリーデザイナーたちの外形へのこだわりは、究極の「耽溺《たんでき》」と見なされ、二一世紀の建築家のあるべき姿の核心に迫る問題を提起する。小説家アイン・ランドの著作『水源』の映画版『摩天楼』で、ゲイリー・クーパーが演じた自説を曲げない「孤高の魔術師」なのか、はたまた、慎ましく、より協調的な、「変革の担い手」なのかという問題提起だ。「波打つ形状や、世間の耳目を集めるような美術館がなければ、『世界的レベルの都市』といえないなどとは間違いだ」と批評家は批判する。「今、必要とされているのは持続可能な都市であり、低廉住宅なのだ」と。

ロンドンに本拠を置く若きデザイナー、アラスタ・パーヴィンは、３Ｄプリントで作成されたブループリントを、無料でダウンロードできるオープン・ソースの建築セット「ＷｉｋｉＨｏｕｓｅ」の一員だが、高額報酬のエリート建築家が、裕福な施主のために住宅をつくる時代に終止符が打たれるだろうと予測している。「私たちの未来には、至る所に製造工場があり……誰でも、デザインチームの一員となりうるのです」と彼は告げる。[10] 狭苦しく、抑圧されている都市の喫緊のニーズに対応するために、最新のテクノロジーと伝統的なコミュニティの「納屋の棟上げ」作業を結びつけることで、一種のクラウドソースアーキテクチャーを生み出すことができるであろう。そのような世界には、ル・コルビュジエのように細部の振り付けや調整を自ら行う建築家の居場所はない。しかし、その地味で生真面目な世界には、ロンシャンの礼拝堂のような芸術作品の居場所もまたないのだ。

とはいうものの、モダニズムはディスカウント店舗「ターゲット」の売り場や、イケアのショールーム、そして『Dwell』誌の「隠れ小屋特集」、デザインブログや写真共有サービス「Pinterest」などで、立派に根づいている。ナショナル・トラスト・フォー・ヒストリック・プリザベーションは、最近、モダニズム建築を称賛するキャンペーンを開始し、多くのミッドセンチュリーのモダン建築を国指定の歴史建造物として認定することを提案した。八〇年を経た今でも、サヴォワ邸は美しい「住むための機械」であり続けているし、屋上テラスやオープンプランの居間、それにカーポートなどは、あまりにも身近な存在であるため、それを生み出した先駆的なデザイナーに思いを馳せることもなく、ごく当たり前に受け入れられている。有用なものは多く、ル・コルビシエから学ぶべきことはたくさんある。にもかかわらず、それらが無用なものと一緒くたにされて、うち捨てられてられるリスクに直面しているありさまなのだ。

また、後世に起こったことについて、ル・コルビュジエにどれだけの責任があるのか、という問題も決着を見ていない。彼に追従するアメリカ人建築家は、彼のマニュアルの指示に素直に従わない者も多い。粗末な出来の「模倣版ユニテ」は、居住者の数やパン屋、学校などの生活に欠かせない施設への慎重な配慮に欠けていたから、いずれ失敗に終わるのは目に見えていた。ル・コルビュジエの包括的な手法は、斬新で面白い外形をしただけの単発的な作品とは明らかに一線を画している。

「ル・コルビュジエは、すべてをやりつくした。しかもすべてを、うまくやり通した。彼こそ〝真の巨匠〟にふさわしい」と言うのは、フロリダ州マイアミを本拠にするキューバ生まれの建築家アンドレス・デュアーニだ。「彼は、ロンシャンの礼拝堂、チャンディーガルの州議会堂、ユニテ・ダビタシオンのランダムな表面のアジテーション、ストラスブールに提案したパレ・ド・コングレの地上から屋上への傾斜スロープなどによって、今日のコンテンポラリー建築の素地を築いた」。デュアーニは、ル・コルビュジエの建築環境に対する包括的なアプローチには、何か深いものが感じられるという。「定理、経済学、政治学、美学、哲学など、すべてが相互に影響し合い、没入型環境を構成している。それに比べれば今の建築家は、ひとつの芸しかできないポニーのようだ。リチャード・マイヤーだの、フランク・O・ゲーリーに、哲学があるのだろうか？　彼らにアーバニズムはない。形態だけが関心事なのだ[11]」。

デュアーニがル・コルビュジエのファンだとは、実に意外なことだ。彼は「コングレス・フォー・ニューアーバニズム（CNU）」の創設者であり、新古典主義的な都市計画や、ミクスドユース開発、そしてジェイン・ジェイコブスの教義の信奉者で、ル・コルビュジエのアーバン計画の処方箋とは真逆の立ち位置にあるからだ。しかし、CNUの組織的な仕組みは、ル・コルビュジエのCIAMをひな形にしていて、憲章の発布、定期的な会合の開催、「反郊外スプロール」の政府への働きかけなど、CIAMのやり方と瓜ふたつだ。モダニズムを定着させることに成功したCIAMについて、デュアーニはこう語っている。「CIAMは世界を変えた決定的なパラダイムであった。交通工学から都市についての考え方、密度やFAR（容積率）など標準的モデルの再検証であり、世界中の人々が意思疎通を図るための共通言語だった」。

彼のようなニューアーバニストが、闘い相手のやり方を手本にしているのには皮肉なことだが、そこにはある種の対称性がある。イデオロギーに固執しない実用主義者としてはＣＩＡＭの成功実績をもってすれば、それで十分であった。「私は、ル・コルビュジエによって成長した」。デュアーニは述べている。「そして、彼の作品を熱愛している。その気持ちは抑えようもなく、仕方ないことだ」。

ランス・ホージーもまた、ヴォワザン計画の冷徹な機能性とはなじむことができない設計家だった。だが、建築事務所ＲＴＫＬのチーフサステナビリティ・オフィサーであり、『The Shape of Green: Aesthetics, Ecology, and Design』の著者でもあったホージーは、ル・コルビュジエがモデュロールで「何か」を成し遂げようとしたのだと認めている。大きな体の人間が戸口や空間を移動することを想定していない、この測定基準に欠陥があることは間違いないにせよ、モデュロールの基礎となる黄金比率は、よきデザインのための形而上学的ガイドラインに近いものとして、今もなお受け継がれている。ホージーは、本のページ、ｉＰｈｏｎｅ、ノートルダム大聖堂やパルテノン神殿の立面、『モナリザ』の顔など、なぜおおむね「五対八」という、魔法のようなプロポーションが美しいのかを明らかにする新しいデザイン科学の研究に没頭している。[12] ル・コルビュジエの神秘的な信条体系に影響を与えた幾何学と数学は、フラクタルやカオス理論（木の枝、稲妻、川のデルタ、ジャクソン・ポロックの絵画などの有機的な形態）を抱合する「万物の始原」なのだ。明らかとなったのは、優れたデザインには普遍的な真実があるということ、そして、それはわれわれを幸せにし、癒しやストレスを軽減してくれるということだ。ピタゴラスの定理とフィボナッチ数列を掘り下げる中で、ル・コルビュジエは、われわれを取りまく最適環境のパターンランゲージをつくろうと試みた。ヴォワザン計画の高層タワーの六〇階にある、庭園テラスからの素晴らしい眺望のユートピアは、われわれへの「幸せのギフト」であった。彼を批評する人たちは、その高みにたどり着くことができなかった、言い換えれば、そのために必要な大胆な現状破壊力を持ち併せなかったのだ。

しかし、なんと言っても、二一世紀の都市にとって、ル・コルビュジエから学ぶべき最大の教訓は、住宅デザインの革新性と、毎年数百万人にも上る都市への移住者へすまいを提供するために必要な壮大なスケールの認識にある。

このような貢献が重要なのは、「都市の世紀」が劇的なかたちで到来したからだ。今や地球人口の半分以上が都市に居住し、二〇五〇年代から世紀末にかけて、この割合は三分の二まで上昇する。その時点で地球総人口は九〇億人、そのうち少なくとも六〇億人が都市に居住する見込みだ。現在の地球総人口に匹敵する六〇億の人々の運命は、都市デザインにかかっていると言っても過言ではない。住宅と基本的な都市インフラの調和、つまり公園やオープンスペース、街路のグリッドや交通システム、基本的な公衆衛生と上下水道システム、さらには技術や情報のシステムなどが必要不可欠となるのだ。

将来のメガシティは、ロンドンでも、ニューヨークでも東京でもなく、中国、インド、アフリカに出現する。そして、それらの都市の人口は、一〇〇〇万人とか、二〇〇〇万人などという生やさしい規模ではなく四〇〇〇万人以上の人口を持つことになるだろう。

ほとんどの都市は、現在進行中の大規模な人口増加に対して、対応準備が全くできていない。ニューヨーク大学の教授で、リンカーン・インスティチュート・オブ・ランド・ポリシーの客員フェロー、シュロモ・エンジェルは、世界中の都市が外へ外へと押し出され拡張していく様子を記録してきた。著作『Planet of Cities』や、『Atlas of Urban Expansion』において、彼は都市の膨張をより理にかなったものにするために、今こそ優れた都市計画が必要だと唱えている。さもなければ、都市移住者たちは劣悪なスラムの中で暮らすことを余儀なくされ、いったんそのような状況に陥れば、都市の修復は不可能となる。国際連合人間居住計画で、開発途上国の都市拡大に関するアドバイザーを務めるエンジェルは、「政治指導者は五〇年先を見越し、主要交通路を半マイル間隔で格子状に計画し、直ちに土地を取得して一定間隔のオープンスペースを確保するべきだ」と勧告している。政治家は、膨大な量の都市用地が必要になることを現実的に考える必要がある。ル・コルビュジエのヴォワザン計画は細かい点について批判されたかもしれないが、未来の都市に必要な大規模計画という点において、正しかったとエンジェルは認める。「彼は大きな構想を持っていた。急膨張する都市問題への対応には、地域の全体的なビジョンが必要だ」。

開発途上国（とりわけアジアやアフリカのサハラ砂漠以南など）の大都市圏に流入する貧困層向きに、

適切で低廉、かつ迅速に建設できる住宅を大量に供給することが求められているが、第二次大戦の戦火ですまいを喪失した人々への救済策として構想されたル・コルビュジエの「輝く都市」や「ユニテ・ダビタシオン」は、二一世紀における巨大都市の住宅供給対策としても、極めて有効なのである。

ユニテ・ダビタシオンの超効率的でコンパクトなアパートは、ふたつの基本的考えに基づいていた。ひとつは、各戸ごとに必要な生活空間を確保すること、そして、もうひとつは、（ワインラックに収められたボトルのような）住居ユニットの集合体を、大量生産とプレハブ化することによって、コスト削減を実現することであった。今、世界の都市に求められていることは、ニューヨークの「ハドソン ニューヨーク セントラル・パーク」のようなブティックホテルと同じように、限られたスペースに最大限の居住空間を確保することである。都市計画で頻繁に使われる言葉、「密度」は、一見ドライな印象を与えるが、実は最適な密度の実現は、都市の未来にとって欠かせない重要な概念であり、その目的は、都市を効率的に機能させ、人間の幸福を実現するための基盤を築くことにある。マルセイユのユニテ・ダビタシオンの「密度」は、一エーカーあたり一二五人で、パリやニューヨークとおおむね同じレベルだ。都市はそれぞれ特性が異なるので、最低基準を決めるのは賢明でないとはいえ、現実問題として、首都圏の将来はユニテ・ダビタシオンと同程度の平均密度を維持することにかかってくるかもしれない。アパートやビルのデザインにおいてはアメニティの枠組みを考慮することも、極めて重要となる。よく考えられた密度とは、密であることを感じさせない密度であるべきなのだ。ル・コルビュジエが徹底して追求したのは、限りなく拡張可能なグリッドに置かれた、秩序正しく、効率のいい、反復可能な都市形態であり、優れたデザインで構成された、住む喜びにあふれる都市であった。彼は、地球上のすべての人が土地付きの家を持てるのではないことを理解し、その現実に対応するための具体策を講じたのである。

一方で、都市計画家や建築家が神の役割を演じ、地球上の成長し続ける都市に秩序を押しつけようとする考えそのものを否定する人もいる。例えば、ジェイン・ジェイコブズのように、上意下達の都市計画や大規模な集合住宅はうまくいくはずがない、人間の居住は、「インフォーマルセツルメント」現象のように、自然発生的にかたちづくられるべきだと主張する理論家がいる。国連は一〇億人の民が、「スラム」に、「シャンティタウン」に、そして「ファヴェーラ」に暮らしていると推定している。サハラ以南のアフリカでは都市に流入した人口の推定三分の二がスラムに直行し、所有権も権利もない土地を占拠して、トタンと段ボールの小屋に住みついている。そういったおぞましい場所に縁のない人にとっては、時にスラムもロマンティックに見えるかもしれない。確かに、そこは「実用的経済」や「創意工夫」が盛んな場であるといえなくもないが、極度の貧困、厄災、疾病がはびこり、公衆衛生、飲料水、電気などの基本的サービスが欠如した場でもある。この地球という惑星は、よりよい場所であるべきだ。

これに代わって、ユニテ・ダビタシオンの密度と効率の高さは、すでに広く受け入れられている。ニューヨーク市の「マイクロハウジング」の取り組みで、ユニテのワンルームと同程度の三〇〇平方フィートの単身者用居住空間のデザインコンペが催された。市内の住民は過密状態を余儀なくされ、住宅危機の深刻化が憂慮されているのだ。サンフランシスコやボストンなど、アメリカの他の都市も、これにならって都市生活デザインの多様性とコンパクト化の促進を図っている。さらには当然のことながら、アジア社会、とりわけ日本などでは、住居やホテルの部屋の超効率化を、完璧なレベルまで高めるべく努力して久しい。

時には、コンテンポラリーの超効率的住宅の形状に、ル・コルビュジエの貢献が評価されている。デンマークの建築家で、ビャルケ・インゲルス・グループの創設者でもあるインゲルスは、ユニテとロクブリュヌ・カップ・マルタンの丘の中腹に計画された未完成のロック&ロブ・ホリデー・アパートメントを組み合わせたような「8House」などの設計にあたって、ル・コルビュジエから直接インスピレーションを受けたと明かしている。「8House」は、各居室が眺望、屋内外の空間、日の光と風を感じられる空間でありながら、かなりの高密な環境に納められている。ル・コルビュジエ流儀は、それと気づかれることなく、実は今の世にあまねく遍在しているのである。例えば、マレーシア・クアラルンプールに建築された高層タワー住居は、基底部が細く上階に向かって開拡し、地面を公園や豊かな緑に開放している。これを手がけた建築家、トマス・ヘザウィックは、あたかも自身のオリジナル案であるかのように論じているが……。

瑣末《さまつ》なことはどうでもいい。大切なのは、まちづくりに対する斬新なアイデアやアプローチが広く浸透し続けることだ。都市の拡張という大規模なプロジェクト、世界中で起こっている都市のすさまじい急成長には、それにふさわしい猛烈なスピードの革新的思考が必要とされる。ル・コルビュジエのビジョンのプロセスや、問題解決へのアプローチには、学ぶべきことが多い。彼はデザインを芸術作業と捉えていたが、同時にまた極めて実践的でもあった。いったん決めた道を進んでは引き返し、引き返しては別のことに挑戦する。建築現場に赴くことを好んだ彼は、常にリアルタイムで修正を加えた。彼は本能的に破壊を好み、現状を受け入れず、危機感をもってイノベーションを起こしたのだ。

「創造とは、飽くなき探求だ」とル・コルビュジエは述べている。人の居住については、いまだに模索がなされているものの有効な解決策には至っていない。丸い黒縁眼鏡の建築家は、さげすまれ、嘲《あざわ》られたにせよ、実際には多くのものに貢献してくれたのである。彼のアイデアと破壊のテンプレートの持つ素晴らしい価値が、彼を都市破壊者と見なしている人たちからのむげもない拒絶によって、曖昧にされてしまっている。この惑星は、彼のために改めて席を設け、対話に招き入れなければならない。すれば、彼は、穏やかにやってくることだろう。

謝辞

二冊のノンフィクションを著して、出版の仕事に精通した私の妻、ティナ・キャシディなしには、この本は誕生することはなかった。生涯をかけたジャーナリスト（われわれの出会いは、ボストン・グローブ紙）である彼女は、原稿に目を通し、有益な助言をくれた。陳腐な表現だと笑い飛ばされるだろうが、彼女は「城を守って」くれた。というのも、ふたり同時に著作にかかれば家庭は破壊するので、われわれふたりは、実は交代で各々の著作にあたっていたのだ。プロとして、また、家庭人として三人の息子を育てる、その責任の大きさは、限りなく大きくなっていた。最上階にある執筆部屋（「ワシ巣」と名づけた）にこもる私、そしてヨーロッパでのフェローシップ期間中不在にした私に、ささげてくれた彼女の愛と支援に対して、深く感謝したい。その間、フリント家の少年たちは、獅子の子のように、転げ回っていた。気候が厳しい中、彼女はなんとボストンマラソンに参加を申し込んで、私を驚愕させた。

長男、ハンターは高学年に達し、大学進学準備に忙しい毎日だ。次男のジョージはル・コルビュジエと発音できるようになり、レゴのキットでサヴォワ邸の組み立てに余念がない。三男のハリソンはパリに戻ってアーティストになりたいと願っているが、彼の作品はル・コルビュジエの抽象画レベルにはおよそ程遠い。三人とも、私がこの脱稿する日を待ちわびている。というのも、その時には犬を飼うことになっているからだ。なぜ、そういう手はずになっているのか謎ではあるが。

私の母、メアリー・アリス・フリントもまた、家族の「エディター」として、励まし、手助けしてくれた。ジュリア・フリント、ジョージ＆エミリー・フリントもまた、同様だ。ジャック＆グロリア・キャシディのふたりはハリソンとジョージに温かく接してくれ、遅い時間まで、彼らがいとこたちと遊びまくるのを見守ってくれた。

エージェントのリチャード・アベイトはこの本のコンセプトづくりに欠かせない人材だ。前作『ジェイコブズ対モーゼス ニューヨーク都市計画をめぐる闘い』にはル・コルビュジエは端役で登場したが、リチャードは「読者は、彼が何者なのか、彼の衝動はなんなのか知るべき」であり、セリフをもっと割り当ててしかるべきだと考えていた。建築、そして都市デザインについての素晴らしい話を紡ぐことによって、それを世に広めたいという願いこそ、われわれの目的なのだから。

アマゾン・パブリッシングのエド・パークはさまざまな方策をもって、その目的を達成することに力を貸してくれた。特に私の文章にメリハリをつけ、劇場的演出を施してくれた。彼の快活さ、堅実さ、そして励ましは、変わることがなかった。

新聞社を引退後に、私が勤務しているリンカーン・インスティチュート・オブ・ランドポリシーは申し分ない職場だ。中国の都市化から、レジリエンスや気候変動まで、この組織は今日の重要課題に挑み続けている。同僚へは感謝の気持ちでいっぱいだ。グレゴリー・K・イングラムとアルマンド・カーボネルは経済、アーバン形態、そして実証的データの分析方法などを教えてくれ、拙速な結論づけのリスクについて、教唆してくれた。客員研究員のシュロモ・ソリー・エンジェルは『Planet of Cities and Atlas of Urban Expansion』の著者だが、都市の将来の人口増に対応する開発途上国のメガシティを支援する高邁な研究にいそしんでいる。ジョアン・M・ヤングマン、マーティン・スモルカ、デニス・ロビンソン、レヴァリング・ホワイト、ジム・ホルウェイ、ピーター・ポロック、トム・サーストン、そしてケイティ・リンカーン、ディオンヌ・イーター、そしてリンカーン・インスティチュート・オブ・ランド・ポリシーの理事たちに感謝。

他にふたつの組織を挙げておきたい。パリのアメリカ図書館とロックフェラー財団のベラージオ・センターである。

チャールズ・トゥルーハートとアン・スウォードソン、そしてグラント・ローゼンバーグはじめ、パリ（ル・コルビュジエが故郷と呼んだ）のアメリカ図書館の諸氏は、著作家として初のレジデント客員研究員となった私を快く迎えてくれた。パリに住むことで知人の輪が広がり、ル・コルビュジエやイヴォンヌと親しかったパトリス・トクメや、第二次世界大戦占領下のパリの状況を誰よりもよく知っている元外科医で今は著作家のアラン・マーティとも知己をえることができた。マーティとはカフェ・ジョセフィーヌで会った。ここは一九四四年に、ル・コルビュジエがドイツ人と密会したカフェだが、デザートの頃になってそばを通ったのは誰あろうロバート・カロ、その人だった。われわれはしばらく、ル・コルビュジエがパワーブローカー、ロバート・モーゼスに与えた影響などについて話し合った。チャールズ・デ・グルートと彼のデ・グルート財団は、フェローシップを支援してくれ、さまざまな興味深い人々を紹介してくれた（ディナーテーブルの二つ先は誰だと思う？　トルストイの孫だよ……といった具合に）図書館員のレスリー・デ・ガルバートは、第一五区のコルビュジアン・タワーに隠れ場を用意してくれた。このタワーは昔のシトロエン自動車の工場跡地に建てられ、セーヌ川を眼下にすることができる。私はほとんどバスを使い、シャン・ド・マルス公園を横切り、エッフェル塔をやり過ごしていた。周りを眺めることで、疲れ知らずの通勤だった。

パリへリサーチ訪問をした際、ヴィルジニー・アルヴィーネ＝ペレが迎えてくれ、チャールズ・トゥルーハートに紹介してくれたのは、極めてありがたいことだった。彼女は、ピエール・サヴォォワの姪、モニク・ヴァレリーを紹介してくれ、おかげで、私は、リュクサンブール公園近くの彼女のアパートでランチのご馳走にあずかった。隣人で、創造的破壊者のジョン・ウォーナーはTED、TEDxの世界に私を連れて行ってくれ、ネットワーキングづくりの手がかりを授けてくれた。

二〇一三年の夏中、執筆のためにこもりきりになるのは、大胆な試みであったが、幸い、森の小屋掛けではなくロックフェラー財団ベラージオ・センターのグランドヴィラ セルベローニに滞在することができた。ここの目的は、実務家、学者を一堂に集め、国際的な理解を進めることにあって（私の場合は、ル・コルビュジエの都市構想が開発途上国の急膨張する都市への対策として有効だという点）、多様なフェローたちとの交流は、風光明媚なコモ湖とも呼応して、刺激的であった。感謝の念を、ロブ・ガリス、ピラール・パラシア、エレナ・オンガニアをはじめとするあの当時集まった仲間たち、部屋でシャツを脱いで書き下し、夜になるとレモンチェッロを飲み交わしながらそれぞれ討議する仲間たち、ポール・レイコフ、ローレン・ヘイル、ハル・ヒル、ゴルナー・アディリ、ルイス・ヴェンガー、ジル・シェパード、そしてアンソニー・スパイアーズにささげたい。

世界最高の建築家の生涯を追うにあたり、私は多くのガイド役に恵まれた。ル・コルビュジエ財団は、まさにル・コルビュジエが心に描いたとおりの素晴らしい図書館で、文化遺産としての彼の建物の保全と保護にあたっている。専務理事のマイケル・リチャード、アルノー・デルセル、イサベル・ゴディノーへの感謝の念を記しておきたい。ミリアン・フォン・ビューレン、エドモン・シャリエールは私を「白い家」に案内してくれた。この場所は、若きシャルル＝エドゥアール＝ジャンヌレ＝グリが、初期の作品を残した周辺近くにあり、ラ・ショー・ド・フォンの時計産業の中心地でもある。「レマン湖畔の小さな家」のキュレーター、パトリック・モーザーは、コルソーの街に迎えてくれ、レマン湖のほとりに建つこの「モダニズム建築の宝石」に関する保全、補修作業について説明をしてくれた。フニクラの終着駅にあるケンピンスキー ホテルのスタッフにも、そしてスイス旅行案内所のスタッフにも謝意を述べたい。

フランスでは、サヴォワ邸、ナンジェセール・エ・コリ通り二四番地、ラ・トゥーレット修道院、ロンシャンの礼拝堂のスタッフたち。ロンシャンのラ メゾン ドテス ドゥ パルク、マルセイユのユニテ・ダビタシオン内のホテル ル コルビュジエのスタッフ、ナントのルゼのユニテの住民、ホテル・ロックブルンのマリン・マリノヴィッチ、ロクブリュヌ・カップ・マルタン市役所旅行課、そして特にロベール・レブタートに。エトワール・ド・メールのバーの前で写真を撮ったこの旅は目から鱗ばかりであって、高校時代もう少しフランス語のクラスに身を入れていれば……という思いでいっぱいだった。南仏、そしてそれ以南の地域状況について、伝授してくれたカロリーヌ・フレッチャー・グラハムにも感謝。

トンプソン・デザイン・グループの主幹、プラタープ・タルワールは、インドへの旅へ助力を惜しまなかった（ジェーン・トンプソンの叡智には感謝の言葉もない）。キラン・カピラは、彼と共に、チャンディーガルへの手はずを整えてくれた。ターネー大学は、アーバニズムのコンファレンスに私を招いてくれた。

ハーバード大学の建築学科は、私をローブフェローシップに選抜してくれ、フランシスローブ図書館のル・コルビュジエ・ライブラリーを通じ、特別な支援を与えてくれた。イネ・サルドゥエンド、メアリー・ダニエル、ジム・ストッカード、サリー・ヤング、そしてアレックス・クリーガーにも感謝したい。五〇周年を迎えたカーペンターセンターについてさまざま教示してくれたウィリアム・J・カーティス（周年記念日に、私は北米におけるル・コルビュジエの唯一の建築についての章を執筆中であった）。

MoMAのバリー・ベルクドル、そしてル・コルビュジエ研究者として高名なジャン＝ルイ・

コーエンは、強い、説得力をもつ劇場型展示を生み出し、それに付随する著作『ル・コルビュジエ Atlas of Modern Landscapes』を世に出して、ル・コルビュジエについて全く知識のない「素人」向けにアピールを行った。本書の目的とも似ているが、このアピールは、専門家向けにランドスケープについての新しい視点をもたらした。ニューヨーク・アメリカン・インスティチュート・オブ・アーキテクト・センター・フォー・アーキテクチャーは、二日間のワークショップを開催し、この街とル・コルビュジエの複雑な絡み合いについて討議を行った。

私よりもはるかに深い知識と理解を持った学者がおり、ル・コルビュジエについて多くの本が著され、彼の生涯やキャリアについて特定の分野を詳述している。彼の車のデザイン、教会、そして海辺への愛着、オカルトとの関係など、例を挙げればきりがない。私が目指したのは、より取っつきやすい包括的な評伝である。何人かの著述家たちの著作が、この目的達成のために、大いに役立った。例えばジーン＝ルイス・コーエンとティモシー・ベントンの『Le Corbusier, Le Grande』、あるいはマージズ・ベーコンの『Le Corbusier in America』、そしてアレン・ブルックスの『Le Corbusier Formative Years』ウイリアム・カーティスとエデュアルド・セクレルの『le Corbusier at Work』、ニコラス・フォックス・ウェーバーの『Le Corbusier: A Life』だ。

ボストン・グローブ紙のピューリッツァー受賞建築評論家のロバート・キャンベルの指導、そして彼との対話へ感謝の念を記しておきたい。同僚の著作家ミッチェル・ズーコフ、ブライアン・マッグロリー、そしてアレックス・プリュドム、ジェフ・ストラゼンスキ、クリス・リュート、ティム・ラブ、ジョージ・スラッシュ、ロバート・ヤロ、ダン・キーティング、ジョン・レッド、ノラ・テイラー、ロン・フレミング、リチャード・チーク、ウィリアム・ストロング、チップ・フォン・ヴァイゼ、クリス・ウォール、ジョン・キング、ジョン・フレイザー、ブラッドリー・フラジーへも感謝の辞を表したい。

ル・コルビュジエが自分の仕事を「飽くなき探索」と称したことは、大きな反響を呼んだ。著作家も建築家同様、下図を描いて著述を進めようとするのだが、今回の私の執筆体験は、ユニークで予測不能、そして時に波乱に満ちていた。二〇一三年の八月、私の妹、メリッサ・アン・カッペラは、二年にわたる乳がんとの闘いを経て死去した。彼女は頑健で、不思議なユーモアの持ち主であり、同時に反抗児でもあった。必ずしも、彼女と同意見ではなかったとしても、ル・コルビュジエと同様、現状を安易に受け入れようとはしない彼女を私は敬愛していた。彼女への追憶に、そしてあらゆるものを創造的に破壊する彼女の強い精神力に対し、この本をささげたい。

アンソニー・フリント

フロリダ州パームビーチ

二〇一四年二月

註釈

序章

1 Josephine Baker and Jo Bouillon, *Josephine*, trans. Mariana Fitzpatrick (New York: Harper & Row, 1977), p.81.
2 Jean-Louis Cohen and Timothy Benton, *Le Corbusier, Le Grand* (London and New York: Phaidon, 2008), p.254.
3 Tim Benton, *The Villas of Le Corbusier, 1920-1930* (London and New Haven, CT: Yale University Press, 1987).
4 William Wiser, *The Crazy Years: Paris in the Twenties* (New York: Atheneum, 1983). ウィリアム・ワイザー著、岩崎力訳『祝祭と狂乱の日々—1920年代パリ』河出書房新社、一九八六年
5 John D. Rosenberg, ed., *The Genius of John Ruskin*, 2nd ed. (Charlottesville: University of Virginia Press, 2000), p.91.
6 H. Allen Brooks, *Le Corbusier's Formative Years: Charles-Edouard Jeanneret at La Chaux-de-Fonds* (Chicago: University of Chicago Press, 1997).
7 Ibid.
8 Le Corbusier, *Precisions on the Present State of Architecture and City Planning* (Cambridge, MA: MIT Press, 1991), p.91. ル・コルビュジエ著、井田安弘+芝優子訳『プレシジョン—新世界を拓く建築と都市計画（上・下）（SD選書）』鹿島出版会、一九八四年
9 Sambal Oelek, *L'enfance d'un architecte* (Paris: Éditions du Linteau, 2008).
10 Brooks, *Le Corbusier's Formative Years.*
11 Nicholas Fox Weber, Le Corbusier: A Life (New York: Alfred A. Knopf, 2008).
12 Ibid.
13 Ivan Žaknić, ed. and trans., *Journey to the East: Le Corbusier*, rev. ed. (Cambridge, MA: MIT Press, 2007), p.216.
14 Cohen and Benton, *Le Corbusier, Le Grand*, p. 184.
15 Ibid., p.99.
16 Weber, *Le Corbusier: A Life*, p.15.
17 Ibid., pp.292,294-95.
18 Ibid., p.294.

第1章

1 Flora Samuel, *Le Corbusier: Architect and Feminist*(Chichester, West Sussex, England, and Hoboken, NJ: Wiley-Academy, 2004).
2 Noel Riley Fitch, *Walks in Hemingway's Paris: A Guide to Paris for the Literary Traveler* (New York: St. Martin's Press, 1989).
3 Le Corbusier, letter to William Ritter, 1917, Fondation Le Corbusier, Paris, France.
4 Weber, *Le Corbusier: A Life.*
5 Ibid., p.143.

6 Cohen and Benton, *Le Corbusier, Le Grand*, p.112.

7 Le Corbusier, letter to his parents, March 1918, Fondation Le Corbusier.

8 Cohen and Benton, *Le Corbusier, Le Grand*, p.112.

9 Weber, *Le Corbusier: A Life*.

10 Cohen and Benton, *Le Corbusier, Le Grand*.

11 Ibid.

12 Ibid.

13 Le Corbusier, "Plan Voisin, Paris, 1925: The Street," Fondation Le Corbusier, available at http://www.fondationlecorbusier.fr/corbuweb/morpheus.aspx?sysId=13&IrisObjectId=6159&sysLanguage=en-en&itemPos=150&itemSort=en-en_sort_string1%20&itemCount=215&sysParentName=&sysParentId=65.

14 Ibid.

15 Le Corbusier, *The City of Tomorrow and Its Planning*, trans. Frederick Etchells (Cambridge, MA: MIT Press, 1971 [1929]).

16 Le Corbusier, *Urbanisme* (Paris: Flammarion, 2011 [1925]). ル・コルビュジエ著、樋口清訳『ユルバニスム（SD選書）』鹿島出版会、一九六七年

17 Marybeth Shaw, "Promoting an Urban Vision: Le Corbusier and the Plan Voisin" (master's thesis, Massachusetts Institute of Technology, 1991).

18 Le Corbusier, *The City of Tomorrow and Its Planning*, p.258.

19 Ibid.

20 Willet Weeks, *The Man Who Made Paris Paris: The Illustrated Biography of Georges-Eugene Haussmann* (London: London House, 1999).

21 Stephane Kirkland, *Paris Reborn: Napoléon III, Baron Haussmann, and the Quest to Build a Modern City* (New York: St. Martin's Press, 2013), p.117.

22 Ibid, p. 191.

23 Weber, *Le Corbusier: A Life*.

24 Le Corbusier, *The Final Testament of PèreCorbu*, ed. Ivan Žaknić (New Haven, CT: Yale University Press, 1997), p.21.

25 Charlotte Perriand, *A Life of Creation: An Autobiography* (New York: Monacelli Press, 2003), p.23.

26 Antonio Amado, *Voiture Minimum: Le Corbusier and the Automobile* (Cambridge, MA: MIT Press, 2011).

27 Perriand, *A Life of Creation*.

28 Ibid.

第2章

1 Author interview with Monique Valery, Pierre Savoye's niece, in Paris, October 11, 2013.

2 Jean-Louis Cohen, *Le Corbusier: An Atlas of Modern Landscapes* (New York: Museum of Modern Art, 2013).

3 Josep Quetglas, *Les Heures Claires: proyecto y arquitectura en la villa Savoye, de Le Corbusier y Pierre Jeanneret* (Sant Cugat del Vallès,

Barcelona, Spain: Assóciació d'Idees, Centre d'Investigacions Estètiques, 2008).

4 Dominique Amouroux, *The Villa Savoye* (Paris: Éditions du Patrimoine, 2011).

5 JoséBaltanás, *Walking through Le Corbusier: A Tour of His Masterworks* (London: Thames & Hudson, 2005), p.13.

6 Cohen and Benton, *Le Corbusier, Le Grand*, p.29.

7 Jean-Louis Cohen, *Le Corbusier, 1887-1965: The Lyricism of Architecture in the Machine Age* (Cologne: Taschen, 2006).

8 Cohen, *Le Corbusier: An Atlas of Modern Landscapes*, p.60.

9 Ibid., p.62.

10 Cohen and Benton, *Le Corbusier, Le Grand.*

11 Brooks, *Le Corbusier's Formative Years*, p.238.

12 Cohen and Benton, *Le Corbusier, Le Grand.*

13 Cathleen McGuigan, "A View with a Room," *Architectural Record*, September 2013, http://archrecord.construction.com/community/editorial/2013/1309.asp.

14 Cohen, *Le Corbusier: An Atlas of Modern Landscapes*, p.262.

15 Linda Wagner-Martin, *Favored Strangers: Gertrude Stein and Her Family* (New Brunswick, NJ: Rutgers University Press, 1995), p. 179.

16 Jacques Sbriglio, *Le Corbusier: la Villa Savoye* (Paris: Fondation Le Corbusier; Basel and Boston: Birkhäuser, 1999), p.45.

17 Ibid.

18 Le Corbusier, *Precisions on the Present State of Architecture and City Planning*. ル・コルビュジエ著『プレシジョン——新世界を拓く建築と都市計画（上・下）（SD選書）』

19 Sbriglio, *Le Corbusier: la Villa Savoye.*

20 Ibid., p.97.

21 Le Corbusier, *Toward an Architecture*, trans. John Goodman (Los Angeles: Getty Research Institute, 2007), p.235. ル・コルビュジエ著、吉阪隆正訳『建築をめざして（SD選書）』鹿島出版会、一九六七年

22 Weber, *Le Corbusier: A Life*, p.580.

23 Cohen, *Le Corbusier, 1887-1965*, p.53.

24 Cohen and Benton, *Le Corbusier, Le Grand*, p.282.

25 Weber, *Le Corbusier: A Life*, p.580.

26 Le Corbusier, letter to his mother, April 29, 1934, Fondation Le Corbusier, as cited in Cohen and Benton, *Le Corbusier, Le Grand*, p.286.

27 Author interview with Monique Valery in Paris, October 11, 2013.

28 Eugénie Savoye, letter to Le Corbusier, September 7, 1936, Fondation Le Corbusier.

29 Eugénie Savoye, letter to Le Corbusier, October, 11, 1937, Fondation Le Corbusier.

30 Amouroux, *The Villa Savoye.*

31 Le Corbusier, letter to Pierre Savoye, [1937], Fondation Le Corbusier.

32 Author interview with Monique Valery in Paris, October 11, 2013.

第3章

1 Mardges Bacon, *Le Corbusier in America: Travels in the Land of the Timid* (Cambridge, MA: MIT Press, 2001).

2 Geoffrey T. Hellman, "From Within to Without," *The New Yorker*, April 26, 1947.

3 Ibid.

4 Le Corbusier, *When the Cathedrals Were White: A Journey to the Country of Timid People* (New York: Reynal & Hitchcock, 1947), p.35. ル・コルビュジエ著、生田勉+樋口清訳『伽藍が白かったとき』岩波書店、一九三七年

5 Le Corbusier, "A Noted Architect Dissects Our Cities," *New York Times*, January 3, 1932.

6 Hellman, "From Within to Without."

7 "French Architect Shows Work Here," *New York Times*, October 25, 1935.

8 Bacon, *Le Corbusier in America*, p.55.

9 Hellman, "From Within to Without."

10 Bacon, *Le Corbusier in America*.

11 Ibid., p. 61.

12 Cohen and Benton, *Le Corbusier, Le Grand*.

13 Le Corbusier, *When the Cathedrals Were White*, p.142. ル・コルビュジエ著『伽藍が白かったとき』

14 Bacon, *Le Corbusier in America*, p.99.

15 Ibid., p.115.

16 Cohen and Benton, *Le Corbusier, Le Grand*.

17 Le Corbusier, *When the Cathedrals Were White*, p.168. ル・コルビュジエ著『伽藍が白かったとき』

18 Cohen and Benton, *Le Corbusier, Le Grand*, p.302.

19 George A. Dudley, *A Workshop for Peace: Designing the United Nations Headquarters* (New York: Architectural History Foundation; Cambridge, MA: MIT Press, 1994).

20 Charlene Mires, *Capital of the World: The Race to Host the United Nations* (New York: New York University Press, 2013).

21 Dudley, A *Workshop for Peace*.

22 Kenneth Frampton, "Le Corbusier's Designs for the League of Nations, the Centrosoyus, and the Palace of the Soviets, 1926-1931," in *Palais de la Société des Nations, Villa les Terrasses, and Other Buildings and Projects, 1926-1927* (New York: Garland Publications; Paris: Fondation Le Corbusier, 1982).

23 Dudley, *A Workshop for Peace*, p.48.

24 Cohen, *Le Corbusier: An Atlas of Modern Landscapes*.

25 Raul Barreneche, “Oscar Niemeyer, 1907-2012,” *Architectural Record*, December 11, 2012.

26 *A Workshop for Peace* (Peter Rosen Productions with UN Department of Public Information, 2011), United Nations Webcast film, 54:01, posted September 7, 2011, http://www.unmultimedia.org/tv/webcast/2011/09/a-workshop-for-peace.html.

第4章

1 Roger Price, *A Concise History of France* (Cambridge: Cambridge University Press, 2014), p.298. ロジャー・プライス著、河野肇訳『フランスの歴史』創土社、二〇〇八年

2 Hervé Laroche, “Divided France,” *History of the Second World War*, Part 42, 1973.

3 Weber, *Le Corbusier: A Life*, p.427.

4 Michael Robert Marrus and Robert O. Paxton, *Vichy France and the Jews* (New York: Basic Books, 1981), p.53.

5 Weber, *Le Corbusier: A Life.*

6 Cohen and Benton, *Le Corbusier, Le Grand.*

7 Ibid.

8 Ibid., p. 236.

9 Carola Hein, *The Capital of Europe: Architecture and Urban Planning for the European Union* (Westport, CT: Praeger, 2004).

10 Le Corbusier and Pierre Jeanneret, *Oeuvre Complet de 1910-1929* (Zurich: Les Editions d'Architecture [Artemis]), 1964. ウィリー・ボジガー+オスカル・ストノロフ 編、吉阪隆正訳『ル・コルビュジエ全作品集 第1巻』A.D.A.EDITA Tokyo、一九七九年

11 Eric Paul Mumford, *The CIAM Discourse on Urbanism, 1928-1960* (Cambridge, MA: MIT Press, 2000).

12 Cohen and Benton, *Le Corbusier, Le Grand.*

13 Ibid., p. 85.

14 Author interview with Alan Marty, author of *A Walking Guide of Occupied Paris: The Germans and their Collaborators* (forthcoming), in Paris, October 11, 2014.

15 Robert Fishman, *Urban Utopias in the Twentieth Century: Ebenzer Howard, Frank Lloyd Wright, Le Corbusier* (Cambridge, MA: MIT Press, 1982).

16 Laurence Bertrand Dorléac, *Art of the Defeat: France, 1940-1944* (Los Angeles: Getty Research Institute, 2008).

17 Cécile Desprairies, *Paris dans la collaboration* (Paris: Seuil, 2009).

18 Ibid.

19 Laroche, “Divided France.”

20 Peter Clericuzio, “Le Corbusier and the Reconstruction of Saint-Dié: The Debate over Modernism in France, 1944-46,” *Chicago Art Journal* 20 (2010): 46-71. Available at http://www.academia.edu/1879022/Le_Corbusier_and_the_Reconstruction_of_

Saint-Die_The_Debate_over_Modernism_in_France_1944-46.

21 Weber, *Le Corbusier: A Life*.

22 Ibid.

第5章

1 Cohen and Benton, *Le Corbusier, Le Grand*, p.418.

2 Cohen, *Le Corbusier, 1887-1965*, p.58.

3 Weber, *Le Corbusier: A Life*, pp.569-70.

4 "Unité d'Habitation, Marseille, France, 1945," Fondation Le Corbusier, http://www.fondationlecorbusier.fr/corbuweb/morpheus.aspx?sysId=13&IrisObjectId=5234&sysLanguage=en-en&itemPos=58&itemCount=78&sysParentId=64&sysParentName=home.

5 Cohen and Benton, *Le Corbusier, Le Grand*, p.420.

6 "Corbu," *Time*, May 5, 1961.

7 "Happy Hive," *Time*, February 2, 1948.

8 "Unité d'Habitation, Marseille, France, 1945."

9 Lance Hosey, "Why We Love Beautiful Things," *New York Times*, February 15, 2013.

10 Cohen and Benton, *Le Corbusier, Le Grand*, p.379.

11 Le Corbusier, *Le Modulor: essai sur une mesure harmonique a l'echelle humaine applicable universellement a l'architecture et a la méchanique* (Basel: Birkhäuser, 2000 [1950]), p. 17. ル・コルビュジエ著、吉阪隆正訳『モデュロール（Ⅰ・Ⅱ）（ＳＤ選書）』鹿島出版会、一九七六年

12 Ibid., p.58.

13 Ibid.; "Unité d'Habitation, Marseille, France, 1945."

14 Jacques Sbriglio, *Le Corbusier: The Unité d'Habitation de Marseille* (Basel: Birkhäuser; London: Springer, 2004).

15 "Happy Hive."

16 "Corbu."

17 Ibid.

第6章

1 Jean-François Lejeune and Michelangelo Sabatino, eds., *Modern Architecture and the Mediterranean: Vernacular Dialogues and Contested Identities* (London and New York: Routledge, 2010), p. 94.

2 "Monaco," *The World Factbook*, Central Intelligence Agency, https://www.cia.gov/library/publications/the-world-factbook/geos/mn.html.

3 "Disparition Le Pirate de la nuit s'en est allé, et l'insouciance del la Côte avec," *Nice-Matin*, March 17, 2010, http://www.nicematin.com/article/societe/disparition-le-pirate-de-la-nuit-sen-est-alle-et-linsouciance-de-la-cote-avec.2241.html.

4 "Film Traveller Côte d'Azur: Film Memories at Hotel Le

Roquebrune," YouTube video, 3:37, posted by "Jonathan Melville," April 9, 2013, http://www.youtube.com/watch?v=RAVwVauLmh8&list=PLzEhxUIQ8G_hkgw7ea9izEyKaAtob3ar6&index=4.

5 Judith Thurman, "Scenes from a Marriage," *The New Yorker*, May 23, 2005.

6 Alice Rawsthorn, "Eileen Gray, Freed from Seclusion," *New York Times*, February 24, 2013. Additional reference is the exhibit catalog: *Eileen Gray* (Paris: Centre Pompidou, 2013).

7 Alastair Gordon, "Le Corbusier's Role in the Controversy over Eileen's Gray's E.1027," *Wall Street Journal*, August 19, 2013.

8 Niklas Maak, *Le Corbusier: The Architect on the Beach* (Munich: Hirmer, 2011).

9 Weber, *Le Corbusier: A Life*, p.240.

10 Ibid.

11 Alan Read, ed., *Architecturally Speaking: Practices of Art, Architecture, and the Everyday* (New York: Routledge, 2000).

12 Samuel, *Le Corbusier: Architect and Feminist*, p.37.

13 Read, ed., *Architecturally Speaking*, p.147.

14 Weber, *Le Corbusier: A Life*.

15 Author interview with Robert Rebutato in Roquebrune-Cap-Martin, August 30, 2012.

16 Cohen, *Le Corbusier: An Atlas of Modern Landscapes*.

17 Cohen, *Le Corbusier, 1887-1965*, p.63.

18 Cohen, *Le Corbusier: An Atlas of Modern Landscapes*, p.222.

19 Ibid.

20 Weber, *Le Corbusier: A Life*, p.580.

21 Cohen, *Le Corbusier: An Atlas of Modern Landscapes*, p.222.

第7章

1 Flora Samuel and Inge Linder-Gaillard, *Sacred Concrete: The Churches of Le Corbusier* (Basel: Birkhäuser, 2013), p.82.

2 Danièle Pauly, *Le Corbusier: The Chapel at Ronchamp* (Basel: Birkhäuser, 1997).

3 Association de l'Oeuvre Notre-Dame du Haut, *Ronchamp: The Pilgrimage Church of Notre-Dame du Haut by Le Corbusier*, trans. Katherine Taylor (Regensburg, Germany: Schnell & Steiner, 2008).

4 Ibid.

5 Le Corbusier, letter to William Ritter, 1917, Fondation Le Corbusier.

6 Samuel and Linder-Gaillard, *Sacred Concrete*.

7 Author interview with Emmanuel Georges, proprietor, La Maison d'Hôtes du Parc, Ronchamp, August 28, 2012.

8 Pauly, *Le Corbusier: The Chapel at Ronchamp*, pp.121-22.

9 Maak, *Le Corbusier: The Architect on the Beach*, p.16.

10 Samuel, *Le Corbusier: Architect and Feminist*, p.120.

11 Weber, *Le Corbusier: A Life*, p.67.

12 J.K. Birksted, *Le Corbusier and the Occult* (Cambridge, MA: MIT Press, 2009).

13 Žaknić, ed. and trans., *Journey to the East*, p.179.

14 Deborah Gans, *The Le Corbusier Guide* (Princeton, NJ: Princeton Architectural Press, 1987). デボラ・ガンズ著、加藤道夫監訳『ル・コルビュジエ全作品ガイドブック』丸善、二〇〇八年

15 Samuel and Linder-Gaillard, *Sacred Concrete*, p.124.

16 Ibid., p.123.

17 Cohen, *Le Corbusier: An Atlas of Modern Landscapes*, p.218.

18 Adrian Forty, *Concrete and Culture: A Material History* (London:Reaktion, 2013), p.188.

19 Maak, *Le Corbusier: The Architect on the Beach*, p.9.

20 Ibid.

21 *Chapelle Notre-Dame du Haut Ronchamp*, Association Oeuvre Notre-Dame du Haut, 2012, http://s343802320.onlinehome.fr/_valide/chapelle/wp-content/uploads/2012/01/DP_anglais.pdf.

22 Cohen and Benton, *Le Corbusier, Le Grand*, p.574.

第8章

1 Cohen, *Le Corbusier: An Atlas of Modern Landscapes*.

2 Lawrence J. Vale, *Architecture, Power, and National Identity* (New Haven, CT: Yale University Press, 1992), p.106.

3 Ibid., p.107.

4 Weber, *Le Corbusier: A Life*, p.536.

5 Ibid.

6 Ibid., p.542.

7 Ibid., p.545.

8 Ibid.

9 Dennis Sharp, "Obituary: Minnette de Silva," *Independent*, December 14, 1998.

10 Cohen and Benton, Le Corbusier, Le Grand, p.518.

11 Cohen, *Le Corbusier: An Atlas of Modern Landscapes*, p.382.

12 Ibid., p.384.

13 Weber, *Le Corbusier: A Life*, p.597.

14 Brooks, *Le Corbusier's Formative Years*.

15 Cohen and Benton, *Le Corbusier, Le Grand*, p.489.

16 *Edict of Chandigarh, Statute of the Land*, Museum of the City of Chandigarh, Chandigarh, India.

17 Le Corbusier, *Toward an Architecture*. ル・コルビュジエ著『建築をめざして（SD選書）』

第9章

1 Andrew L. Yarrow, "Nathan Pusey, Harvard President through Growth and Turmoil Alike, Dies at 94," *New York Times*, November 15, 2001.

2 Gökcan Demirkazik, "A Bauhaus Return to the Carpenter Center," *Harvard Crimson*, March 5, 2013.

3 Eduard F. Sekler and William J. R. Curtis, *Le Corbusier at Work: The Genesis of the Carpenter Center for the Visual Arts* (Cambridge, MA: Harvard University Press, 1978).

4 Ibid., p.46.

5 Ibid., p.43.

6 bid., p.47.

7 Ibid.

8 Ibid., p.viii.

9 Ibid., p.49.

10 Ibid.

11 Ibid.

12 Ibid.

13 "Corbu at Harvard," *Time*, November 30, 1959

14 Sekler and Curtis, *Le Corbusier at Work*, p.52.

15 Ibid., p. 96.

16 Le Corbusier Correspondence CCVA, Sert Collection, Frances Loeb Library, Harvard University, Folder E-34.

17 Author interview with Robert Campbell, Pulitzer Prize-winning architecture critic, March 30, 2013.

18 Author interview with William J. Curtis, architectural historian, April 17, 2013.

19 Sekler and Curtis, *Le Corbusier at Work*, p.169.

20 Ibid., p.174.

21 Ibid., p.218.

22 Ada Louise Huxtable, "Bold Harvard Structure; Le Corbusier's Carpenter Visual Arts Center Collides with Colonial Charm," *New York Times*, May 28, 1963.

23 Author interview with William J. Curtis in Cambridge, April 17, 2013.

24 Sekler and Curtis, *Le Corbusier at Work*, p.53.

25 Author interview with Robert Campbell in Cambridge, March 30, 2013.

26 Le Corbusier, *Creation Is a Patient Search* (New York: Praeger, 1960).

第10章

1 Author interview with Patrice Tocme, a friend of Le Corbusier, in Paris, October 1, 2013.

2 André Wogenscky, *Le Corbusier's Hands* (Cambridge, MA: MIT Press, 2006), p.27.

3 Weber, *Le Corbusier: A Life*.

4 Ibid.

5 Ibid., p.18.

6 Ibid.

7 Ibid., p.713.

8 Ibid.

9 Ibid.

10 Le Corbusier, "Musée National des Beaux Arts de l'Occident a Tokyo" (1956), proposal booklet for the Musée National d'Art Occidental, Tokyo, Japan, Fondation Le Corbusier.

11 Le Corbusier, "Musée du XXe Siècle" (1931), proposal booklet for the Musée du XXe Siècle, Nanterre, France, Fondation Le Corbusier.

12 Le Corbusier, "Rho Olivetti" (1964), proposal booklet for the Olivetti Centre de Calculs Électroniques, Rho, Italy, Fondation Le Corbusier.

13 Hashim Sarkis, *Le Corbusier's Venice Hospital* (Munich: Prestel, 2001).

14 Le Corbusier, letter to Marguerite Tjader Harris, February 1963, Fondation Le Corbusier.

15 Author interview with Jerry Fielder, curator and director of the Estate of Yousuf Karsh, Paris, October 1, 2013.

16 Le Corbusier, "D'Orsay — Paris" (1961), proposal booklet for the Hôtel et Palais des Congrès, Paris, France, Fondation Le Corbusier.

17 Author interview with Patricia Marinovich, co-owner of the Hôtel Le Roquebrune, Roquebrune-Cap-Martin, August 27, 2012.

18 Weber, *Le Corbusier: A Life*, p.763.

19 Wogenscky, *Le Corbusier's Hands*, p.8.

20 Mary McLeod, "Le Corbusier and Columbia, 1961" (presentation, "Le Corbusier/New York" Symposium of the American Institute of Architects New York Chapter, Museum of Modern Art, and Center for Architecture, New York, June 8, 2013).

21 Weber, *Le Corbusier: A Life*.

22 Jerzy Sołtan, "Working for Le Corbusier," in *Le Corbusier: The Garland Essays*, ed. H. Allen Brooks (New York: Garland, 1987), p.16.

23 Weber, *Le Corbusier: A Life*, p.9.

24 bid., p. 764.

25 Author interview with Robert Rebutato, in Roquebrune-Cap-Martin, August 30, 2012.

26 Weber, *Le Corbusier: A Life*, p.703.

27 Le Corbusier, *The Final Testament of Père Corbu*.

28 Ibid., p. 25.

29 Weber, *Le Corbusier: A Life*, p.11.

30 Ibid., p.13.

訳者あとがき

一九七〇年代の大半をニューヨークで過ごした私は、当時日本進出を考えていた酒造メーカー、シーグラム本社にCFOを訪ねて何回か足を運んだ。このビルは、ミース・ファン・デル・ローエのモダニズムの傑作として名を馳せていた。地上階にあるフォアー・シーズンズは、フィリップ・ジョンソンのデザインで、ビジネスランチに格好な場であった。また、モダニズムの先駆者フランク・ロイド・ライトの傑作、グッゲンハイム美術館は、カタツムリの殻にもたとえられるその変わった外観、ゆるい螺旋状のスロープを歩行しつつアートを鑑賞する斬新な内部で、観光の目玉になっていた。私のオフィスはミノル・ヤマサキ設計の超高層ビル、ワールド・トレード・センターの八五階にあったし、マンハッタンの新築ビルは、ほとんどガラスと鋼材のモダニズムが当たり前になっていた時代だ。さらには、ロバート・モーゼスが都市再生事業でスラムを撤去し、跡地の広大な緑の空間に多数の高層アパートを建てたが、これぞ、まさにル・コルビュジエの「輝く都市」構想を具現化したものといえよう。「モダニズムの宮殿」それがアメリカだった。

にもかかわらずル・コルビュジエの知名度は、大陸ヨーロッパなどに比べて、アメリカではあまり高くない。一九三〇年代後半に初めてアメリカを訪問した彼は、自負心の大きさゆえか、この国との相性が悪く笑い者扱いされ、その思いを著作のタイトルに「臆病者の国」と表現したほどだ。さらには、第二次世界大戦後、国連ビル「設計委員会」に招かれたものの、これまた、尊大な態度と過度な自信ゆえに、チームメイトからのけ者扱いされた。カーペンターセンターはアメリカにおける唯一の彼の作品だが、本書の著者フリントも言うとおりB級の出来なのかもしれない。一九六三年の完成直後には、周囲の赤レンガとの対比などで、相応の衝撃性はあったのだろうが。

彼はそれまでこの世に存在しなかった建築フォルムを、ベトンアルメを自在に操り創出した。ル・コルビュジエは間違いなく創造力に満ちあふれた大天才であった。しかも、サヴォワ邸に代表される富裕層向けの個人住宅にとどまらず、人口の都市集中問題の解決のため、そして戦火に焼け出されてすまいを失った難民問題の解決のために、高密度の集合住居ビルを考え出し、低廉なコストで量産できる手はずを整え、それらを反復集積して革新的な都市を構想した。彼の建築の背後にはかくも深い透察力があったのだとフリントは高く評価している。今や、ユニテタイプのアパート、マンションはこの世にあふれているし、住宅の大量生産方式にしても、今日のプレハブ工法などに、十分生かされている。大きな社会問題として住宅を見つめ直し、人の暮らしの改革、住宅の形態、そして建造の方式までを革新する点に、ル・コルビュジエの最大の貢献があったのではなかろうか。

彼はまた、数学と幾何学に基礎を置くモデュロールを考案し、建築にグローバルな共通尺度をつくり出そうと試みた。若い頃、オルフェウス神話に感化され、ピタゴラスが旅したオリエントの諸国をなぞるように旅に出て、「万物の始原」「宇宙の調和の根源」は数と幾何学、そして比例にあると会得し、それをモデュロールというかたちで建築の基礎に置いた。結果はともかくとしても、その目指すところは評価されるべきだ。

数と幾何学を万物の根源とする彼の「パラレルワールド」には、聖母マリアではなく、マグダラのマリアが鎮座していた。いわば、アンチ正統派の心根。それの発露が、ロンシャンの礼拝堂だったとフリントは解釈している。ル・コルビュジエとオカルトとの関係は『Le Corbusier and the Occult』（JK Birksted, MIT Press 2009）に詳しいが、今後の研究にも期待したい。

問題視された対独協力については、傀儡《かいらい》政権が戦後の祖国復活のために自分を活用してくれるだろうという「仕事師」としての期待からだとしても、容認しがたい祖国への裏切りであったことは否めまい。ル・コルビュジエは、ムッソリーニへの接近も試みているほか、戦後はスターリンにもすり寄り「ソヴィエトパレス」設計にも応募した。節度なき仕事師なのか、あるいは本質的に独裁体制への共感を持っていたのだろうか。彼は母親宛てに、ヒトラーのもたらす未来は悪くないかもしれないとさえ書き送っている。

彼は、オスマンにならってパリ中心街を破壊してまでも、彼流の「輝く都市」を構築したいと願った。究極の願望は、スクラッチからの都市創造だった。戦火に焼かれた街、サンディエが夢の実現への絶好の場に思えたものの、結果はユニテ・タイプの集合住宅一棟に終わり、不満が残る中、ついに手にしたのがインド、チャンディーガルにおける都市創建だった。「分離の悲劇」を乗り越えて、パンジャーブの州都を新生インドの象徴として立ち上げようとするジャワハルラール・ネルー首相の大仕事を実現させるべく、いとこのピエールとの協働で、完成までこぎつける。建築家、都市計画家としてこれ以上の晴れ舞台はなかったことだろう。

女性関係は奥手だったらしいが、結婚後はかなりフリーな艶福家であった。それでも、ロマ出身のモデル、妻イヴォンヌとの、相性の良さもまた特筆されるべきストーリーだ。ストレスのたまるキャリアの癒やしとしてのイヴォンヌだったのだろう。日本では遺灰の中からの骨拾いは伝統的風習だが、イヴォンヌの遺骨を机上に置いていたというのは彼の国では相当異常な光景であったろう。愛惜の念がそれほど強かったということか。

アンソニー・フリントは、まちづくりを巡るジェイン・ジェイコブズとロバート・モーゼスの闘いを描いた『Wrestling with Moses』（拙訳『ジェイコブズ対モーゼス』鹿島出版会、二〇一一）を著した。ジェイコブズは、上意下達的な都市計画を否定し、モーゼスを敵視し、かつ、その源流的構想を案出したル・コルビュジエを酷評した。そのル・コルビュジエの評伝『Modern Man: The Life of Le Corbusier, Architect of Tomorrow』をフリントが著したと聞き及んで、これについても日本に紹介してみようかと考え、このたび出版にこぎ着けたのが、この『ル・コルビュジエ　モダンを背負った男』である。

本書は、フリントが「謝辞」の中でも述べているようにとっつきやすい包括的なル・コルビュジエ評伝だと言ってもいいだろう。彼の建築作品の詳細な図面や年譜を期待した読者は、別途資料を見ていただく必要がある。本書では、彼の生涯に時代背景を重ね合わせた情報が代表的建築を通じて紹介される。そして、読み終わると、彼の人生、思考が理解できる——なぜあのような作品がつくられたのか納得することができる。少なくとも私はそのような印象を持ったが、読者の皆さんは、いかがだろうか。おりしも、二〇一六年にはル・コルビュジエの作品群がユネスコの世界文化遺産に登録された。これを機に、さらに彼の功績が広く認められるものと確信している。『ジェイコブズ対モーゼス』『評伝ロバート・モーゼス』には、私の敬愛する建築家、槇文彦氏に推薦文を書いていただいた。槇さんは、ル・コルビュジエと直接対面しておられ、その折の状況を何回かお話ししてくださった経緯もあり、今回、本書にもと期待していたが、ご高齢を考慮して断念した。出版に至るまでの過程で、訳出、適切な日本語表現などいつものことだが、私のワイフ寿恵子にだいぶ協力してもらった。これまたいつものことだが、私のわがままなオン・アンド・オフの作業ペースに根気よく付き合ってくれた鹿島出版会の渡辺奈美さんには、感謝を捧げたい。

二〇二三年七月　渡邉泰彦

図版クレジット

© F.L.C./ADAGP, Paris & JASPER, TOKYO, 2023 E5275 —— p.028, 046, 116, 159, 196
YOUSUF KARSH, CAMERA PRESS LONDON —— p.297, 表紙
Anthony Flint —— p.076, 081, 089, 161, 202, 219, 222, 227, 249, 271

た

さ

索引

あ

か

著者

アンソニー・フリント

リンカーン土地政策研究所フェロー。ボストン・グローブ紙、月刊誌『アトランティック』などに寄稿しているジャーナリストでもある。ハーバード大学大学院建築学科客員研究員、マサチューセッツ州政府都市計画&開発政策アドバイザー。主な著書：*Wrestling with Moses: How Jane Jacobs Took on New York's Master Builder an Transformed the American City*, Random House, 2011, *This Land: The Battle over sprawl and the Future of America.*

訳者

渡邉泰彦　わたなべ・やすひこ

慶應義塾大学経済学部卒業、ペンシルバニア大学ウォートンスクールMBA。東京三菱銀行退任後、三菱地所にて丸の内再開発事業に携わる。アーバンランド・インスティチュート（ULI）・ジャパン会長、日本ファシリティマネジメント推進協会副会長、筑波大学大学院システム情報工学科客員教授などを歴任。訳書に『ジェイコブス対モーゼス―ニューヨーク都市計画をめぐる闘い』（二〇一一）、『フェリックス・ロハティン自伝―ニューヨーク財政危機を救った投資銀行家』（二〇一二）、著書に『評伝ロバート・モーゼス―世界都市ニューヨークの創造主』（二〇一八、すべて鹿島出版会）など。

ル・コルビュジエ　モダンを背《せ》負《お》った男《おとこ》

二〇二三年八月二〇日　第一刷発行

著者　アンソニー・フリント
訳者　渡邉泰彦

発行者　新妻 充
発行所　鹿島出版会
〒一〇四-〇〇六一
東京都中央区銀座六-一七-一 銀座六丁目-SQUARE 7階
電話　〇三-六二六四-二三〇一
振替　〇〇一六〇-二-一八〇八八三

印刷・製本　壮光舎印刷
デザイン　加藤賢策、鎌田紗栄（LABORATORIES）

ISBN 978-4-306-04702-0 C3052

URL: https://www.kajima-publishing.co.jp/
e-mail: info@kajima-publishing.co.jp